JN440399

도창교회 창립 30주년 기념 에세이

도두머리 도창교회 30년 이야기

김주석 목회 에세이

열린출판사

■ 책머리에

도창교회 창립 30주년을 맞으며

'아니 벌써'라는 유행가 가사처럼 어느새 30년이 지났다.

1993년 3월 14일 주일 오후 백승학 장로님 댁 앞마당에서 도창교회와 매화교회 성도들이 감리사님을 모시고 창립 예배를 드린 것이 엊그제 같은데 말이다.

도창교회는 매화교회 창립 40주년을 기념해서 도창동 3속을 분리해서 세운 교회이다. 감사하게 초대 담임목회자로 내가 부름 받아 지금까지 섬기고 있다.

지나간 목회의 여정을 돌아보면 떠오르는 단어는 하나이다. "감사"이다. 감사라는 말 밖에 다른 말을 드릴 수 없다. 하나님의 은혜가 아니었으면 오늘에 이르지 못했을 것이다. 하나님께 감사 그리고 장로님들과 성도들께 감사할 뿐이다.

특히 30년 역사 속에 한 알의 밀알이 된 성도들의 모습이 아른 거린다. 김영남 권사, 주복출 권사, 서순덕 권사, 서창자 권사, 이동순 권사, 함병숙 권사, 김동선 권사....이 외에도 열거할 수 없는 헌신자들의 수고가 있었다.

도창교회는 창립초기부터 우리마을교회를 지향했다. 교회가 마을 속에 존재한다고 할 때 철저히 마을 교회가 되도록 힘썼다. 그래서일까? 지금은 소천하신 백승규 통장님께서 창립 10주년을 축하해 주시면서 다음과 같은 말씀을 해 주셨다. "목사님 도창교회는 우리 마을 교회입니다."

우리교회 교인이 아닌 도두머리 마을대표인 통장님이 우리교회를 우리 마을교회라 인정해 주신 것이다. 이 말씀에 얼마나 큰 위로를 받았는지 모른다.

우리교회는 세상에 교회에 없는 몇 가지 자랑스러운 모습이 있다. 그 중에 하나가 매월 첫 주일을 효도주일로 지키는 것이다. 그리고 우리교회 앞에 넓게 펼쳐진 호조벌 3km를 시로부터 입양받아 청소하는 것이다.

또 지금은 멈추었지만 이 마을 특산품인 포도를 나누는 것이다. 23년 만에 경작지 감소로 중단이 되었지만 9월 둘째 주에 감사 예배와 더불어 사랑의 포도를 나누었다. 그리고 300년의 약속 '호조벌 사랑의 쌀 나누기'도 한다. 300여 년 전 가난한 백성을 돕기 위한 구휼미 생산을 위해 간척이 된 호조벌의 정신을 오늘에 계승하는 쌀 나눔인 것이다.

그리고 연말에 한 해 동안 묵묵히 봉사의 삶을 산 이웃에게 '매화봉사상'을 제정해서 시상하고 격려도 한다. 그런가하면 엘림양로원과 함께 하는 '도두머리 사랑의 음악회도' 열고 있다.

그 밖에 '도두머리 청소년 공부방'이 아이누리 돌봄 센터로 바뀌어 지역 아이들을 돌보고 있고, 외국인 한글학교를 통한 다문화 여성 및 외국인 근로자들에게 한글을 가르치고 있다. 또 '매화동 호조벌 축제'와 함께 '매화꽃 어린이 사생 대회 및 백일장'을 개최하고 있다.

도창교회는 개척 초기부터 세계 선교에 힘썼다. 2000년도 영국에 김동환목사를 C국에 이혜숙선교사를 파송했고 케냐의 김완영 선교사를 소속 선교사로 캄보디아 선교회 일원으로 박도한 선교사와 송동환선교사를 후원하며 버싸엣 마을에 교회를 건축하고 속콘 전도사를 후원하고 있다. 그 밖에도 파라과이 이병록, 김정훈 선교사, 방글라데시에 이중환 선교사, 필리핀에 정찬선선교사, 하인용선교사, 이스라엘에 원동곤 선교사와 협력 사역을 하고 있다. 올해는 창립

30주년 감사로 정상현 청년을 통해 교회 건축을 시작해 11월 말 봉헌할 예정이다.

우리교회는 3가지 교회상을 꿈꾼다.
하나님의 말씀 안에 **성결한 교회**
예수님의 사랑을 나누는 **따뜻한 교회**
성령 충만함이 삶속에 드러나는 **즐거운 교회**를 꿈꾼다.

아직 부족함이 많다. 하지만 하나님께서 우리교회에 주신 사명을 감당하므로 세상 가장 아름다운 교회를 꿈꾼다.

올해 감사하게 성전 리모델링을 했다. 새롭게 단장한 성전에서 하나님께 온전히 예배드리며 생명 구원에 전념하는 교회가 되기를 기도한다.

끝으로 "늘 곁에서 힘이 되어준 동역자인 사랑하는 아내 이은주 사모와 현지, 명지, 대호에게 감사한 마음을 전한다." 이 책에 실린 글들은 지난 30년간 주보에 실은 도창지기 목사의 목회편지이자 도창교회의 이야기다. 지면상 다 수록하지 못한 점은 아쉽지만 사랑하는 교우들과 다시 나누고 싶은 이야기를 소개하고자 함을 밝혀둔다.

다시 한 번 오늘을 이르게 하신 하나님께 모든 영광을 돌린다.

2023년 5월 9일
도창지기 김주석 목사

■ 목차

제3부 성숙한 교회 따뜻한 교인

제4부 복음의 삶을 사는 성도

■ 추천사

도창교회 창립 30주년을 축하합니다

어항용 목사
매화교회 원로목사

제가 시무했던 매화교회가 30년 전인 창립40주년을 기념하여 지역에 새로운 교회를 개척하는 사업으로 1993년 3월 14일 당시 김주석 전도사님을 담임자로 세워 백승학 장로님 댁 마당에서 창립예배에 도창교회는 주님의 몸 된 교회로서 출발하였습니다.

저는 지난 30년 동안 지근거리에서 도창교회와 김주석 목사님을 지켜봐 왔습니다. 힘들고 어려운 환경 속에서도 도창교회는 기도와 사명으로 이를 잘 극복하고 중견교회로 알차게 성장하여 30년의 역사를 맞이하게 됨을 참으로 축하하고 하나님께 감사를 드리지 않을 수 없습니다.

'도창동에는 마을 주민과 함께 하는 따뜻한 도창교회가 있습니다.' 는 말처럼 항상 지역사회와 함께하는 아름답고 따뜻한 교회로 성장 했으니 정말 자랑스럽습니다.

이러한 건강한 교회가 되는 과정에 교회와 마을을 아끼며 사랑하며, 성도들 한 사람 한 사람 따뜻한 사랑으로 보살피며 눈물과 기도로 본을 보여 주신 김주석 담임목사님의 온유한 리더십과 이러한 담임목사의 목회와 교회의 사역을 위해 도창교회 장로님, 권사님들 비롯한 모든 성도들의 기도와 협력에도 찬하의 박수를 보냅니다.

이 책에는 김주석 목사님이 30년 동안 주보에 기고한 목회칼럼 중 교회와 마을이야기를 진솔하고 은혜롭게 기록한 내용을 재정리하여 소개한 책입니다. 읽다보면 목회자의 사랑과 성도들의 기도가 그대로 전달되는 감동이 있습니다.

동역한 목회자의 한 사람으로서 김목사님의 따뜻하고도 깊이 있는 글에 새삼 도전과 은혜를 받기도 합니다.

지역사회와 세계선교에 앞장 서 온 도창교회와 김주석 목사님의 달음박질이 한국교회의 희망의 푯대가 되고 있습니다. 하지만 이것에 만족하지 말고 주님 다시 오실 그날까지 더욱 사랑과 믿음으로 하나 되어 더욱 주님과 십자가만을 자랑하는 충성된 교회가 되기를 기도합니다.

다시 한 번 도창교회 창립30주년과 김주석 목사의 기념에세이집 발간을 축하드리며 많은 독자의 사랑을 받고 동료 목회자이 목회 참고j가 되기를 기대합니다

2023년 6월 4일
매화교회 원로목사 어항용

■ 추천사

한국교회의 건강한 사역의 모델이 된 도창감리교회

유성준 목사
전, 협성대학교 총장 대행
현, 한국서번트리더십훈련원 대표

도창교회는 한국교회의 목회 패러다임의 모범적인 모델로 잘 알려진 교회입니다.

일반적으로 교회의 지역전도는 주민을 교회로 오라고 강조하는 반면 도창교회는 주민 속으로 들어가 그들의 정서와 필요를 함께 나누는 찾아가는 건강한 교회의 모습을 보여주고 있어 저는 대학이나 실천목회 강의 중에 소개하기도 했습니다.

특히 도창교회 담임목사 김주석 목사님은 저와 함께 협성대학교에서 학원선교에 참여해 주셨고, 무엇보다 한국교회의 변화를 위해 〈한국서번트리더십훈련원〉에서 동역하며 미래사회의 교회의 역할에 대해 함께 고민하고 사례를 나누기도 했습니다.

사람은 그가 걸어 온 길을 보면 그 인생과 인격을 알 수 있듯이 교회 역시 그 교회의 사역과 지역이 그 교회를 어떻게 이해하느냐로 알 수 있습니다. 도창교회가 지난 30년 동안 지역사회와 함께 한 사역들을 보면 마을 주민들이 도창교회를 '우리마을교회'라고 자랑하기에 전혀 손색이 없습니다.

사랑의포도나누기, 도두머리음악회, 매화봉사상, 매화아동청소년 백일장, 호조벌 청소하기, 양로원 지원, 도창문화복지센터 운영, 아동청소년 및 다문화 공부방 운영 등 제도와 정책이 돌보지 못하는 지역사회의 다양한 사역을 신앙으로 실천하고 있는 한국의 세이비어교회라고 하겠습니다.

지역사회 문제에 참여는 물론 해외 선교활동도 활발히 하여 국내외 선교사역에 균형을 이루며 최선을 다하는 모습을 보며 경의를 표하지 않을 수 없습니다. 이러한 사역을 30년간 쉼 없이 펼칠 수 있었던 것은 바로 도창 교인들의 기도와 참여가 있었기에 하나님이 쓰시기에 부족함이 없었을 것입니다.

교회가 점점 사회로부터 신뢰를 잃어가는 시대에 도창교회와 같은 칭찬받는 교회가 있다는 것은 참으로 다행스럽고 하나님이 영광을 받으실 일입니다. 그러한 면에서 도창교회 창립 30주년을 축하드리고 감사드리지 않을 수 없습니다.

30년 함께 해 오신 하나님의 은혜와 담임목사의 목회리더십을 믿고 협력하고 참여해준 성도여러분의 믿음에 감사를 드립니다.

앞으로 도창교회의 미래 비전이 한국교회 변화에도 도전이 될 것으로 믿습니다.

거듭 축하드리며 김주석 목사님의 목회승리와 성도여러분의 평강을 기원하며 축하인사에 가름합니다. 할렐루야!

■ 추천사

마을과 함께 한 도창교회

이명훈
시흥시 매화동주민자치회 회장

매화교회 40주년 기념사업으로 설립된 도창교회가 벌써 30주년이 되었습니다. 30주년을 맞이한 도창교회와 김주석 목사님 그리고 성도님들께 먼저 축하의 말씀을 드립니다. 저도 매화동에 산지가 벌써 30년이 넘었는데 30년 이상을 살면서 도창교회가 지역사회를 위해 헌신했던 일들을 직접 눈으로 본 산 증인이기도 합니다. 제가 마을활동가였기 때문에 누구보다도 도창교회가 지역사회를 위해 어떻게 헌신하였는지에 대해서 잘 알고 있습니다. 그래서 "도두머리 도창교회 30년 이야기"를 읽으면서 잠시 그때그때 지역사회에 공헌했던 일들이 많이 떠오르기도 하였습니다.

저는 개인적으로 도창교회를 사랑합니다. 왜냐하면, "도두머리 도창교회 30년 이야기"에서 기록하고 있듯이 첫째 교회가 지역사회와 함께하였기 때문에 그렇습니다. 마을이 하는 일에 늘 옆에 있었고 동참하였습니다. 둘째로 도창교회는 마을을 위해 봉사하는 것을 넘어서서 마을의 분위기를 정감 있고 따뜻한 마을이 되도록 앞장서서 선도해 나가셨기 때문에 그렇습니다. 도창교회는 마을을 위해 봉사하면서 그 안에 마을을 향한 메시지가 담겨있었습니다. 가족같은 마을이 되자는 것이었습니다. 셋째는 도창교회의 헌신 때문입니다. 도창교회가 지역사회를 위해 헌신한 것은 매화동의 마을활동가라면 누구나 다 알고 있습니다. 이러한 모습들로 인하여 도창교회는 마을의 보배와 같은 존재가 되었습니다. 이렇게 교회가 마을의 보배가 될 수 있었던 것은 김주석 담임목사님의 의지를 빼놓을 수 없습니다. 목사님은 진정한 신앙인입니다. 하나님의 말씀을 마을에서 풀어가셨습니다. "도두머리 도창교회 30년 이야기"가 그 증거입니다.

목사님의 발자취인 "도두머리 도창교회 30년 이야기"를 통해 많은 독자들이 도창교회와 김주석 목사님처럼 되기를 바랍니다.

이명훈 목사
(시흥시 매화동주민자치회 회장)

■ 축시

도두머리에 세운 하늘 쉼터

—도창교회 창립 30주년을 축하드리며

김윤환 목사(시인)
사랑의은강교회 담임
백석대 대학원 기독교문학 교수

성전은 기도의 벽돌로 지어진 눈물의 저수지 입니다
예배는 바닥에 떨어진 인생이 하늘을 보는 것 입니다
우리들이 모인 이곳은
우리들만의 놀이터는 아닐 것입니다
우리들이 부르는 하늘 노래는
우리들만의 위안은 더욱 아닐 것입니다

우리가 사는 마을에는
하늘로부터 멀어진 가여운 영혼이 있습니다
그대들은 세상으로부터 뚝 떨어진 영혼을
사랑으로 지켜보는 하나님의 사람들
문을 열면 아득한 절벽만이 기다리는
막 다른 생애들을 외면치 않고
그들의 삶 속에 예수의 손을 내미는 사람들

떨어진 꽃잎도 한 때는
하늘을 향해 눈을 두었을 것입니다
부러진 가지도 한 때는

땅에 뿌리를 두었으리라
착한 목자를 따라 예까지 왔으니
착한 이웃이 됨이 어찌 낯설겠습니까

주님이 당부하신 말씀대로
선한 일을 행하려거든
예수님이 내어 준 사랑으로 손에 손을 잡고
예수님이 보여주신 길을 따라가는 가는
우리는 주님의 사랑하는 목동들
울타리 밖에 방황하는 양떼를 위하여
함께 노래하며 함께 양식을 나누는
작지만 성실한 양치기입니다

오늘도 사랑하는 일 만큼 착한 일이 없음을
오늘도 기다려주는 마음처럼 평화로운 일이 없음을
다시금 깨닫고 다짐합니다
우리를 고아처럼 버려두지 않고
세상 끝 날까지 함께 하시겠다는
주님의 언약으로 새 힘을 얻어
그 빈틈없는 사랑으로 주님의 나라에 사는 천사
언제나 하나님 사랑을 따라 작은 자의
변함없는 천사가 되겠습니다

주후 2023년 5월 26일

제1부

개척에서 도약까지

목회를 시작하며

이 글은 지금부터 1993년 5월 9일
도창중앙교회 첫 주일 예배 주보에 실린 글이다.

아직 마음의 준비가 덜 되었는데 하나님은 저를 목회의 현장으로 인도하셨다.

3월 14일 주일 오후 대지의 생명이 힘차게 솟구치는 3월, 백승학 장로님 댁 앞마당에서 소박하지만 은혜롭고 감격적인 도창중앙교회의 창립예배를 하나님께 드렸다.

그리고 약 두 달여 만에 소박하지만 아름다운 하나님의 집을 지어 도창중앙교회 식구들만의 첫 예배를 드린다.

그러나 불과 1년 전만 하더라도 저는 죽음과 삶의 선에서 헤매여 12시간 수술, 33명의 헌혈, 그리고 기둥교회 성도들과 '복사골목요찬양단' 식구들의 뜨거운 기도로 새롭게 생명을 연장 받고 퇴원해서 요양 중이었다.

당시 저는 하나님께 한마디의 기도 밖에 드릴 수 없었다. "주여! 부족한 저로 인하여 당신의 영광이 가려지지 않게 하옵소서"

하나님께서는 가녀린 나의 기도에 응답해 주셨다. 내 생명을 연장시켜 주셨으며 현숙한 아내를 만나 가정을 이룰 수 있게 하셨고, 지금의 훌륭한 목회지를 허락하셔서 오늘에 이르게 하셨다.

저는 하나님이 누구보다 저를 사랑하심을 믿는다. 그 사랑은 제가 하나님께 드리는 사랑에 비교할 수 없는 큰 사랑임을 안다.

저는 그 사랑에 보답하기 위해서도 내 평생 기도의 제목인 "하나님께 영광 돌리는 삶"을 살기 위해 최선을 다할 것이다.

아직 육체적으로나 영적으로 연약해 한 교회의 영적인 지도자로 나서기에는 부족함이 많지만 주님이 나를 사랑하시며, 내 안에서 역사하고 계시고, 나를 통해 영광을 받으시기를 원하신다고 믿기에 감사함으로 감히 순종해서 목회를 시작한다.

저는 하나님과 도창중앙교회 교우들 그리고 저를 알고 있는 많은 분들 앞에 감히 몇 가지 약속을 드리려 한다.

하나님이 주신 다음의 세 가지 교회상을 꿈꾸며 이루려 하겠다.

하나님의 말씀 안에 성결한 교회

예수님의 사랑을 나누는 따뜻한 교회

성령충만이 삶에 드러나는 즐거운 교회를 이루는 것이다.

주님 사랑 안에 만난 도창중앙교회 성도 여러분을 진심으로 사랑합니다.

1993년 5월 9일 김주석 전도사

노인학교 한 학기를 마치며

2000. 5

지난 13일 목요일에는 5월 4일 개교한 도창노인학교의 봄학기 종강이 있었습니다. 봄 학기 마지막 시간이었던 이번 주에도 지역 거주 노인들과 엘림 사랑방, 야훼의 집에 계신 40여분의 어른들이 오셔서 섬김을 받으셨습니다. 미용사로 일하셨던 두 분의 미용전문 봉사자들의 정성을 통해 20여분이 어르신들이 머리 손질을 받으셨고, 격주로 진행되기 시작한 침술봉사자들의 정성을 통해 10여 분의 어르신들이 침술 봉사를 받으셨습니다.

그리고 제5여선교회의 정성을 통해 맛있는 점심을 대접받았습니다. 사실 한 학기를 마치며 지난 학기를 돌아보니 어떻게 생각해 보면 꿈만 같았습니다. 몇 년 전부터 노인학교에 대한 꿈을 꾸어 오던 중 작년 말에 한글학교를 먼저 개교하고 이어서 노인학교를 올해 5월초 개교했지만 넉넉하지 못한 교회 형편과 전무한 경험 그리고 마땅한 봉사자를 확보할 수 없는 상황에서 그저 지역에 많은 어르신들을 교회에 섬겨야 한다는 단순한 마음 하나로 시작하였습니다.

그러나 한 학기를 마치고 보니 준비하신 여호와이레의 하나님을 뵈었습니다. 매주 10여만원 가까운 식사를 한 주도 소홀함없이 정성껏 준비할 수 있었으며, 이미용봉사, 침술봉사, 영화감상, 국악한마당, 효도사진 무료촬영, 노인의 소비생활 교육, 노년의 건강, 소풍 등을 실시할 수 있었습니다.

무엇보다도 감사한 것은 장로님을 비롯한 성도들의 숨은 봉사와 무명의 후원금을 보내오신 지역주민들의 관심은 노인학교가 도창교회의 담을 넘어 지역노인학교의 자리매김 할 수 있는 가능성을 보여주었습니다. 이제 무더운 여름방학 기간을 지나고 더 알찬 내실있는 준비를 통해 9월 가을학기 개강을 준비하려고 합니다.

그동안 여러모로 도와주신 모든 분들게 이 자리를 빌어 감사의 마음을 전합니다.

목 잘린 해바라기

2000.08.06

왜 그랬을까? 꼭 그래야만 했을까? 지난 주일 아침 무참히 꺾이고 잘리고 뽑혀 죽어가는 해바라기를 보는 순간 제 마음에 든 생각입니다. 때늦어 다 자란 해바라기를 걱정하며 심고 비가 내리지 않아 물을 주고 한여름 더위에 고개 숙이며 힘겨워하는 녀석을 안타까움으로 바라보았습니다.

기다리던 장맛비에 숙이던 고개를 들고 받혀준 막대기에 의지해 일어서며 환히 노란 웃음을 함박 지어내어 보기 좋았는데, 하루 새벽에 무참히도 목이 잘리고 줄기가 꺾이고 뿌리가 뽑혔습니다. 보름 전 꽃봉오리를 만들던 녀석들이 누군가에 의해 목이 잘려 안타까운 마음으로 바라보았는데.. 오늘 일어난 사건은 그 일을 무색하게 할 정도로 제 가슴을 무너지게 했습니다.

도대체 누가 그랬을까? 왜 그랬을까? 노란 꽃이 활짝 피어 함박 웃는 그 아름다운 꽃은 아스팔트가 깔리고 보도블록이 흙길을 넘어 상막해 버린 동네를 그나마 멋 내기를 시작했는데 그 아름다움이 사라져 한 주간 내내 마음이 무거웠습니다. 바라만 보아도 좋았는데, 바라만 보면 가슴이 답답해 옵니다. 정말 누가 그랬을까? 왜 그랬을까? 꺾이고 잘리고 뽑혀진 해바라기도 안타깝지만 그 아름다운 꽃을 하나도 아니고 무더기로 짓밟은 마음은 무엇일까?

그날 새벽기도 가는 길에 방황하던 10대들이 짐작되면서 무서운 마음마저 들었습니다. 아름다움을 아름다움으로 보지 못하는 아이들이 무슨 원한 맺힘이 있기에 애꿎은 해바라기로 한풀이 했을까?

왜 그들은 집이 아닌 곳에 밤새 방황하고 있는가? 자신들에 의해 꺾이고 뽑힌 노란 해바라기를 보며 무슨 생각이 들었을까? 아이들이 무섭고 불쌍해 보였습니다. 그러면서 그들에게 일말에 도움도 되지 못하고 잠시 비난했던 제 자신이 부끄러워졌습니다. 그들을 비난하기 앞서 나 또한 그들을 집과 학교 밖 거리로 내몰아버린 어른 중 한 명이기 때문입니다.

우리도 꺾이고 잘리고 뽑혀진 상처투성이 해바라기의 모습 속에 꿈이 꺾이고 희망이 잘리고 삶이 뿌리 뽑힌 상처투성 아이들의 마음을 보아야 합니다. 그들은 남이 아니고 내 아이들입니다. 그들을 탓하기에 앞서 어른의 책임을 다하지 못한 스스로를 탓해 봅니다. 바라기는 아이들에게 아름다움을 아름다움으로 볼 수 있는 희망의 눈이 열렸으면 하는 간절한 소망을 가져봅니다.

포도 한 송이에 나누는 사랑

2000.09.03

우리 교회는 많은 자랑거리가 있다. 아직 작은 교회이지만 바른 생각과 선한 꿈을 가지고 있는 교회. 세계선교에 큰 꿈을 가지고 준비하는 교회, 지역을 섬기며 그 속에 아름다운 사랑을 나누는 성장하는 살아 있는 교회라는 것이다.

그런데 이러한 자랑거리 말고도 우리 교회만 가진 독특한 자랑거리가 하나 더 있다. 바로 '포도감사주일'을 지키고 '사랑의 포도 나누기 운동'을 실시하고 있다는 것이다. 개척 초기, 우리 교회 성도들 가운데 10여 가구가 포도 농사를 짓고 있고, 지역주민 다수가 포도를 경작하고 있는 현실 속에 뭔가 의미 있는 일을 계획하게 되었고, 그것이 바로 포도 감사주일과 사랑의 포도 나누기 운동이었다.

포도농사는 다른 작물의 농사 못지않게 농부의 손길을 많이 타는 농사이다. 아직 겨울잠에 깨어나지 않는 늦겨울부터 수고가 시작된다. 가지를 치고, 껍질을 벗기고, 거름을 추고, 순을 치고, 포도송이를 속구고, 봉지 씌우고, 농약을 뿌리고, 가물어 물대고, 비가리개를 씌우기까지 참으로 많은 관심과 수고 가 뒤따라야 탐스럽고 맛있는 포도 과실을 볼 수 있다.

그런데 농부의 수고만으로 결실하는 것이 아니다. 때를 따라 적당한 비와, 태양, 토양, 기온에 이르기까지 자연의 도움이 절대적 이다 바로 하나님의 은혜 이다. 그래서 감사주일을 지키게 된 것이다. 그리고 그 은혜에 보답하고자 사랑의 포도 나누기 운동을 시작하게 되었다. 벌써 이 일을 시작한 지 4년이 되어가고 있다.

수고하여 결실한 맛있는 포도가 그 맛만큼이나 사랑으로 영글어

지역에 소외된 이웃들에게 전달될 때 거기에는 입으로 느낄수 있는 맛 이상으로 가슴으로 맛보는, 사랑이 있다. 맨 처음 시작될 때에는 우리 교회 성도들만의 잔치였다. 그러나 지금은 지역주민들과 함께 하는 사랑 축제로 발전되었다. 사실 포도가 결실하기까지 흘린 땀을 생각할 때, 포도 한 송이 한 송이는 농부의 자식이다. 그 귀중한 것을 이웃과 나눌 때 더 귀하고 아름다운 것이다.

그렇기에 그동안 사랑의 포도는 부천 혜림원, 미산동 평안의 집, 금이동 여린양의 집, 매화동 엘림 양로원, 도창동 야훼의 집과 독거노인들에게 전달되었다. 사랑의 포도를 받아 감사해 하던 그분들의 환한 얼굴이 기억나며, 올해도 그 얼굴들을 더 많이 보고 싶다. 그동안 참여해 주신 모든 분들 특히 지역주민께 감사드리고, 우리 교회를 넘어 매화동 그리고 시흥시로 이 축제가 넓혀가기를 기대해 본다. 올해도 수고 많이 하셨습니다. 진심으로 감사합니다.

도창동 '은빛 사랑의 노인학교'를 개강하며

2000. 9. 7.

우리 속담에 가는 날이 장날이라는 말이 있다. (모처럼 마음먹고 갔더니 장날이라서 일을 제대로 보지 못한 상황을 빗대어하는 말이다.) 봄 학기 미비한 점들을 보완해서 가을학기 개강 일을 잡았더니, 가는 날이 장날이라고 도창초등학교 가을 운동회날과 겹쳐버렸다. 초등학교 운동회와 나이 많으신 어르신과 무슨 상관이 있을까 싶지만 시골 초등학교 운동회는 마을 축제다. 초등학교 아이들뿐 아니라 학부모 그리고 마을 노인들까지 즐기는 마을 축제다.

우려했던 일이 발생했다. 전날까지만 해도 참여하시기로 한 매화동 노인회 어르신들이 운동회를 가셔서 모시러 간 차가 빈 차로 왔다. 이뿐 아니라 여기저기서 들려오는 이야기가 운동회를 가셨다는 이야기다. 사실 내가 어르신이라도 따분한 노인대학보다는 즐거운 운동회에 참여할 것이다. 그거 하도 많은 날 가운데 겹쳐버린 날이 속상할 뿐이다. 그렇지만 점심 후 침술봉사 및 이,미용사를 받고 가신 어르신이 35명 정도가 되셨다. 매화동에 65세 어르신이 750 분들이라 생각할 때, 다소 적은 감이 있지만 학기 초라는 것, 다소 장소가 떨어져 있다는 것과 초등학교 운동회를 생각할 때 그리 적은 수는 아니다. 이제 중요한 것은 학생의 수가 아니라 봉사의 질이다. 참으로 다행인 것은 봄 학기보다 수업의 내용과 질이 알차졌다는 것이다.

오전에는 한글반, 민요반, 공예반으로 나누어 배우고 맛있는 점심을 드신 후, 오후에는 월 1회 이/미용 봉사, 격주 침술 봉사, 10월 4주간 신천정형외과 무료 검진 및 치료, 매주 물리치료, 군부대 견학, 강연, 비디오 감상, 민요 한마당 등 알차고 다양하게 준비되었다.

특히 이번 학기부터 재정 도움을 통해 더욱 질 좋은 교육과 맛있는 음식을 제공할 수 있게 되었다. 도창 은빛 사랑의 노인학교는 지역 어르신들이 만들어 가야 할 학교이다. 아무리 좋은 시설, 수업내용, 맛있는 음식이 준비되어 있다 해도 참여가 저조하면 지탱하기 어려워진다.

"다 늙어 무슨 공부, 허리도 아프고 온몸이 쑤시는데 거기까지 어떻게 가" 라는 식의 부정적인 생각과 행동은 이제 버리고 새로운 인생을 사신다는 기분으로 적극적으로 참여함이 필요하다.

도창교회 성도들과 많은 봉사자들은 어르신들을 섬길 준비가 되어있다. 우리는 지역의 750명분의 어르신들이 이번 학기에 최소한 한 번 정도 들려주시기를 바라며 너무 많이 오셔서 어쩔 줄 모르는 그런 즐거운 비명을 지르기를 기대해 본다. 끝으로 이제껏 수고하였고 이후로 계속 수고하실 도창교회 성도들과 봉사자들의 고마움에 감사드린다.

"206, 76, 148, 59"

2000.09.21.

무슨 난수표 번호 같다. 그러나 이 숫자는 외형적인 우리 교회를 나타내는 지표이다. 207은 교인 등록 수, 76은 가정수, 148은 장년 성도 수, 59는 중 고등학생을 포함함 아동수를 뜻합니다. 1993년 3월 14일 백승학장로님댁 앞마당에서 개척되어 5월 5일 30평의 조립식 교회를 갖고 23명의 교인들과 첫 예배를 드린 후 7년 6개월 된 우리 교회의 모습이다.

참 감사한 일이 아닐 수 없다. 많은 개척교회가 십자가를 내리며 전체 성도의 수가 제자리걸음 내지는 감소하는 상황 속에서 급속한 성장은 아니지만 지속적인 성장을 해왔다는 것은 참으로 귀한 일이 아닐 수 없다. 지금은 1997년 8월 말 에이스 아파트 입주를 계기로 새로운 식구들이 원주민 성도들의 수를 넘어서 교회 성장을 주도하고 있고 6개의 여선교회, 2개의 남선교회, 13개의 속회로 작지만 외형적 성장을 이루어 가고 있다.

하지만 속내를 들여다보면 모든 것이 만족할 만한 모습은 아니다. 특히 가정 수에 비해 적은 교인 수는 성도들의 가정이 완전히 인가귀도 되지 못했음을 단적으로 증명해주는 것으로 홀 신앙인들이 많다는 것을 뜻한다. 또한 교인들의 세대 구성비를 보면 가장 중심적으로 활동해야 할 40대 전후 세대가 부족하고 젊은 세대와 65세 이상의 노인 세대가 많다는 특징을 가지고 있다. 그리고 기존 신자보다 초신자가 많은 전형적인 개척교회 특징을 보여주고 있다는 것이다.

한편으로 생각해보면 열거한 아쉬움들은 우리 교회의 장점들이라 생각된다. 훌신앙자들이 많다는 것은 우리가 구원시켜야 할 가까운 전도 대상자들이 많은 것을 뜻하며 젊은 세대와 노인 세대가 많은 것은 우리 교회가 젊고 안정된 교회라는 것으로 신앙훈련을 통해 좋은 전통을 만들어 갈 수 있음을 뜻하며 초신자가 많다는 것은 기신자 위주의 수평이동에 의해 성장하는 잘못된 기존 교회들의 성장과 달리 바람직한 성장의 모습을 보여주는 것으로 자랑할 만한 일이 아닐 수 없다. 그러나 이 모든 바람은 전도와 신앙훈련 없이 불가능하다.

그래서 11월 19일을 2000년 추수감사주일은 영혼추수, 감사주일로 지키려고 한다. 10월 1일부터 11월 19일까지 50일간 특별새벽기도회, 50일 새벽성경공부, 50일 총력전도운동을 펼치려고 합니다. 2000년 성령의 능력으로 선교하는 교회의 목표를 이루려고 한다.

이제 몇 가지의 생각을 되새긴다.

* 성공적인 전도는 성령의 능력 안에서 예수님만 전하고 그 결과는 하나님께 맡기는 것이다.
* 천하보다 귀한 영혼 내가 전도한다.
* 모이면 기도 흩어지면 전도
* 기도만큼 전도된다.

11월 19일 영혼 추수감사주일을 기대해 본다.

당신도 선교사입니다.

2001.04.01

엘림양로원에 가보셨습니까? 엘림양로원에 가보면 거실 한쪽 벽면에 커다란 세계지도가 하나 붙어있다. 세계지도로 거실을 꾸몄다고 하기에는 어울리지 않게 제법 큰 지도이다. 그렇다고 할머니들이 세계사를 공부하거나 세계여행을 위해 각 나라 지명을 익히기 위함도 아니다.

조금만 쳐다보면 어울리지 않는 세계지도를 벽면에 붙여놓은 이유를 금방 알 수 있다. 세계지도 위에는 나라 이름과 그곳에서 선교하시는 선교사들의 이름 그리고 그들을 위해 기도하는 기도 후원자인 할머니의 이름이 적혀있다. 영국에 김동완선교사 OOO할머니, 케냐의 김완영선교사 OOO할머니, 말레이시아 이규석선교사 OOO할머니, 싱가폴의 장기문선교사 OOO할머니 등 그 밖에 여러분의 선교사님들의 이름과 선교지 그리고 기도후원 할머니의 이름이 적혀있다.

할머니들은 매일 자기가 후원하는 선교사와 그의 사역을 위해 기도하고 계신 것이다. 좀 오래된 것 같다. 원장이신 김성애권사님이 제게 “우리 양로원이 기도하는 양로원이 되었으면 좋겠습니다. 기도하는 양로원으로 좀 의미 있는 일을 해보고 싶습니다. 그래서 할머니들이 선교사님을 위해 기도하는 기도 후원자 사역을 하면 어떨까요” 하였는데 바로 그 소망을 실천하고 계신 것이다.

비록 나이가 많아 직접 선교지에 가서 선교할 수 없고 물질이 없어서 물질로 선교사를 도울 수도 없지만 기도할 수 있는 믿음의 입술이 있기에 기도후원자가 되신 것이다. 선교는 하나님의 소원이다. 복음전파를 위해 오셨고 당신의 뒤를 따라 우리에게 복음의 전도자가 되라고 명령하셔서 초대교회 사도들 이후에 2000년 동안 무수한 사람들이 복음전파의 사명을 감당하고 있다.

그러나 복음전파에는 긴장이 따른다. 마귀가 우는 사자처럼 우리를 공격하기에 기도의 후원이 절대적으로 필요한 것이다. 선교는 선교사 홀로 할 수 있는 일이 아니다. 직접 선교지에 가는 현지 선교사가 필요하고 그의 생활과 사역을 물질로 후원하는 물질 선교사가 있고 기도로 후원하는 기도 선교사가 있다. 이들이 하나 되어 이루는 사역이다.

철저히 준비된 선교사, 넉넉한 선교비 지원, 그리고 뜨거운 기도 후원은 선교의 3대 요소입니다. 할머니들은 그중에 하나인 기도 후원자로 선교하고 계신 것이다. 하지만 선교가 선교사의 헌신과 기도 후원으로 이루어질 수 있는 것만은 아니다. 선교사도 생활해야 하며 선교사역에는 많은 경비가 소요되기 때문에 선교비 지원 또한 절대적이다. 넉넉한 선교비는 선교사의 생활을 안정되게 하여 선교에만 전념할 수 있기 때문에 선교사역을 풍성하게 한다.

사랑하는 여러분, 선교가 하나님이 가장 기뻐하시는 일이라 할 때 교회와 성도된 우리들이 마땅히 순종해야 할 소중한 사역이다. 우리에게는 그래도 기도로 선교하는 양로원 할머니들보다 넉넉한 물질이 있지 않습니까? 기도 후원자일 뿐만 아니라 물질로 동참해 주십시오. 요즘처럼 경제가 어려운 시기에 선교에 있어 더욱 물질이 필요한 때이다. 하지만 소중한 만큼 더 가치 있어 선교에 귀한 열매를 맺을 것이다. 주보 속에 있는 선교비 후원 신청서를 보시고 신청해 주십시오. 가급적 가족 모두가 동참해 주십시오.

여러분의 후원이 지구촌 곳곳에 숨어있는 불신의 영혼을 깨우는 소중한 자원이 될 것이다. 100년 전 선교대상국 조선이 이제는 세계를 선교하는 한국이 되었다. 감사하며 이 일에 우리 모두 하나가 됩시다.

다윗과 골리앗

시흥북지방 남선교회 축구대회 우승
2000.09.10

장마의 시작과 함께 시작했던 감리사배 축구대회가 늦은 여름에서야 끝이 났다. 조 추첨 결과 지난 대회 4강중 3팀이 속한 B조에 속해 그리 주목받지 못한 우리 교회가 연이은 1점차로 역전승을 하면서 올라와 역시 신천교회를 1점차 역전승 하고 우승을 하였다. 지난 9일 교역자 회의에서 한 목사님께서 우승을 축하하면서 이런 말씀을 하셨다. "김목사, 어제 경기는 다윗과 골리앗의 싸움이었어." 분명히 우리교회는 다윗이고 상대팀인 신천교회가 골리앗으로 지칭하신 말씀이다.

사실 조 추첨 결과 지난 대회 4강 중 3개팀이 속한 B조에 우리 교회는 어느 누구도 그리 주목하지 않은 팀이었습니다. 우리도 우승을 말했지만 경기 초반에 우승까지 예상하지는 못했다. 그러나 폭우 속에서 치러진 예선 첫 경기에 매화교회를 2:1 역전하면서 일말의 희망을 가지게 되었고, 한 경기 한 경기 더해가면서 우승의 꿈도 한걸음 구체화 되었다. 그리고 예선 마지막 경기였던 시온교회를 1:0으로 승리하고 준결승에 올라 신은교회와 연장후반까지 가는 사투 끝에 2:1역전승을 하며 결승에 오른 것이다. 결승상대인 신천교회는 현역 고등학교 축구선수와 전직 고등학교 선수출신인 청년이 있는 팀으로 우승을 점치고 있었다.

더구나 우리가 1:0으로 어렵게 이긴 시온교회를 3:1로 이기고 올라온 터라 의기양양한 상태였다. 휘슬이 울리고 경기가 시작되었다. 역시 현란한 개인기의 축구선수 출신의 선수들로 초반경기를 압도해 나갔고 전반전 얼마 지나지 않아 첫 골을 넣고 기세가 등등했다.

평균연령에서 월등히 앞선 우리 교회가 노익장을 과시하며 열심히 뛰었고 결정적 찬스를 번번히 놓치는 불운을, 후반 패널티 킥을 내주어 결정적 위기를 맞이하기도 했습니다.

그러나 하나님이 우리의 손을 들어주셨는지 골이 골포스트를 맞고 나오는 바람에 위기를 넘기고 동점으로 따라붙은 우리는 연장전에서 골든 골을 넣음으로서 기나긴 한여름 동안 진행된 축구대회가 막을 내리게 되었다. 골든골이 들어가는 순간 우리 교회 온 성도들은 하나 되어 춤추고 소리치며 기쁨을 만끽하였했다. 기적이 일어났다. 우승하면 좋지 않을까 싶었던 마음이 현신로 이루어졌다. 우승을 하면서 저는 다윗을 생각했다.

골리앗 장군 앞에서 다윗은 나이, 체구, 지위, 경력 등 모든 것이 열세였다. 그러나 골리앗에게는 다윗보다 결정적으로 부족한 것이 있으니, 겸손, 믿음, 성실이었다.

골리앗에게는 없는 겸손이 다윗에게는 있었다. 골리앗이 자신을 믿을 때, 다윗은 하나님을 믿었다. 골리앗이 불성실할 때, 다윗은 성실하게 물맷돌을 준비했다. 곰곰이 생각해 본다. 우리가 어떻게 이길 수 있었는가? 기도를 많이 해서는 아닌 것 같다. 신천교회도 기도했을테니까요. 하지만 분명히 차이는 있었다. 우리는 부족한 가운데 최선을 다해 선수를 보강했고 어른 아이 할 것 없이 한 마음이 되어 응원했다. 분명 실력차이가 있지만 다른 것에서 최선을 다했다.

그러나 들리는 소문에 의하면 상대선수들 중에 몇몇은 간밤에 다른 시간을 가졌다고 한다. 하나님께서 우리의 모습을 더 예쁘게 보신 것 같다. 사랑하는 여러분 다윗이 골리앗을 이길 수 있다. 끝까지 최선을 다하면 가능하다. 최선을 다하는 당신의 모습이 아름답다.

어디가세요?

2003.05.04

토요일 아침 매화동을 다녀오는데 길 건너, 인도 위를 두 어르신들이 매화동을 향하여 손에는 자그마한 꾸러미를 들고 천천히 걸어가고 계셨다. 두 분은 바로 김영남 권사님과 서창자 집사님이시다. 반가운 마음에 달리던 차의 속도를 줄이고 창문을 열며 소리쳤다. "어디가세요!" 갑작스러운 소리에 멈추어 선 두 분은 길 건너 달려가던 차를 바라보셨고 저와 눈이 마주치셨다. 한 분은 말없이 환히 웃으셨고 다른 한 분은 힘차게 소리치셨다. "내일 주일 준비 하러가요." 그리고 이어 또 한 말씀 하셨다. "하나님 만나는 것 준비하러가요." 말없이 웃으신 분은 김영남 권사님이고 힘차게 소리치신 분은 서창자 집사님이시다. 그러면 두 분 손에 들려진 꾸러미는 목욕가방이었다. 두 분은 그 옛날 정한수 떠놓고 기도하던 어머니들처럼 그렇게 예배를 정성스럽게 준비하고 계셨다.

두 분은 이내 잠시 멈추어 섰던 길을 계속해서 걸어가셨다. 저 또한 교회를 향하여 차를 몰았다. 차를 몰아 교회로 오며 행복했다. 어차피 해야 하는 목욕이지만 주일을 준비하는 마음으로 토요일에 목욕탕에 가시는 모습이 너무나 아름다워 보였다. 마음은 아직 청춘인데 몸은 늙어 제 구실을 하지 못하지만 주님을 향한 이 마음을 보시고 하나님도 기뻐하셨을 것이다. 그러면서 한편으로는 아쉬움도 남는다. '두 어르신의 예배를 준비하는 마음을 젊은 성도들이 본받을 수 있다면 얼마나 좋을까?' 신령과 진정으로 예배하라 하셨는데 사모하고 준비된 마음으로 예배하라 가르쳐 왔는데 결석에 지각생은 언제나 제 마음을 아프게 한다. 언제쯤 한 명의 결석생도, 한 명의 지각생도 없는 그런 신나는 예배를 드릴 수 있는 날이 올 수 있을지 그저 꿈만 꾸어 본다.

사랑하는 도창교회 성도 여러분, 이제 준비된 예배로 하나님을 기쁘게 해드립시다. 주님을 향한 마음, 은혜를 사모하는 마음, 몸 의복 예물을 준비하는 마음, 시간을 준비하는 마음 등 이제 준비된 예배로 영광을 돌려 드리자. 준비하는 만큼 은혜가 넘쳐날 것이다. 주일을 하나님과의 만남을 준비하는 당신의 모습이 아름답다.

장기기증 서약식을 마치며

2003.04.27

장마처럼 며칠째 오락가락하며 내리던 비는 부활절 아침에도 계속 되었다. 주일 아침이 되면 목사는 우산장수와 짚신 장수를 둔 어미의 마음이 된다. 날씨가 좋으면 믿음 없는 성도들, 예배당으로 돌려야 할 발길을 들로 산으로 돌릴까봐 걱정하고 날씨가 좋지 않아 비라도 내리면 궂은 날씨에 믿음 적은 성도들이 예배당 가려고 일어섰던 몸을 주저 앉을까봐 걱정한다.

오늘 제 마음이 그렇다. 주님이 우리의 죄를 대속하시려 십자가에 죽으시고 장사 지낸지 사흘 만에 죄와 사망의 그늘에서 부활 승리하신 축제의 날이다. 오늘을 축하하기 위해 부활성가대가 찬양을 준비했고 사랑의 장기기증 서약식도 있기에 계속해서 내리는 비는 제 마음을 초조하게 만들었다.

오늘을 위해 기도했고, 카드를 보냈고, 1300개의 부활절 계란을 이웃에 선물하고, 전화하고 나름대로 최선을 다했는데 성도들이 어떨지... 혹 집을 나선 몸이 내리는 비에 그대로 주저 않지는 않을까 염려되었다. 목사가 참 믿음이 없다. "믿고 구한 것은 받을 줄로 여기라"라는 예수님의 말씀을 잊고 있으니 말이다. 예배시간이 다가오는데 반가운 얼굴들이 한 분 한 분 보이기 시작한다. 감사할 만큼 많은 분들이 부활절 예배를 드리고 사랑의 장기기증 서약식에 참여했다.

말씀과 부활성가대의 찬양 그리고 예배 말미에 장기기증이야말로 주님의 사랑을 가장 이웃에게 잘 전할 수 있는 귀한 일이라는 한국생명나눔운동 사무총장인 조정진 전도사의 설명과 함께 진행된 장기기증 서약에 20여명의 성도들이 참여하여 서약서를 제출했다.

사후 각막기증 16명, 사후 조직기증 6명. 뇌사 시 장기기증 15명. 1년에 1회 이상 헌혈 6명 혈소판 성분 헌혈 3명, 화장약속 9명. 사후유산기증 및 유산의 십일조, 사후 시신기증 2명 등 20명이라는 수가 많지 않다고 생각되어 아쉬움이 있을지 모르지만 한 생명이 천하보다 귀하기에 그 결과를 보면 그저 감사의 마음이 가득할 뿐이다.

여러분 한 번 생각해 보세요. 20여 명이 기증할 장기를 통해 50여 명이 새로운 생명을 갖게 된다는 것과 두 분의 시신이 의술 발달에 기여할 것을 생각한다면 얼마나 기쁘지 않겠습니까? (1차로 서약을 하였고 차후에 기증하기로 약속 한 성도들이 더 계셔서 그 수가 늘어날 것으로 생각됩니다.)

사랑하는 성도여러분, 자기 몸을 내어놓으신 예수님을 생각한다면 내 몸의 일부를 내어놓는 장기기증이야말로 주님의 제자로 주님의 가르침에 가장 충실한 모습이라고 생각한다. 우리의 장기기증을 통해 새 생명을 얻어 지난 주 돌을 맞은 김지호의 돌 예배 때 드린 엄마 정은선 집사의 기도문이다. 기뻐할 미래의 이웃들을 생각할 때 행복한 세상이 내 눈 앞에 열린다. 장기를 기증한 당신의 모습속에 담긴 예수님의 모습이 아름답다.

깨끗해지고 싶습니다

2003.05.18

어제부터 교회 외벽과 십자가를 새롭게 단장하기 시작했다. 창립 10주년 감사예배를 앞두고 좀 다른 마음으로 10주년 행사를 치르기 위해서이다. 좀 여유를 가지고 공사를 하려 했는데 이런저런 사정들로 인해 임박해서야 공사를 하게 되었다. 아침 일찍 작업을 시작한 이들은 십자가를 손보는 팀으로 올해 교회 새 단장을 디자인한 창조건설의 직원들이다.

기존의 십자가 뒷면에 십자가 모양으로 파일을 붙이고 그 옆에 또 타일을 조각내어 붙였다. 작은 면적이었지만 잔손이 적지 않게 가는 작업이었다. 이틀에 거쳐 작업을 했는데 그 또한 색다른 멋이 풍겨 나왔다. 또 다른 작업은 색칠이었다. 이 작업은 이웃교회 집사님께서 해주셨다. 많은 생각 끝에 결정한 흰색을 삼면에 다 칠했다. 그리고 맨 위와 중간 부분과 창틀 그리고 십자가 옆 기둥을 황색 계열의 색을 칠했다. 이틀을 칠하니 교회의 새로운 모습이 눈에 들어왔다. 흰색을 칠해서 그런지 깨끗하고 순결해 보였고 중간에 넣은 황색 띠는 단정된 모습을 그리고 맨 아래 3분의 1은 고동색을 칠하므로 안정감을 주었다.

칠하는 모습을 유심히 보시며 가던 마을 아주머니께서 "참 깨끗해 보이네요." 하셨다. "참 깨끗하지요." 대답하고 돌아서니 그 분의 말씀이 귀에 남아 내게 말하고 있었습니다. '10주년 감사예배를 앞두고 교회의 겉모습은 칠을 해서 깨끗해졌는데 성도들 개개인과 네 모습은 어떠니?' 하는 것이다. 정말 도색을 통해 교회의 겉모습은 깨끗하고 아름다워졌는데 교회의 구성원 된 성도 개개인의 마음은 어떤지 저 또한 스스로에게 되물어 보게 되었다.

만에 하나라도 겉모습과 달리 깨끗하지도 순결하지도 못한다면 이 또한 가슴 아픈 일이 아닐 수 없기 때문이다. 우리가 다 알듯이 주님께서 가장 싫어하는 것이 외식하는 자들이기 때문이다. 속은 죄악으로 검게 물들어 있는데 겉은 회색으로 마치 회칠한 무덤 같이 겉과 속이 다른 것이다. 만약 우리의 모습이 이와 같이 겉처럼 깨끗하지 못하다면 차라리 칠하지 않고 사는 것이 더 나을 것이다. 하지만 이미 교회 색은 칠해져 깨끗하고 아름다워 졌음으로 그 속에 존재하는 우리 개인들의 마음을 깨끗하게 해야겠다. 그러면 어떻게 해야 합니까? 방법은 덧칠이 아니라 새롭게 칠을 하는 것이다. 바로 예수님의 보혈로 씻김받는 것을 말한다. 예수님의 보혈만이 우리의 모든 허물을 깨끗하게 할 수 있기 때문이다.

그저 바라기는 깨끗한 교회 모습처럼 그 속에 있는 우리들 모두가 깨끗해지기를 소원해본다. 사랑하는 도창교회 성도 여러분, 이제 새로운 10년, 새 마음으로 새롭게 시작하자

깨끗한 교회의 모습처럼 순결한 당신의 모습이 아름답다.

추수감사절을 맞이하며

2003.11.09

저녁기도회를 마치고 어머니와 함께 집으로 갔다. 아파트 102동과 104동 사이 언덕을 오르며 어머니는 힘이 붙이시는지 가시던 걸음을 멈추고 힘들어 긴 숨을 쉬셨다. 어머니는 힘이 들어 하시며 한 말씀을 하셨다. "아휴.. 힘들다. 언덕이 있어서 오르내리기가 쉽지 않고 힘이 든다." 그 말씀을 듣고 제가 한 말씀을 드렸다. "어머니 그래도 감사하지요. 아직 내 발로 걸어서 올라갈 수 있다는 것이 얼마나 감사해요." "그래요, 목사님 말이 맞아"

한 해가 저물어가고 있다. 늘 이맘때가 되면 교회는 한 해를 돌아보며 추수감사절을 지킨다. 하지만 해마다 반복되는 절기이고 특별한 감사의 조건도 생각나지 않고 그저 형식적으로 때우고 지나가 버리기 쉽다. 더군다나 올해는 더욱 더 그럴 것 같다. 연초 기대에 못 미치는 경제, 살기 힘이 들어버린 현실, 태풍 매미로 인한 상처, 북핵문제, 이라크 파병, 부패한 정치가 우리의 마음을 더욱 여유 없게 만들고 있기 때문이다. 많은 분들이 정말 여유 없는 삶을 살고 계시다. 일터가 그렇고 가정이 그렇고 개인의 삶이 그렇다. 막막한 벽에 부딪혀서 절망적인 상황, 갈 바를 알지 못해서 헤매기도 한다. 점점 줄어드는 삶은 세상 앞에 기죽게 만든다.

하지만 조금만 여유롭게 생각하고 돌아보면 올해도 참 많은 감사의 조건들이 있음을 발견하게 된다. 무엇보다도 큰 감사는 살아있다는 것이다. 그것도 건강하게 살아있다는 것이다.

또 있다. 주님을 믿어 구원을 받았다는 것, 그리고 셀 수 없는 많은 감사의 조건들이 있다. 그래서 올해 추수감사절 소중한 감사의 날로 삼았으면 좋겠다. 이렇게 추수감사절을 지킨다.

1. 정성을 다해 예물을 드림으로 하나님께 감사의 마음을 표현한다.

적어도 하루에 1000원의 감사는 드릴 수 있었으면 좋겠다. 이것은 절대적 개념이 아니라 상대적 개념이다. 죄송하다. 1년 감사가 잔칫집 부조 정도도 되지 않는 모습이 안타까워서이다.

2. 배 1개, 감 1개, 사과 1개로 "배나 감사"한 마음을 표현하자.

3. 한 사림이 한 끼분의 쌀을 준비해 오시는 것이다.

그러면 모아진 배나 감사한 마음과 사랑의 쌀을 소외된 이웃에 전달하고자 한다. 사랑하는 도창교회 성도 여러분, 이번 추수감사절이 어느 해 보다 더 정성을 다하여 감사하는 절기가 되기를 바라며 특히 이웃에 사랑을 전하는 절기가 되기를 간절히 바란다. 감사를 잊지 않는 당신의 모습이 아름답다.

제주에서 띄우는 마지막 편지

2008.06.29.

드디어 제주 생활에 마지막을 맞이했다. 세월이 유수같이 흐른다는 말이 있듯이 정말 빠르게 지나갔다. 그동안 계절을 세 번 바꾸어 살았다. '정들면 타향도 고향이 된다'는 말이 있듯이 지금 살고 있는 선흘 마을이 제2의 고향이 된 것 같다. 이곳에서 한 주 남은 나에게 선흘교회 어른들이 가지 말라 말리신다. 가지 않을 수 없는 것 아시며 인사로 해 주시는 말이지만 그동안의 정이 배어나는 한 마디에 따듯함이 몰려온다. 사실 한 주간 남은 시간 미루고 미루었던 제주 여행을 하려고 했었다.

9개월이나 제주에 살면서 제주를 모르는 제주도민처럼 변변히 여행 한번 못했다. 그래서 이번 한 주간 한라산 백록담에도 도전해 보고, 제주일주도하고, 평소 가보고 싶은 곳에 가 보려 했는데 기약 없는 내일로 미루었다. 한마디로 시간이 없다. 몇 번의 송별회와 4팀의 육지 손님 맞으랴 장마까지 닥쳐 정작 나만의 계획은 포기해야 했다. 그래도 감사한 것은 아쉬워 송별해 주는 분들의 사랑과 먼 곳 제주까지 찾아 주는 마음이 반갑고 고마울 뿐이다. 처음 낯선 제주에 올 때만 해도 내 앞에 어떤 일이 일어날지 상상하지 못했다. 열방대학에 입학을 해서 훈련을 받기 시작 했지만 나의 가장 우선된 목표는 훈련보다는 건강을 회복하는 것이었다. 곧 정밀 검사를 받을 예정이지만 내가 느끼는 건강지수는 이전에 상태로 회복된 것 같다. 아무 일도 하지 않는 생활이라 정확한 진단이 될 수는 없지만 그래도 몸은 많이 가볍고 마음은 평화롭다.

생각해 보면 작년 8월 장마비와 하행대동맥 이상 그리고 맹장수술까지 연이어 몰아치는 고난 속에 힘들어 하며 오늘의 이런 평안이 있을까? 그저 막연히 기대할 뿐 예상 할 수 없었다. 사실 여러 번 밝혔지만 그동안 덤으로 산다고 생각했던 나는 다시 발병할 경우 마지막이라 생각했기에 더욱 그 날에 상심은 작지 않았다. 그러면서 이제 내 인생을 어떻게 정리해야 하는가? 극단적인 생각까지 했었다. 그런데 지금 건강을 회복하고 새로운 희망으로 가득해서 이전의 삶으로 복귀하게 되었으니 이 얼마나 행복하지 않은가?

아무리 생각을 매도 감사 밖에 다른 말이 생각나지 않는다. 지난 날들의 모든 것이 다 감사이다. 지금의 안식년 뿐만 아니라 모든 것에 시작이 되었던 장 마비까지 감사하고 대동맥 이상에 맹장수술까지도 다 감사하다. 거기에 목사의 발병에도 불구하고 동요되지 않고 성숙한 성도의 삶을 보여준 성도들과 장로님들 그리고 목사의 빈자리를 잘 메워 준 교역자들께도 감사하다. 거기에 아들의 계속되는 발병에 마음 조리셨을 어머니와 아우와 가족, 호주에서 통곡하며 기도한 딸, 특히 누구보다 어려운 과정을 옆에서 지켜보며 기도하며 함께한 아내에게 감사하다. 또한 5개월간 나를 자유롭게 만들어 준 열방에 간사님들과 CDTS 동기들, 9개월의 짧은 만남이지만 사랑으로 대해준 선흘교회 이규봉 목시님 내외분과 성도들에게 감사하다. 그리고 마지막으로 나를 사랑하셔서 오늘의 삶으로 인도하신 하나님 아버지께 더 없는 감사를 드린다. 이번 기회에 나는 나와 그렇게도 친밀해 지기 원하셨던 하나님 아버지의 마음을 몸과 마음으로 느낄 수 있었다.

이제 나는 정말 덤으로 사는 인생 무엇보다도 무리하지도, 서두르지도. 조급해 하지도 않을 것이다. 어떤 경우에도 일 중심의 사역은 하지 않을 것이며 하나님 앞에 머무는 것에 주력 할 것이다. 그럼게도 나와 친밀해지기 원하셨던 하나님 아버지의 마음을 알았기에 날마다 하나님 앞으로 나아가는 삶을 최우선에 두고 살 것이다.

아직 며칠이 남았다. 그러나 내 마음은 이미 도창동에 머물고 내 몸은 호조벌을 달린다. 마지막으로 지난 9개월 모든 영광을 하나님 아버지께 돌린다.

사랑하는 도창교회 성도 여러분 여러분 모두를 사랑하고 축복한다. 건강한 교회 성장을 꿈꾸는 우리 모두의 모습이 아름답다.

새벽에 만난 천사

2008. 7. 27

요즘 특별하지 않는 한 온밤 교회에서 머물고 있다. 늦은 밤 불 꺼진 성전에서 십자가에 불을 바라보며 기도하는 시간 조용히 눈물이 난다. 나의 부족함을 깨닫고 부족함을 채워주시는 하나님의 사랑을 경험하는 것이 제일 좋다. 홀로 있는 성전의 밤은 그래서 더 없이 평안하고 행복하다. 그런데 그 날은 집에서 잠을 자고 일찍 교회로 왔다.

나보다 먼저 오신 박 권사님이 누군가와 이야기를 나누고 계셨다. 40대에 남자는 선잠에 깨어나 머쓱해 얼떨떨한 표정을 짓고 있고 권사님은 어떻게 된 일인지 묻고 계신 것 같았다. 가만히 다가가 보니 천사는 처마에 깃든 비에 젖은 참새처럼 아무 말도 못하고 있었다. 천사의 입에서는 술 냄새가 풍겼다. 현관 나무 의자 밑에는 벗어 놓은 운동화와 양말이 말려 있고 내가 왜 이곳에 와 있는 가 의아해 하며 이곳이 어딘지를 묻고 있다. 이곳은 도창교회이고 어디 사시는지 묻는 권사님의 물음에 술에 취한 천사는 말이 없다. 마치 선생님 앞에 잘못한 것이 맞기에 달리 변명도 못하고 야단을 맞는 처량한 학생의 모습이다.

나는 권사님에게 술 취한 천사를 인수인계를 받았다. 특별히 할 말을 못 찾아 미안하고 쑥스러워하는 그를 1층 예배실로 안내 했다. 방석을 넉넉하게 깔아 주고 편안히 잠을 자고 가라고 하니 천사는 얼굴도 들지 못한다. 아마 천사는 술 취해 술김에 교회로 들어 왔고 아무도 없는 교회 나무 의자가 안방이나 되는 듯 운동화를 벗고 양말도 벗고 잠을 자다 바닥에 떨어져 자다가 권사님에게 발견이 되었나 보다. 술꾼의 계절인 여름이라 다행이지 한 겨울이라면 어떻게 됐을까? 생각하니 개척초기에 일이 생각이 났다.

지금의 성전을 건축하기 전이니 아마 1996년이나 그 다음 해 초 겨울이었다. 새벽기도에 오신 홍권사님이 혼비백산하셔서 길에 사람이 죽어 있는 것 같다는 것이다. 많지 않은 새벽식구들과 함께 두려운 마음으로 산업도로와 대선월드피아 사이에 길로 갔다. 정말 그 곳에 아저씨 한 분이 구두를 가지런히 벗어 놓고 안방인 줄 알고 잠자고 있었다. 동태처럼 얼어 축 늘어진 그를 겨우 성전으로 옮겨 난로 가에 놓고 한 시간쯤 마사지를 했을까? 조금씩 의식이 돌아오는 그에게서 얻은 정보를 가지고 다음 날 부천 소사동에 집에 모셔다 드렸다. 아저씨는 안산에 있는 직장에 다니는 분으로 퇴근 후 마신 술에 취해 차를 잘못타고 잘못 내려 우리 동네까지 들어 왔고 길을 안방으로 알아 잠을 자고 있었던 것이다.

만약 그 날 홍권사님이 새벽기도를 거르셨다면 어떻게 되었을까? 한적한 시골길에 하나님의 은혜가 아닐 수 없었다.

또 한 사람이 생각이 났다. 지금 성전으로 이사를 하고 있었던 일이다. 어느 날 오후 교회 앞에 두 남자가 오줌을 싸고 엉겨 붙어 세상모르고 잠을 자고 있었다. 겨우 들어 1층 예배실에 뉘이고 잠을 자게 했는데 다음 날 보니 교회에서까지 술을 사다 마시고 가버렸다.

나중에 안 일이지만 그들은 몽골인들로 한국생활에 적응하지 못하고 알코올 중독 상태에 빠져다는 것이다.

어제 만나 어떤 분이 이렇게 말했다. **'술은 필요악이다.'** 필요한데 악이라는 것이다. 내 생각에는 아무리 필요해도 악이면 거절하고 거부 할 것 같은데 그게 안 되나 보다. 여하튼 술은 마시면 마실수록 사람을 개로 만든다. 그러나 성령은 취하면 취 할수록 우리를 하나님의 사람으로 만든다. 성경은 분명하게 술 취하지 말라고 하시고 성령에 취하라고 하신다. 바라기는 새벽에 만난 술에 취한 천사가 술에 취하지 않고 성령에 취해 하나님은 찬양하고 경배하는 그런 사람이 되었으면 한다.

술에 깨어 교회를 나갈 때 든 마음 그대로 순종해 정말 하나님의 천사가 되었으면 한다. 술에 취한 그의 발걸음을 교회로 인도하신 성령님의 모습이 아름답다.

故정형순 집사님을 하늘나라로 보내드리고

2008. 09. 28.

주일 준비를 마치고 모처럼 여유로운 시간을 보내는데 전화벨이 울렸습니다. 이강희 권사님의 전화였습니다. 권사님은 정형순 권사님의 소천 소식을 전하셨습니다. 권사님은 역곡에 있는 큰 아들 집에 계시다가 소천 하셔서 신천동에 있는 성모병원으로 옮기고 계시다는 것입니다. 소식을 접하고 나니 좀 허망하다는 생각이 들었습니다.

사실, 최근에 소식을 접하지 못하여 막연히 기력을 회복하시는가 싶었는데 그렇지 않으셨던 것같습니다. 추석 전까지만 하더라도 저희들의 방문을 받으셨는데 최근에는 아예 대문이 열리지 않아 방문한 이들이 허탕을 치었는데 역곡에 가셔서 빈집이었던 것입니다.

우리는 빈집인 줄을 모르고 애매하게 추측만 가득했습니다. 여하튼 생으로 곡기를 끊으신지 적지 않은 시간이 지나셨는데 결국은 하나님의 부르심을 받으셨습니다.

집사님의 장례를 치르면서 몇 가지 떠오르는 기억이 있습니다. 가장 오래된 기억은 초등학교 시절로 올라갑니다.

무슨 연유인지 모르지만 저와 동기가 없는데 집사님의 집을 출입했습니다. 아마 한해 선배였던 집사님의 둘째 아들과 친해서 그런 것 같습니다. 집사님의 집은 가난하지만 깨끗했으며 정갈했습니다. 정말 흙바닥이 티 하나 없이 반들반들 했습니다. 마을 분들의 증언에도 집사님의 집은 흙바닥에 떨어진 음식도 주워 먹을 수 있을 정도였으며 비록 재래 화장실이었지만 너무 깨끗해서 어떻게 해야 좋을지 모를 정도였답니다.

집사님은 제가 목회를 하면서 교회에 나오셨습니다. 언젠가 세례를 받으시기로 했습니다. 그런데 두 번에 걸쳐서 일이 생겨서 부득불 세례를 받지 못하셨습니다.

어느 날인가 세 번째 세례를 받기로 하셨는데 그날 공교롭게도 마을에서 관광을 갔습니다. 그런데 그날도 차가 늦게 도착해 예배시간에 맞추지 못하신 것입니다. 세례 받는 것에 간절했던 집사님은 큰길에서 내리셔서 교회까지 달려오셨습니다. 땀에 범벅이 되신 집사님은 그날 세례를 받으셨습니다.

집사님은 항상 하나님께 더 많이 드리지 못함을 죄송스러워 하셨습니다. 심방을 가면 예배를 받으시고 목사를 대접하는데 최선을 다하셨습니다. 평소 다른 사람들처럼 목사를 대접하지 못하심이 늘 죄송해하시며 좀 더 많이 먹기를 바라셨습니다. 그 마음 알기에 저도 다른 곳보다 더 많이 더 맛있게 먹었습니다. 그런 집사님이 제가 안식년을 가고 가끔 볼 때마다 너무 아쉬워하시며 빨리 돌아오기를 바라셨습니다.

언젠가 심방을 갔을 때 집사님의 믿음을 확인하고 싶은 마음이 생겨 물었습니다. "집사님 하나님 믿으세요?" 저로서는 혹시나 하는 염려를 가지고 드린 질문이었습니다. 혹시나 불신의 답이 나오시면 어쩌나 하는 생각에서입니다. 그런데 집사님의 입에서 감사하게도 분명한 믿음의 고백이 나왔습니다. "예." 분명한 고백에 제 마음에 감사가 넘쳐났습니다. 집사님은 분명히 하나님을 믿으셨습니다. 믿음으로 가는 천국 저는 주인공이 되심을 확신합니다. 집사님의 마지막 기억은 안식년 중에 가끔 올라올 때 드렸던 말씀에 감사하신 모습입니다. 집사님께 제가 올라 을 때까지 천국 가시면 안 돼요. 천국 가시려면 제가 올라 온 다음에 가서야 해요. 뵐 때 마다 눈에 띄게 축나 보이시는 모습에 걱정이 되어 드린 말씀이었습니다. 그런데 집사님은 그 말이 너무 좋으셨나 봅니다. 그리고 그 말씀을 지키듯이 제가 오기를 기다리셔서 하늘나라로 가셨습니다. 집사님의 장례를 치르면서 그저 바라는 마음 하나는 집사님의 믿음의 씨가 자손들에게 떨어졌으면 하는 것입니다.

진정한 효도는 리무진으로 모시는 것이 아니라 집사님의 뜻에 순종해 한 믿음으로 하나 되는 것인데 그렇지 못함이 그저 아쉬움으로 남습니다. 그래도 천국가심을 진심으로 축하드리며 믿음으로 승리하신 당신의 모습이 아름답습니다.

하나님 감사합니다

2009.02.22.

지난 수요일 저녁, 수요예배를 준비하고 있었다. 그런데 제 방 밖에서 저를 부르는 소리 가 들렸다. "목사님 계세요?" 나지막하게 울리는 소리.. 바로 홍사흥 권사님의 목소리 였다. 그렇지 않아도 궁금해 친구인 아들에게 전화를 하려던 참이었는데 권사님이 오신 것이다. 오늘 권사님은 현대아산병원을 가시는 날이었다. 아침에 같은 속회인 정목사님의댁 속회도 병원에 가시느라 참여하지 못하셨다.

권사님은 작년에 간암 말기라는 진단을 받으셨고 이 일로 그동안 마음고생이 작지 않으셨다. 그도 그럴 것이 대장암 수술을 받으시고 2년 만에 받은 진단이라 권사님 뿐 아니라 가족, 성도 모두 깊은 근심에 휩싸였었다. 그러나 정작 권사님은 담대하셨다. 권사님을 다른 병원에서 재검사를 받기를 원하는 가족들과 달리 어떤 결과이든 순종하려 하셨다. 그리고 모든 것을 하나님에게 맡기셨다. 사실 작년 제주에서 소식을 처음 듣고 함께하지 못하는 안타까움에 '하나님의 처방전'을 써서 올려보내고 이전도사님과 열방 식구들에게 중보기도를 부탁하며 하나님의 치료하심을 기대했었다.

그리고 오늘 최종적으로 결과를 보러 가셨다. 그동안 권사님의 몸을 볼 때 건강하시리라는 믿음이 있었는데 그래도 만에 하나 안좋은 결과가 나오면 어쩌나 하는 생각으로 하루를 보냈다. 그런데 권사님이 병원을 다녀오신 후 제 방을 찾으신 것다. 권사님은 저를 보자 환하게 웃으시면서 말씀 하셨다. "목사님 괜찮대요." 그리고 이어서 하시는 말씀이

"사진에 아무 것도 없대요" 그 전에 보이던 암들이 하나도 보이지 않는다는 것이다. 담당 의사가 이전에 사진과 비교해 보면서 이상하다 연신 말하며 되묻더랍니다. "혹시 다른 약물을 복용했냐고?" 권사님은 그런 일이 없다고 하니 의사는 아주 이상하게 여기더랍니다.

그럴 수 없는데 하는 반응에 권사님은 " 하나님이 고쳐주셨어요!" 하셨단다. 할렐루야! 하나님이 고쳐 주셨다. 정말 어떻게 설명 하겠는가? 우리나라 최고의 병원 최고의 의사가 내린 진단이었고 사진상에 분명 암 덩어리가 보였었는데 지금은 보이지 않는 것이다. 그것도 간암 말기 진단이 나올 정도의 크기였는데 의사는 재차 약물복용을 물었지만 권사님이 드신 약물은 신약과 구약 밖에는 없었다. 사실 기적이다. 그러나 기적이 아니다. 권사님의 치료에는 여러 가지 노력이 있었다. 우선 권사님 자신의 확고한 믿음이다. 에스더처럼 죽으면 죽으라는 믿음이 있으셨다. 다른 병원에 진단을 거부하고 하나님께 맡긴 믿음 그리고 아픈 몸으로 성경 필사를 하시며 하나님 앞으로 나간 믿음이다.

또 성도들의 금식 릴레이 중보기도 거기에 제가 드린 하나님의 처방전까지 적지 않은 노력의 결과였다. 분명한 사실은 하나님이 하신 것이라는 것이다. 치료의 하나님께서 하신 것이다. 먼 병원을 다녀오셨음에도 피곤한 기색도 없이 "하나님께 감사합니다." 라는 권사님의 말씀에 나는 눈물이 났다. 그러면서 한편으로는 지금도 병으로 고생하는 다른 성도들의 모습이 떠올랐다. 홍 권사님에게 일어난 놀라운 치료하심이 다른 성도들에게도 일어나기를 기도했다. 바라기는 올해 아니 앞으로 우리교회에 하나님께 감사드릴 일들이 많이 일어나기를 기대하며 수요예배를 드리러 예배당으로 향했다. 하나님께 감사를 드리는 당신의 모습이 아름답다.

마당구지 샘물

2009. 6. 16

모처럼 해질녘에 매화동을 갔다. 매화동 우회도로를 달려 볼일을 마치고 돌아오는 길에 갑자기 동사무소 뒤 외가 밭이 생각이 났다. 얼마 전 뵌 큰외숙모께서 밭에 있는 '푸성귀를 뜯어 먹으라.'고 하신 말씀이 생각이 나서 밭에 어떤 식구들이 있는지 만나보러 길을 돌렸다. 밭가에 차를 세우고 밭에 가니 늦은 시간인데 외숙모가 참깨 모종을 이식을 준비하고 계셨다. 늘 앞으로 지나다니면서도 들러보지 못하던 밭에 오니 감게가 무량하다. 사실 매화동 동사무소 터는 옛날 외가 포도밭이었다. 나는 그 포도밭에서 한 여름을 보냈었다.

넓은 포도밭과 포도밭 가장자리에 있던 딸기밭까지 그리고 포도밭 아래에 있던 부모님이 경작하시던 토마토밭 그리고 그 밑에 논까지 정말 잊혔던 기억들이 주마등처럼 지나간다. 나는 외가 포도밭 원두막에서 포도 따먹으며 밭에서 일하시는 부모님을 기다렸었다. 지금은 그 때의 흔적이 살아지고 논과 밭은 매립이 되어 동사무소가 들어섰고 테니스장으로 변했더니 이제 곧 동사무소 증축으로 다 새 옷을 입을 예정이고 나머지 땅은 창고에 비닐하우스에 주말 농장이 되어 버렸다. 외숙모님은 작은 참깨 모를 정성스럽게 심고 계셨고 밭에는 참외, 옥수수, 참깨, 콩, 가지, 고구마 등이 심겨 있었다. 일을 마치시고 일어나시더니 상추 밭으로 우리를 안내하셨다. 그리고 고추밭도 알려 주셨다.

올 여름은 어느 해보다도 풍성한 야채를 먹을 수 있게 된 것 같다. 벌써 배가 부르다. 외숙모와 상추밭으로 가는데 갑자기 정말 기억의

저 밑에 있던 한 가지가 생각이 났다. 샘물이다. 마당구지 샘물이다. 이곳은 마당구지이다. 왜 마당구지인지는 모르지만 이곳에 토속 지명은 마당구지이다. 마당구지에 샘물이 있었다. 지금은 관정을 묻어 어디서나 물을 댈 수 있고 마실 수 있지만 옛날에는 관정을 묻기 어려웠다. 심지어 마을에도 먹을 물이 그리 많지 않았다. 그래서 공동 우물을 사용하기도 했다. 그런데 마당구지에는 우물이 아니라 옹달샘이 있었다. 밭과 논 가장자리에 작은 샘이 있었다. 그 샘은 작지만 맛난 좋은 물을 냈었다. 그래서 외가는 논이나 밭에 물 걱정을 하지 않고 농사를 지었다. 목마르면 샘에 와서 물 한 모금 마시면 됐다. 한여름 더위에도 마당구지 샘에 와서 작은 손 담아 마시는 물 한 모금에 이마에 땀이 식혀졌다. 웬만한 가뭄에도 마당구지 샘은 마르지 않았다.

마당구지 샘물은 외가의 생명의 젖줄과 같았다. 하지만 어느 해부터 마당구지 샘물은 외가만의 물이 아니라 마을의 물이 되었다. 식수가 귀하던 시절 맛있는 좋은 물을 마을 전체가 마시게 된 것이다. 작은 옹달샘이 마을의 생명수가 된 것이다. 아마도 오랫동안 마당구지 샘물은 그 사명을 감당했었다. 그리고 마을의 변화와 더불어 모두의 기억 속에서 살아졌다. 아닌 어쩌면 내 기억 속에서만 사라졌을지도 모르지만 나는 잊고 있었다. 그런데 갑자기 그 물이 생각이 났다. 외숙모에게 '마당구지 샘물은 어떻게 되었어요?' 하고 물었다.

논이 매립이 되고 밭이 되어버린 지금 샘물이 궁금해 졌다. 그리고 상전벽해가 되어버린 지금 샘물의 자리도 알 수 없었다. 외숙모께서 '여기'라고 가리키시는 곳을 보니 내가 걷고 있던 바로 옆 비닐하우스 안에 우물이 보였다. 바로 우물이 그 샘물이라는 것이다. 샘물은 살아지지도 마르지도 않고 그 자리에 그대로 있었다. 세상은 바뀌어 논이 밭이 되고 밭이 집터가 되었는데 샘은 우물로 있다. 너무 반가웠다. 지금은 식수가 아니라 비닐하우스의 채소들의 물이 되어 있지만 아직도 생명을 살리는 생수로 남아 있다. 변하지 않은 생수로 남아 있다. 그런 생각이 들었다. 마당구지 샘물처럼 마르지 않는 샘물 같은 삶을 살 수는 없는 것일까? 세상을 살맛나게 하는 맛있고 좋은 샘물 같은 삶을 살 수는 없을까? 맛있고 좋은 물을 내는 샘과 같은 당신의 모습이 아름답다.

한라산에 오르며

제주 학생부 수련회에
2009. 8. 8

5시에 일어나 6시에 산행을 계획했는데 5시 35분이다. 서둘러 깨워 차에 태우고 성판악으로 향했다. 밖은 안개비가 내린다. 산으로 올라 갈수록 비는 굵어지고 구름이 자욱하다. 혹시 산행이 불가능하지는 않을지 불안한 마음으로 성판악 주차장에 도착했다. 내리는 비에 불길한 마음은 더 해 가지만 다행히 산행이 가능하단다. 미리 주문한 김밥으로 아침을 대신하고 점심인 도시락을 챙겨 넣고 우비를 입으니 산행준비 완료 이제 건강하게 산행을 다녀오면 된다. 한라산 민족의 산 해발 1950m로 약 120만 년 전 바다 가운데서 땅이 솟아올라 생성된 산으로 360개의 오름을 거느리고 있는 국립공원인 명산이다.

2007년 6월 유네스코가 지정한 세계자연유산인 민족의 자연 보고이다. 정상 백록담까지는 어리목, 영실, 성판악, 관음사의 4코스가 있고 자연생태보고를 위해 휴식년제를 실시 어리목, 영실코스는 윗세오름까지만 등산이 가능하다. 우리는 가장 길지만 완만한 코스인 성판악으로 오르기로 했다. 성판악에서 정상까지 9.6km로 예상 등반시간은 왕복 9시간이다. 원래 계획은 6시에 이미 1시간 30분이나 지나 7시30분에 등반을 시작했다. 그것도 비가 내려 우비를 입고 산행을 시작했으니 만만치 않을 것이다. 하지만 이번 제주도 수련회의 커다란 목적 가운데 하나가 한라산 등정이기에 포기 할 수 없었다. 바라기는 아이들이 정상에 모두 오르고 그 과정에서 많은 깨달음이 있기를 바랄 뿐이다.

비를 맞으며 시작된 산행에 그저 모두가 정상을 밟고 건강하게 하산하기를 기도했다. 아이들은 이런 나의 기대와 염려를 아는지 모르는지 비도 아랑곳하지 않고 신이 나서 산을 오른다. 만약에 있을 지도 모를 사고에 대비해 아이들을 긴장시키고 한 명의 낙오자도 없기를 바라는 마음에서 절제를 시키며 산을 올랐다. 이 전도사님이 앞에 서고 내가 맨 뒤에 서서 아이들을 통제하며 산을 올랐다. 그러나 혈기 왕성하고 승부욕이 강한 아이들의 생기는 막을 수 없었다. 마치 장마에 둑이 터지듯이 아이들은 어느새 우리의 통제를 뚫고 한라산 정상을 향해 날아갔다. 나중에 정상에 올라 확인하니 뒤처진 우리와 무려 2시간의 차이가 났다.

아이들이 떠난 뒤 우리들은 정상 2.3km 밑에 진달래대피소에 도착 준비한 도시락을 먹고 숨을 돌린 뒤 다시 정상을 향했다. 그리고 2시간 걸려 정산 한라산 백록담에 도착했다. 비는 이미 그쳤는지 아니면 내리지 않았는지 하늘은 맑고 청명하다. 간간히 구름이 바람타고 날아간다. 정상 부근까지는 계단으로 되어 있다, 마치 하늘을 오르는 사닥다리처럼 끝은 하늘에 닿아 보이지 않았다. 정상 백록담은 흰 사슴이 신선과 함께 사는 못이라 해서 지어진 이름이라 한다. 정상에서 바라보는 백록담 분화구에는 물이 고여 있고 주변 초목과 어울려 아름답다. 사슴대신 노루가 물을 마시는 장면을 본 적이 있는데 오늘은 이미 마시고 지나갔는지 보이지 않는다. 하늘은 구름과 술래잡기를 하듯이 백록담이 보였다 사라졌다 그래서 더 신비롭고 아름답다. 정상의 백록담을 눈과 마음에 가득 담으니 그간에 모든 시름이 가신다. 이래서 산을 오르나보다. 쉼의 시간을 갖고 함께 기도했다. 한라에서 백두까지 우리 학생부가 반도의 복음화를 위해 기도했다는 것이 자랑스럽다.

함께 기도하고 하산하니 역시 6시 30분이다. 무려 11시간이 걸렸다. 땀과 비로 젖은 몸, 천근만근 무거운 몸과 풀어진 다리, 그러나 마음은 한 없이 커다란 성취감에 행복하다. 산행에서 아이들이 정상 정복을 위해서는 대가지불이 필요하고, 고생 끝에 낙이 온다. 힘들어도 쉼 없이 오르면 정상에 오른다. 하나님이 지으신 세상이 아름답다. 정상 정복도 어렵지만 정상에서 내려오는 것도 어렵다 는 여러 가지 진리를 깨닫기를 바란다. 바라기는 "등산은 인생이다." 말한 본영이의 고백의 의미를 모든 아이들의 고백이 되기를 바란다.

포기하지 않고 한라산을 정복한 아이들의 모습이 아름답다.

제2부

성장을 향한 아름다운 도전

도창복지문화센터 재개관에 붙여

2010. 1. 31

좀 풀리나 싶던 기온이 다시 내려가 제법 춥다. 꽃샘추위라고 해야 좋을지 여하튼 춥다. 올해는 매섭게 추워서 웬만한 추위는 추위도 아닐 성 싶은데 그래도 춥다. 그러나 추위를 덥게 달구는 일들이 있어 한편으로는 행복하다. 바로 '도창복지문화센터'의 확장 감사예배를 드리게 된 것이다. 올해 우리 교회는 표어를 '주님의 마음으로 지역을 섬기는 교회'로 정하고 주님의 마음인 사랑으로 지역을 섬기려 계획하고 있다. 지난 해 말 구체적인 실천으로 공부방 옆에 동일한 공간을 확보하고 복지문화센터를 확장하게 된 것이다. 그동안 복지문화센터를 1999년에 설립하고 작은 도서관과 도두머리 청소년 공부방 등을 운영해 왔지만 여러가지 준비 부족으로 제 구실을 못하고 있었다. 늘 마음에 부담이 되어 있었는데 이제 그 부담을 덜어 버리게 되었다.

우선 공부방과 같은 규모의 공간을 확보하고 전담 간사를 세워 이 일에 전력하게 한 것이다. 이로 인해 부족한 공간이 충족되고 인력이 보충이 되면서 복지문화센터의 기능이 정상화 내지는 강화된 것이다. 아직 우리교회가 그렇게 여유 있는 규모는 아니다. 그러나 우리의 정신만큼은 어느 큰 교회 못지않다. 우리는 현재의 우리 형편에서 최선을 다해 나누려 한다. 작던 크던 가지고 있는 것을 나누려 한다. 마음을 나눌수록 행복은 더 커진다. 그래서 이제 마음을 나누려 한다. 마음을 나누고 시간을 나누고 그리고 물질을 나누려 한다. 사실 그동안 우리는 작지만 귀한 것들을 나누어 왔다.

가장 대표적인 것이 사랑의 포도 나누기 운동이다. 거기에 작년부터 사랑의 쌀 나누기를 시작했다. 또한 사랑의 작은 음악회를 통한 나눔의 실천까지 다양한 형태의 것들을 나누어 왔다. 이제 좀 더 구체적으로 나누려 한다. 그래서 올해 우리의 표어를 '예수님의 마음으로 지역을 섬기는 교회'로 정한 것이다. 그리고 좁은 공간을 확충하고 좀 더 구체적인 사역을 시작하게 된 것이다. 우리는 우리 형편에서 지역민의 필요를 채우는데 주력할 것이다. 지역민의 욕구를 바르게 파악할 것이다. 한 번에 모든 것을 채우지는 못한다 하더라도 조금씩 채워 나갈 것이다. 도두머리 청소년 공부방과 더불어 욕구 충족에 힘쓸 것이다. 또한 이 일을 계기로 다양한 형태의 봉사활동을 전개하여 도창의 성도 모두가 적어도 월 1회 이상의 나눔을 실천하는 길을 마련할 것이다.

감사하게 지난해 말 '도창가족봉사단'이 세워져서 가족봉사를 시작했다. 그리고 CM에 봉사 속을 만들어 CM원들이 적어도 한 달에 한 번은 봉사를 경험하게 된 것이다. 그 밖에도 선교회별 봉사활동 등을 통해 예수님의 마음을 구체적으로 나누는 그런 교회를 세워가는 것이다. 아마도 도창복지문화센터의 확장이 이런 우리의 마음의 촉매가 될 것이다. 우리는 기대한다. 우리의 신앙과 믿음이 말만이 아닌 구체적인 행동이기를 사랑은 명사가 아니라 '동사'라는 것을 보여주기를 원한다.

입술의 사랑이 손끝에 사랑이 되기를 원한다. 그래서 복지문화센터가 설립목적에 맞게 성장해 가기를 간절히 원한다. 이제 본격적으로 시행에 들어가는 복지문화센터에서 아름다운 예수님의 마음을 활짝 꽃피우기를 기도해 본다. 그러면 우리 가슴에도 봄바람이 불어와 행복할 것이다. 예수님의 마음으로 지역을 섬기는 당신들의 모습이 아름답다.

하나님이 아십니다

2010. 07. 25.

주일 1부 예배를 마치고 목양실로 오면 목양실 안에서 소리가 들린다. 방주인인 내가 방을 비운 사이에 다른 사람들이 방에 들어와 있다. 굳게 닫힌 방문을 열고 들어가려다가 멈추어 섰다. 목양실 안에서 들리는 기도 소리가 그치지 않아서이다. 그리고 곧 방주인이 온 것을 알고 기도소리가 그친다. 그 제사 방문을 열고 들어갔다. 짧은 시간이지만 저는 순간이 이 소리가 너무 좋다. 이 소리를 들을 때마다 마음에 새로운 다짐이 서고, 새 힘이 솟는다. 바로 강단기도이다. 올해 우리교회가 새로운 시도를 하고 있다. 바로 CM, 멘토링, 팀사역 준비입니다. 여기에 더해서 안내팀이 서고, 새가족 섬김이 새가족을 섬기고, 중보기도팀이 중보기도의 단을 쌓고, 저녁 기도의 파수꾼 기도회가 열린다. 참 감사하다.

그런데 그중에 한 팀이 바로 강단 기도팀이다. 주일 강단 기도팀은 다른 팀에 비해 잘알려져 있지 않다. 그도 그럴 것이 다른 팀들은 다 드러나서 누가 무엇을 하는지 알 수 있다. 하지만 강단 기도팀은 잘 알려져 있지 않다. 그것은 모두가 예배드리는 시간에 목양 실에 모여서 기도하기에 그렇다. 또 섬기는 인원이 소수이기에 더욱 그렇다. 하지만 이들의 사역의 역동성은 놀랍다. 요즘 예배가 많이 변했다고 들 하시는 분들이 많다. 그 중에 하나가 설교에 대한 은혜 나눔이다. 저는 그렇게 생각한다. 예배자인 성도들과 교역자, 안내팀, 예배 섬김 이들 모두의 새로운 헌신의 태도 때문이라고 그러나 정말 부인할 수 없는 것이 바로 강단기도팀의 헌신이다. 강단기도팀은 A, B 팀으로 나 눠진다. A팀은 1부 예배 시작과 함께 목양 실에서 기도

하신다. 그리고 B팀은 2부 예배 시작과 함께 역시 목양 실에서 기도하신다. 이들의 기도는 다른 것이 아니다. 예배가 하나님께 온전히 드려지기를 위해 기도한다. 예배를 돕는 자들 목사, 찬양대, 예배 위원과 성도들을 위해 기도한다.

예배가 신령과 진정으로 드려지기를 위해 기도한다. 예배를 하나님이 받으시기를 바라는 마음에서 기도한다. 예배가 성령 충만한 가운데 드려지기를 위해 기도하고 악한 어둠의 영이 훼방하지 못하도록 기도한다. 성공적인 예배를 위해 기도한다. 이는 마치 아론과 훌이 모세를 위해 기도했던 것과 같은 것이다. 출애굽기17:8~16을 보면 모세가 아말렉과 싸우는 장면이 나온다. 이스라엘이 르비딤에서 아말렉과 전쟁을 한다. 여호수아는 군대를 이끌고 산 아래서 싸우고 아론과 훌은 모세와 함께 산으로 올라간다. 그리고 함께 두 손을 들고 기도한다. 모세가 손을 들고 기도하면 이스라엘이 승리하고 반대로 모세가 손을 내리면 아말렉이 승리했다. 이에 아론과 훌이 옆에서 모 세의 손을 잡아 줌으로 기도를 돕고 그래서 이스라엘이 승리한다. 모세는 훌륭한 지도자이다. 여호수아도 역시 훌륭한 장군으로 싸움을 잘했다. 그러나 정말 중요한 자리는 모세의 자리이다. 모세는 직접 싸우지 않고 산 위에서 기도했다. 그러나 그도 사람이라 손이 내려간다.

이는 기도가 중단되는 것을 말한다. 그러면 역시나 전쟁에 패했다. 이를 옆에서 본 아론과 훌이 모세를 도와서 기도해왔다. 그리고 전쟁에 승리했다. 이는 다른 것이 아니라 모세, 아론, 훌, 여호수아, 군대 등 모든 이들의 연합을 통해 승리한 것이다. 우리 교회 예배의 승리도 역시 강단기도 때문이라고 믿는다. 강단기도 파수꾼들은 바로 김필진, 박설향, 홍사흥, 박미자, 이정희 권사님들이다. 당신들의 기도가 도창교회 예배를 살린다. 중보기도로 예배를 돕는 당신들의 모습이 아름답다.

2010년 전교인 수련회를 마치며

2010. 08. 08.

2010년 전교인 하계수련회를 마쳤다. 하계 수련회답게 8월 최고 복중에 진행이 된 올해 하계 수련회는 태안반도연포에 있는 연포교회와 연포해수욕장을 중심으로 진행이 되었다. 연포해수욕장은 70~80년대 우리나라 대표 해수욕장으로 해운대, 경포대, 만리포, 망상 등과 같이 명성을 갖고 있는 대한민국의 해수욕장의 대표되는 곳이다. 수려한 경관, 따뜻한 바닷물, 거기에 잘 조성이 된 송림 군락까지 뭐하나 아쉬울 것이 없는 좋은 천해의 장소이다. 해수욕장 입구 현수막에 개장 40회라는 문구가 해수욕장의 역사를 말해준다. 그러나 요즘은 새롭게 개장하는 새내기 해수욕장에 밀려 다소 인기가 시들해지고 중앙일보의 매입과 개발 지연으로 점점 초라해 지는 면이 있다.

그러나 우리교회 여름 수련회 장소로는 손색이 없다. 사실 맨 처음부터 수련회 장소가 이곳은 아니었다. 맨 처음에는 안면도에 있는 민가를 빌렸었다. 그러나 해수욕장과의 접근성과 집회장소의 협소함 등 아쉬움이 있던 차에 정말 갑자기 이곳으로 장소를 변경하게 되었다. 전적으로 하나님의 도우심이라 믿는다.

장소가 새롭게 정해지고 준비위원회의 준비도 탄력을 받아 이전에 수련회와는 달리 착실하게 수련회가 준비되었다. 특히 매주 모임과 중보기도는 수련회에 대한 기대를 한 것 부풀게 하기에 충분했다. 준비 팀은 임박해 답사를 다녀오고 미진한 부분을 확인하며 마지막 준비를 하고 지난 목요일 수련회를 시작했다. 이번 수련회 참가자는 70여명이다. 이중에 특이한 사항은 어르신들의 대거 참여와 학생부의 참여이다. 여하튼 장년 성도들의 참여가 다소 부족함이 아쉬움으로 남지만 그래도 서운하지 않을 정도의 성도들이 참여로 수련회를 시작했다.

이번 수련회는 쉼, 영성, 나눔의 세 가지 목적을 충족하기 위한 것이다. 특히 주제를 "동네 지역을 넘어 조국 교회로..."를 내걸고 성도들의 하나 됨과 은혜의 체험을 목표로 내걸었다. 그렇게 시작된 수련회는 개회 예배를 시작으로 두 번의 새벽집회 그리고 두 번의 저녁 집회 그리고 폐회 예배를 드렸다. 두 번의 저녁집회에서는 '가치'의 소중함을 다시 한 번 깨닫는 시간으로 삼았다. 올바를 가치 정립은 그 사람의 올바를 행동을 유발하게 되고 행동이 바르면 그에 따른 좋은 결과를 낳게 된다. 더욱이 우리가 잘못 알고 있는 가치들 예수님이 사단에 시험을 받으신 세상 가치들인 돈, 명성, 세상 사랑이 유한성과 불완전성을 보면서 거짓 가치임을 확인하고 예수님의 가치, 우리 개인의 가치, 교회의 가치인 '영혼 구원'을 확인하는 기회가 되었다.

특히 우리 교회는 '영혼 구원'의 가치를 실현하기 위해 하반기 CM을 통한 VIP초청 잔치로 영혼구원을 이루려 한다. 짧지만 수련회에 참가한 성도들이 '영혼구원'의 가치를 깨달았기를 기대한다.

6번의 집회 이외에도 여한이 없을 정도로 이틀간 바닷가 물놀이를 했고, 해변 솔밭에서 있었던 레크레이션 그리고 연포교회 어린이들과 함께한 미니 성경학교 또 마지막 날 밤 조촐한 캠프파이어와 숯불 파티, 연포지역 전도 등 짧지만 알찬 수련회를 가졌다. 다소 잠자리 불편은 풍부한 먹을거리 특히 활어회 잔치로 충분히 보상이 되었다. 사실 여행의 3요소가 볼거리, 먹을거리, 놀거리라고 할 때 이번 전교인 수련회는 이 세 가지가 나름대로 충족이 된 시간들이었다. 더욱이 기억에 남는 것은 바닷물에 몸을 담그시고 천진난만해하신 어르신들의 모습, 열심히 찬양으로 영광을 돌려 드린 찬양단, 미니 성경학교를 한 교사들, 최선을 다한 수련회 준비위원회, 폭염에도 맛난 음식을 준비해 준 여선교회, 차량으로 여러 가지 세심한 섬김의 본을 보여준 청장년들, 수련회 준비부터 쉼 없이 중보해준 중보기도 팀, 물질로 마음로 후원해 준 많은 성도님들과 두 분의 전도사님과 장로님들까지 참 여러분들의 마음이 모아져 수련회를 잘 마쳤다. 그저 모든 영광 하나님께 돌리고 감사를 드린다.

물 사랑, 하나님 사랑!

2010. 08. 22.

지난 월요일 늦게 교회에 나왔다. 월요일은 목사의 공휴일이다. 꼭 그런 것은 아니지만 주말에 바쁘게 사역한 목회자들에게 월요일이 휴일이다. 그렇다고 꼭 휴일이 휴일 되지는 못하지만 그래도 한 주중 가장 마음이 편안한 시간이다. 요즘 지구촌이 난리가 아니라 그런지 우리나라도 제법 덥다. 보도에 의하면 열대야도 예년보다는 몇 배나 더 나타나고 있다고 하니 덥기는 덥다.

아침에 8월 요양원 월례회에 늦게나마 참석하고 아침 예배 설교하고 그러고 목양실에 오니 여유롭다. 전교인 수련회를 앞두고 말씀 준비하랴 이것저것 할 일이 제법이다. 책상에 앉아 일을 시작했다. 에어컨의 바람이 밖에 올라가는 온도를 잊게 한다. 일에 몰두해 있는데 밖에서 나를 부르는 소리가 어렴풋이 들렸다. 월요일에 교회 쉬는 것 교인은 안다. 교회에 아무도 나오지 않는다는 것 교인은 다 안다.

교인은 월요일에 교회에 안 온다. 홀로 기도하려는 분이 아니거나 약속이 있지 않으면 거의 오지 않는다. 그런데 나를 부른다. 멋모르고 부르는 것이 아니라 내가 있는 것을 알고 부르는 소리다. 왜냐하면 "목사님!" 하고 부른다. 아마 교인이 아니라면 "여보세요!"하고 불렀을 테니까? 누구지 하며 나가 문을 여니 김인자 집사님이다. 김 집사님은 교회 옆에 사신다. 몇 년 전 타동에서 이사 오셔서 타향을 고향삼아 살고 계신다. 집사님은 국악을 잘하신다. 잘하시는데 겸손히 피하신다. 노인부도 시작이 되었으니 집사님의 국악 사랑을 보게 될 날이 곧 오리라 기대한다. 집사님은 가끔 목사를 잘 섬겨 주신다. 지난 해 콩국물을 주셔서 맛있게 먹은 적도 있고 얼마 전에는 맛있는 파전을 만들어 오셔서 허기진 배를 채우기도 했다.

또 집 앞 텃밭에서 거둔 상추와 고추를 주셔서 한 동안 식탁이 풍요롭기도 했었다. 그런데 오늘 나를 찾으셔서 나가보니 카트에 물병이 가득하다. " 아니 집사님 웬 물이에요? 반문하자 "예, 교회 물이 없어서요." 하신다. 아 그렇지 지난 주일에 정수기가 고장이 나서 물을 사서 먹었던 일이 떠올랐다.

마실 물을 담아 오신 것이라 하신다. 한 병도 아니고 카트 바구니에 가득하다. 주방문을 열어 드리자 냉장고 안으로 넣으신다. 냉장고에 물병을 넣으시는 모습을 보며 그런 생각이 들었다. "아 이것이 사랑이구나. 이것이 관심이고 이것이 섬김이요. 헌신이구나."하는 생각이 들었다. 너무 고맙고 감사하다. 별것도 아닌 것처럼 생각하면 그저 물병 하겠지만 나에게는 집사님의 교회 사랑과 하나님 사랑의 마음이 전해 와서 감동된다. 지난 주 수요장터에서 예쁜 꽃나무를 사다 놓으신 최권사님의 교회사랑 하나님 사랑에 이어 마치 릴레이를 하듯이 전해져 더 감사하고 귀하다. 아마도 예수님이 기뻐하셨으리라.

예수님이 하신 말씀이 생각이 난다. 마 25:45 “내가 진실로 너희에게 이르노니 이 지극히 작은 자 하나에게 하지 아니한 것이 곧 내게 하지 아니한 것이니라 하시리니" 교회를 사랑해서 하신 작은 일이 곧 예수님을 위한 일이라 하신다.

도창교회는 이처럼 작은 교회 사랑, 하나님 사랑이 모여 큰 사랑 아름다운 교회를 만들 것이다. 교회를 사랑하는 하나님을 사랑하는 당신의 모습이 아름답습니다.

리모델링을 시작하며

2010.09.05.

월요일부터 교회 리모델링이 시작된다. 개척 당시 지은 성전은 조립식 건물로 30명에 작았다. 그저 달랑 예배당이외는 없는 정말 작은 예배당이었다. 그리고 두 번째 지은 성전이 지금의 성전이다. 지금 성전도 85명으로 작다. 그래도 남의 땅 빌려 지은 처음 성전과 달리 내 땅에 지었다. 그리고 주방도 있고 사무실도 있고 작은 예배실에 목양실에 유아실까지 있다.

처음 성전과는 비교할 수 없다. 그런데 이 성전이 지은 지 10년이 넘었다. 어느새 벌써 그렇게 되었다. 중간에 지금의 색으로 페인팅을 했었다. 사실 지금의 교회도 구조는 철골조이지만 외벽은 조립에 스톤코트 한 것이다. 그러니 엄밀하게 말해 처음 성전과 같은 조립식 건물이다. 그래서 그런지 아니면 십년이 넘어서 그런지 곳곳에 금이 갔다. 칠을 다시 하든지 아니면 다른 방법을 써서라도 손 을 대야할 때가 되었다. 그런데 이번에 리모델링을 하게 된 결정적인 이유는 컨설팅 결과이다. 봄에 받은 컨설팅 결과 중에 하나가 리모델링을 하라는 것이다. 이유는 교회가 너무 교회 같지 않고 사람들의 눈에 확 띄지 않는다는 것이다.

좋은 위치에 있으면서도 일반적인 교회 모습이 아니라 사람들의 시선을 끌지 못하기에 컨설팅을 받고 새롭게 코칭을 받으면서 새로운 분위기를 위해서 리모델링을 권유 받았다. 또한 외벽에 줄도 가고 손불 때도 되어서 겸사겸사해서 실시하게 되었다. 이번 리모델링은 우선 교회 현관이 있는 길가 면을 새롭게 하는 것이다. 1층면은 인조대리석과 같은 것을 2 층은 방부목을 덮어씌운다. 십자가 종

답을 새로 길가 면에 높이 세우고, LCD 간판을 세우고, 현관을 길가까지 늘리고 현관 발코니를 방부목으로 내고, 사무실 창문을 내는 것이다.

그렇게 함으로 지금과는 전혀 다른 분위기를 내게 된다. 계획대로 리모델링이 마쳐지면 교회는 확실히 눈에 띄게 될 것이다. 공사 기간은 대략 1주 정도 걸릴 것이라고 한다. 공사는 이혜석 목사님의 남편인 조권사님이 해 주시기로 했다. 조권사님은 원래 목재를 다루시는 사업을 하시며 건축과 인테리어를 하셔서 이 분야에 전문가이시다. 이 분야에 지식이 없어 자문을 구하는 과정에서 공사를 맡아 주시기로 한 것이다. 사실 공사에 가장 어려움은 시공상의 문제보다 적은 비용으로 최대한의 효과를 내야 한다는 것이다.

시공비가 많으면 많을수록 더 좋은 재료로 더 좋은 리모링을 할 수 있을 것이다. 하지만 여유가 없는 시공비로 공사에 적지 않은 어려움이 예상이 된다. 더욱이 거의 모든 공사가 처음에 생각과 달리 진행상에 추가되는 것들이 발생하기에 공사비와 이런 저런 문제들이 발생하게 되어 쉽지 않다. 그런데 조권사님이 맡아 주셨다. 그저 바라기는 모두가 만족하는 리모델링이 되는 것이다. 또 한 공사 중에 작은 사고도 나지 않으며 작업하시는 분들 모두가 기쁘게 자신의 교회를 리모델링하는 마음으로 해 주는 것이다. 그러면 정말 하나님이 원하시는 아름다운 교회가 리모델링이 될 것이다.

또한 정말 간절히 바라는 것은 교회 외관을 리모델링하는 것만이 아니라 교회의 내부 아니 무형의 교회인 성도들과 도창교회가 새로워지는 것이다. 만약 새 부대에 새 술을 담듯이 새롭게 리모델링한 교회에 새 교회를 담지 못한다면 새 부대를 준비한 의미가 없어진다. 그러므로 우리는 리모델링을 하면서 새로운 각오를 다져야 한다. 이전에 부족함을 다시 새롭게 일신하는 것이다. 예배, 전도, 기도, 교육, 친교, CM, 멘토링 등 교회의 모든 영역에서 새로운 변화와 변혁이 필요하다. 그래야 리모델링의 의도대로 교회가 부흥하게 될 것이다. 바라기는 리모델링을 통해 교우들의 하나님 사랑과 교회 사랑이 확인되는 기회가 되는 것이다. 마지막으로 넉넉하지 못한 교회 재정이지만 넘치는 성도들의 헌신이 재정의 부족함 없이 공사를 마치게 하리라 믿는다. 교회를 사랑하는 당신의 마음이 아름답습니다.

성지순례를 마치며

2010. 10. 24.

지난 밤 11시 30분. 이스라엘의 텔아비브 국제공항을 이륙한 비행기는 밤새 하늘을 날아가고 있다. 아직 돌려놓지 않은 손목시계는 현지 시간 새벽 6시 45분이다. 비행기는 밤새 7시간 정도를 나르고 있다. 도착지인 인천국제공항 오후 1시 45분이다. 아직도 2시간 26분을 날아야 인천국제공항에 도착한다. 어제 밤늦게 비행기에 탑승해서 정신없이 한 잠을 자고 나니 지난 순례길을 돌아볼 여유가 생긴다.

어제 9박 10일의 마지막 순례지인 베들레헴과 예루살렘을 순례했다. 지난 순례 기간이 얼마나 힘들었으면 마지막 순례길이에 아쉬움보다 속히 집으로 돌아가고 픈 마음이 더해 하루를 더 연장해 준다. 해도 거절했을 것이다.

매일 5시 30분에 일어나는 강행군이었다. 짧은 일정에 많은 곳을 순례해야 하기에 어쩔 수 없다. 하지만 발바닥에 물집이 생기고 다리는 천근만근 더 이상 순례가 힘들어 순례가 연장이 된다. 해도 선듯 '예'하기 어렵다. 영적 은혜가 떨어져서는 절대 아니다. 연약한 육신이 지쳐서이다. 누가 그랬던가? "성지순례는 한 살이라도" 더 젊어서 해야 한다." 정말 맞는 말이라는 것을 실감하면서 순례를 마친다. 순례를 마치며 드는 마음은 "감사"이다. 그저 모든 것이다. 감사하다.

성지순례를 하게 된 것도 감사하고 순례단 32명 모두가 무탈하게 순례를 마친 것도 감사하다. 특히 우리교회 식구 8명 전원이 시내산 순례를 무사히 마친 것이 더 없이 감사하다. 7학년이신 박권사님, 관절이 안 좋으신 이권사님의 시내산 등정은 생각할수록 하나님의 은혜였음을, 고백하며 감사드린다. 무엇보다도 성서에 많은 잘못된 이해들이 고쳐지게 된 것이 감사하다. 이론과 실제의 차이가 참 크다는 것을 실감하면서 이 부분을 생각하면 할수록 좀 더 일찍 성지 순례를 하지 못한 것이 아쉬움으로 남는다. 사실 끝없이 이어지는 출애굽의 광야를 지나면서 패역했던 이스라엘 백성들을 이해하게 되었고 그들을 광야로 인도하신 하나님의 마음도 이해 할 수 있었다. 풀 한 포기, 나무 한 그루 없는 황량한 광야로 인도하신 하나님의 뜻이 무엇일까? 다른 것이 아니라 오로지 하나님만 의지하라는 것이라는 것을 알게 되었다. 그런가하면 갈릴리 호수를 중심으로 사역하셨던 예수님의 발자취를 순례하면서 예수님의 사랑을 더 깊이 알게 되었고 베들레헴과 예루살렘을 순례하면서는 예수 탄생의 사실을 확인 하면서 시대를 뛰어 넘어 주님과 함께하는 시간도 가졌다.

현재 이스라엘은 2천년의 유랑 가운데 다시 나라를 세웠다. 이스라엘 안에는 유대인들만 있는 것이 아니라 아랍인들도 있다. 이들은 물과 기름처럼 하나 되지 못하고 갈라져 존재한다. 그 간격만큼이나 갈등이 큰 것을 눈으로 보고 피부로 느꼈다. 더군다나 예루살렘과 베들레헴을 가르는 거대한 분리장벽 국경을 포함해 나라 곳곳에서 벌어지는 삼엄한 경계와 검문, 도심 속에 만나는 중무장한 군인들까지 현재의 이스라엘을 단적으로 보여주고 있었다. 그런 것에 비해 이스라엘 안은 더 없이 평화로웠다.

평화를 지키기 위한 애씀으로 이해해 달라는 가이드의 말이 이해되는 장면이다. 여하튼 현재 이스라엘은 사방으로 둘러싸인 아랍인들과의 대치 속에 살아가고 있다. 국토에 60%가 광야로 이루어진 나라 중동에 있으면서 석유가 생산되지 않는 나라 그러나 그들은 지금 하나님이 약속하신 가나안에서 하나님이 주시는 축복을 누리며 살아 간다.

이런 저런 생각을 하며 순례 길을 되돌아보는 사이에 도착시간이 한 시간 정도 남았다 한다. 성지로 불러 주신 하나님 그리고 세심하게 배려하며 함께 한 순례단, 성지순례의 기회를 준 교회와 성도들, 대호를 보아주신 김집사님 10일이나 떨어져 있으며 훌쩍 자란 대호에게 고맙다. 모든 영광을 하나님께 돌립니다.

5회 매화청소년백일장을 마치며

2010.10.31.

지난 주일 오후 현대 예배에 제5회 도두머리 백일장 및 사생대회 시상식이 있었다. 약 600명이 넘게 참가한 대회는 69명의 수상자를 배출했다. 대상인 시장상을 비롯해 수상자들과 가족 그리고 교회 식구들이 함께 축하며 시상식을 했다. 대회는 우리 교회가 지역을 섬기는 마음으로 지역 청소년 문화 향상을 위해 실시해 온 대회이다. 사실 요즘 아이들의 문제 중에 하나가 책을 읽지 않는다는 것이다. 요즘 아이들은 게임, 인터넷 등 새로운 문명의 이기에 정신을 때앗겨 살고 있다.

한가로이 책을 읽지 않는다. 책을 읽지 않는다는 것은 단순하게 생각하지 않는 다는 것이 될 수도 있다. 생각하지 않으면 꿈꾸지 않는다. 꿈꾸지 않는 청소년은 비극이다. 그래서 이 대회를 시작했다. 우리 아이들에게 독서를 통해 생각하는 사람, 꿈꾸는 사람이 되게 하기위해 이 대회를 시작했다. 사실 대회가 얼마나 청소년들에게 책을 읽게 하고 생각하며 꿈을 꾸게 할 것인가? 하지만 가랑비에 옷이 젖듯이 작은 몸짓이지만 대회를 시작했다. 더욱이 감사한 것은 올해 우리 마을이 책 읽는 마을로 지정이 된 것이다. 쉽지는 않겠지만 우리 대회가 책 읽는 매화동을 만드는데 작지만 큰 일을 했으면 한다.

이번 대회를 치르면서도 얻은 보람 중에 하나는 작년에 대회에 참가했던 아이들이 더 나은 모습으로 참가해 상을 받은 것이다. 우리 대회가 아이들에게 독서와 글쓰기에 동기를 제 공해주고 있는 것이다. 어쩌면 가장 큰 대회의 의미일 것이다. 바로 우리가 기대하며 바라는 것이다. 우리가 살고 있는 매화동이 얼마나 아름다운가? 넓은 호조벌과 아름다우며 자랑스럽고 귀한 것 들이 많이 있다. 심사평을 해 주신 이상범 교수님의 말씀처럼 더 많이 더 자유롭게 보고 느끼며 상상하며 자랄 수 있었으면 한다. 아름다운 우리 마음이 바로 교과서이다. 조금만 여유롭게 바라보면 누구나 다 시인이 되고 수필가요 소설가이며 작가이다. 바라기는 꼭 시인이나 문학가가 아니더라도 아름다운 자연을 느끼며 생각하는 삶을 사는 건강한 시민을 만들어 내는 곳이 되었으면 한다. 곧 작품집이 만들어 질 것이다.

오늘 대상을 받은 두 작품만 미리 소개하면 다음과 같다.

엄마 (대상)- 매화초등학교 2 황준성

엄마 몸속에는
천사와 악마가 있어요

셋 둘 하나 악마로 변신
엄마의 얼굴에는
심술이 주렁주렁 열려요
아고고고 꼭꼭 숨어라

셋 둘 하나 천사로 변신
엄마의 얼굴에는
행복 꽃이 화알짝 피어요
룰루랄라 꼬옥 안겨요

엄마의 몸속에는
천사와 악마가 있어요

2010 도창 세계선교대회에 붙여

2010.12.12.

누군가 시간이 흘러가는 것을 날아가는 화살에 비유했다. 그만큼 빨리 지나간다는 것이다. 한 해를 시작한 것이 어제 같은데 한 해를 정리하는 시간이다. 해를 넘김이 아쉬운 만큼 새 해에 대한 기다가 크지만 그래도 돌아보니 서운하다. 점점 시간은 줄어들고 마음은 조급해진다. 올해 연말에 자주 하는 말은 정직한 반성과 소망스런 계획을 세우자" 이다. 많은 생각과 많은 계획을 세워본다. 그러면서 매년 이맘 때 빼놓지 않은 교회 행사가 있다. 바로 도창세계선교대회다. 제목이 거창하다. 마치 무슨 교단이나 선교단체의 행사 같지만 이것은 이름에 나타나듯이 소박한 우리 교회 행사이다.

처음 이 행사를 시작할 때 가진 마음이 거창했다. 그것은 우리 에게 주신 존재에 근거였다. 우리 교회는 내 땅이 한 평도 없던 개척 첫해부터 교회 예배당과 땅을 달라고 기도하기 전에 가장 먼저 선교사 파송을 기도했었다. 그때가 1993년이었다. 당시 우리는 2000년에 독자적인 선교사를 파송하게 해달라고 기도했었다. 그 기도는 응답되어 2000년 영국에 김동환 목사를 그리고 이듬해 이혜숙 전도사를 C국에 파송할 수 있었다.

그 후 매년 12월에 도창세계 선교대회를 열면서 열방을 향한 하나님의 마음을 품고 있다. 지금은 아프리카 케냐에 김완영, 김국화 선교사를 파송 선교사로 그리고 영국, 베트남, 터키, 방글라데시, 이스라엘, 파라과이, 필리핀, 말레이시아 선교사들과 협력사역을 하고 있다. 마음만큼 열정적으로 후원하며 협력사역을 하고 있지 못하다. 그러나 마음은 그 이상이다. 늘 중보하며 영적으로 함께 하고 있다.

그리고 가지는 소망은 마음이 있는 곳에 몸이 간다고 언젠가는 물질적으로도 함께 후원하며 동역하는 때가 오리라는 기대를 갖고 있다. 우리는 선교대회를 통해 우선 선교사들의 사역에 관한 보고와 중보기도 제목을 듣고, 각자 하나님이 주시는 마음으로 새해 선교후원을 결정하는 것이다.

올해도 소식을 전해 온 선교사들 중심으로 선교 보고를 받고 중보기도하려고 한다. 올해에는 방글라데시 이중환 선교사, 필리핀에 정찬선 선교사, 말레이시아에 복경자 선교사 케냐에 김완영 선교사의 소식이 도착했다. 이들이 보낸 소식을 듣고 그리고 각자에게 주시는 하나님의 음성 따라 선교 헌신을 결정하는 것이다. 더욱이 올해에는 특별한 시간을 갖게 되었다.

네팔에서 오신 선교사님을 모시고 선교대회를 열 개 된 것이다. 바로 네팔에서 소망 고아원을 운영하시며 네팔 어린이들의 죽은 영혼을 살리고 계시는 이해덕 선교사 부부를 모시게 된 것이다. 선교사님의 명성은 이미 방송을 통해 널리 알려지셔서 부연하지 않아도 되리라 세계 곳곳에서 한민족의 자긍심을 높이며 열정적으로 세상을 변화시켜가는 헌신된 분들을 소개해서 감동을 준 KBS 방송이 제작했던 한민족 리포트에 주인공이시다.

선교사님은 하나님의 음성 따라 네팔에 들어가셔서 그곳에 상처받은 어린 영혼들을 돌보고 계시며 고아들의 아빠 엄마로 헌신의 결과가 아름답게 나타나고 있는 귀한 분이시다. 현재 고아사역을 비롯해서 구제와 봉사 교육 그리고 의식개혁 그리고 신학교를 통한 목회자 양성까지 눈부시게 사역하고 계신 분들이시다. 오래전 꼭 한번 모시고 싶었던 분들인데 이렇게 소중한 자리에 모시게 되어 하나님께 영광을 돌려드린다.

부디 선교사님의 헌신된 사역 보고를 통해 우리 모두에 게 부르시는 하나님의 음성을 듣는 거룩한 시간이 되기를 간절히 소원한다. 세계 선교에 헌신하는 당신들의 모습이 아름답습니다.

창립 18주년에 붙여

2011. 03. 13.

"아니 벌써 해가 솟았나?" 하는 유행가 가사가 생각이 난다. 정말 아니 벌씨 18년이 되었나? 정말 세월이 빨리 흘렀다. 창립 준비를 하고 개척예배를 드린 때가 엊그제 같은데 이팔청춘이 지나갔다. 예배 장소도 마련하지 못하고 백장로님댁 앞마당에서 매화교회 성도들과 함께 교회설립 예배를 드린 때가, 어제 같은데 정말 실감이 나지 않는다. 그저 그해 가을에 태어난 동갑내기 현지가 큰 것을 보며 세월을 실감한다.

교회가 개척 되고 2개월 뒤 5월에 조립 30평에 예배당을 짓고 첫 예배를 드렸다. 이듬해 자립을 선언하고 아파트 입주 후 지금 교회를 건축해 이전했다. 그리고 오늘에 이르렀다. 지난날들을 생각하면 감사밖에 나오지 않는다.

창립 40주년 기념으로 속을 떼어 교회를 개척해 준 매화교회와 하나님의 뜻으로 마을에 교회가 세워지는 것을 복으로 알아 순종한 백승학 장로님을 비롯한 개척 멤버들 김영남, 백승학. 이강희, 홍사흥, 김춘자, 윤옥분, 김영숙, 박순식, 노응자, 김진숙, 김금복, 신정식, 이현자, 박상명, 백종수, 김영란, 김동욱 그리고 지금까지 섭리하신 에벤에셀의 하나님께 그저 감사할 따름이다. 목회를 하면서 늘 던지는 질문이 있다.

하나님이 도창교회를 왜 세우셨는가? 세상에 교회가 없지 않은데 그 많은 교회들 속에 또 교회를 왜 세우셨는가? 그리고 우리 교회는 그 뜻대로 세워져 가고 있는가? 결론은 늘 한가지이다. 지역교회로 영혼을 살리며 하나님의 영광을 드러내는 것이고 그 일을 이루어가고 있다고 그러면서 또 드는 마음은 지극히 부족하다는 것이다.

창립 10주년 선물로 "도창교회는 우리 마을 교회"라는 지역민들의 말이 부끄럽지 않은 교회를 세우기에는 아직 멀었다. 그도 그럴 것이 세상에 어느 교회가 100%일 수 있을까? 아무리 큰 교회고 아무리 많은 사역을 하고 있는 교회도 하나님의 뜻에 100%인 교회는 이 땅에 존재하지 않는다.

100%를 향해 가고 있을 뿐이다. 그 중에 우리 교회도 있다. 늘 이 질문 앞에 머문다. 제대로 가고 있는가? 하나님이 원하시는 교회인가? 그러면서 감히 "세상 가장 아름다운 교회"를 꿈꾸어 본다. 그래도 변하지 않는 것은 개척 초기부터 " 하나님께 영광을 돌려 드리는 교회"를 소망하고 있다는 것이다. 또한 원형적 교회인 사도행전 2:43~47에 소개된 그런 교회를 꿈꾸는 것이다. 하나님은 빌립보서 2:13 "너희 안에서 행하시는 이는 하나님이시니 자기의 기쁘신 뜻을 위하여 너희로 소원을 두고 행하게 하시나니" 즉 소원을 주시고 그 소원을 이루어 가신다 하셨기에 꿈이 현실이 되리라 믿는다. 올해 우리 교회는 창립 18주년을 맞이하면서 다시 뒤를 돌아보며 기초를 튼튼히 기본을 충실하게 하기 위해 애쓰고 있다.

좀 늦더라도 18년에 부족함을 고치고 보충하며 다시 다지고 세우는 시간을 갖고 있다. 그래야 처음 주신 마음, 거룩한 꿈에 한발 더 다가갈 수 있으리라 믿기 때문이다. 한 가지 안타까운 점은 이전에 열정들이 식어지고 있다는 것이다. 부족하고 없던 시절에 있던 열정들이 넉넉하고 넘치는 지금 보이지 않는다. 비단 우리만의 문제가 아니라 현대 기독교의 문제이기도 하지만 그래도 아쉽다.

창립 18주년을 맞이하면서 도창성도 모두가 감사와 돌아봄 그리고 변함없는 꿈과 열정으로 다시 시작하기를 소원한다. 이 땅에 18년 전 도창교회를 세우신 하나님의 뜻과 오늘 이 시간에 도창교회 식구로 부름 받아 함께 하고 있다는 사실 앞에 깊은 소명의식과 사명감으로 넘쳐나기를 간절히 바란다.

다시 한 번 창립 18주년을 허락하신 하나님 아버지께 모든 영광과 존귀를 돌려드린다. 세상 가장 아름다운 도창교회를 세워가는 당신들의 모습이 아름답다.

함병숙 권사님의 천국 환송식을 마치고

2011.05.29.

참 감사합니다. 정말 슬픔보다는 감사와 기쁨으로 어머니의 천국 환송식을 마쳤습니다. 2년여 아니 11전 1차 폐암 수술을 받으시고 부정맥으로 인한 왼손 마비 증상으로 우울증에 미미한 풍까지 긴 투병시간을 생각하면 그저 감사할 뿐입니다. 더욱이 9년 만에 재발한 폐암은 말기라는 진단과 더불어 치료 불가 판정을 받으셨습니다. 폐암 말기 진단을 받으시고 망설임 가운데 말씀드렸을 때 어머니는 담담하게 받아들이셨습니다.

정말 약간의 두려움도 원망도 슬픔도 보이지 않으셨습니다. "죽으면 천국가면 되지" 다만 순간순간에 몰려오는 고통이 힘드셨을 뿐입니다. 어머니는 그렇게 투병하시다 25일 하나님의 부르심을 받으셨습니다. 어머니의 소천 앞에 저 또한 슬픔이나 두려움이 전혀 없습니다. 그것은 어머니의 믿음, 천국에 대한 소망이 확고하셨기 때문입니다.

어머니는 2년 전 2009년 8월 초 폐암 말기 판정을 받으셨습니다. 이미 때를 놓친 암은 3개월~5개월 시한부 판정 그러나 기적같이 하나님은 어머니의 생명을 2년여 연장시켜 주시고 생애 아름다운 마무리를 하게 하셨습니다. 어머니의 생명 연장은 아마도 철없는 두 아들을 위한 하나님의 배려였던 것 같습니다. 그럼에도 불구하고 두 아들은 내리사랑이라고 어머니의 사랑을 능가해 보답하지 못하는 불효를 남기었을 뿐입니다. 두 폐가 거의 기능을 상실한 어머니는 그렇게 이 땅의 소명을 마무리 하셨습니다.

하나님의 부르심을 받으시기 전전날 새벽 급히 올라오는 둘째 아들을 기다리며 어머니는 말씀 하셨습니다. 하루종일 먹지 못하시고 온몸에 비 오듯 땀을 흘리시고 탈진한 몸임에도 불구하고 어디서 그런 힘이 솟아나시는지 너무나 명료하게 너무나 흐트러짐 없이 4시간여 동안 하셨습니다. 그리고 그렇게 당신의 생애를 아름답고 깔끔하게 정리하시고 떠나셨습니다. 믿음 없는 아들은 어머니가 고통 중에 혹시라도 허튼소리 하지 않으실지 염려되어 기도했는데 그 기도가 무색하게 은혜 충만한 마무리를 하셨습니다. 어머니는 우선 믿음생활을 강조하셨습니다. 믿음 생활 잘하라 당부하셨습니다.

어머니는 권사님 더 사셔야지요 하는 말씀에 단호하게 아니라 하시며 "하나님 만나셨고 예수님 다녀가셨다." 하시며 천국에 소망을 분명하게 고백하셨습니다. 수없이 반복해서 "믿음생활 잘하다 천국에서 만나자."고 하셨습니다. 그 뿐 아니라 목사인 아들에게 "도창교인들 잘 가르쳐서 모두가 천국에 가도록 하라."는 당부도 잊지 않으셨습니다. 또 "형제가 화목하고 우애있게 지내라." 하시며 늘 가슴에 짐이었던 저의 건강을 염려하셔서 "오래 살다가 천국에 오라." 하시기까지 하셨습니다.

어머니가 "천국에 가는 것은 내 뜻이 아니라 하나님의 명령이라." 고도 하셨습니다. 어머니는 절대로 "당신이 죽으면 절대로 울지 말라."고도 하셨습니다. 천국에 가는 것이니 기뻐할 일이지 울 일이 아니라는 것입니다. 급히 올라오고 있던 둘째 아들을 재촉하셨습니다. "내가 급한데 왜 오지 않느냐." 하시며 기다리셨습니다. 급히 지방에서 올라온 둘째 아들에게 "하나님께 감사한 마음으로 살라."고 하셨고 "네 알았어요." 답하는 아들에게 지금 당장 하라고 하셔서 둘째 아들이 그 자리에서 "예, 하나님 감사합니다." 고백하자 어머니는 "됐다." 하셨습니다.

그리고 그동안 돌봐주신 원장님과 직원들에게 "그동안 돌봐주어 고맙다." 인사도 잊지 않으셨습니다.」 숨을 거두신 어머니의 얼굴은 평온하고 밝고 환하셨습니다. 부천성모병원 장례식장에 직원이 하는 말이 너무 깨끗하고 예쁘시다고 할 정도였습니다.

어머니의 죽음을 보면서 한 가지 분명한 것은 천국의 소망입니다. 그리고 이 땅에서 믿음의 경주에 승리한 사람들의 아름다운 마무리입니다. 정말 감사할 뿐입니다. 그저 아들이 저와 제 아우 그리고 믿음의 형제인 여러분 우리 모두는 어머니의 부탁처럼 “믿음 생활 잘하다 천국에 가는 것입니다.” 이 땅에서 승리하시고 천국에 가신 어머니 당신의 모습이 아름답습니다.

어느 집사님의 감사

2011. 07. 10.

여름입니다. 7월 첫 주 여름 한복판에서 맥추감사주일을 지켰다. 옛날 유대인들이 지킨 첫 열매의 감사 절기이다. 우리 사회는 이미 농경사회를 뛰어넘어 정보사회로 달려가고 있기 때문에 시대와 맞지 않아 보인다. 하지만 분명한 것은 세상이 아무리 변해도 하나님의 사랑과 은혜는 변할 수 없다고 할 때 맥추감사절은 지난 반년을 돌아보며 감사하는 절기이다. 사실 요즘처럼 어려운 때 둘러보아도 감사보다는 불평과 불만이 가득한 세상이다.

하지만 성경은 우리에게 범사에 감사하라고 가르친다. 어렵지만 힘들지만 그래도 감사하라고 가르친다. 주일에 한 집사님의 감사의 쪽지를 받았다. 너무 감사해서 너무 감동적이라 이곳에 올려 함께 감사하고자 한다. 바라기는 작은 것에 감사할 때 더 큰 감사가 넘친다는 놀라운 사실 앞에 겸손히 감사를 배운다.

집사님의 감사가 우리 모두의 감사가 되기를 바란다. "오랫동안 주일을 지키지 못했는데 CM원들이 주일을 성수하게 하심 감사. 우리 구역 제단 청소 및 주방봉사 하게 하심 감사, 주일 예배 간증자로 세워 주심 감사, 창립 18주년 맞게 하심 감사, 전파선교사 되게 하심 감사, 일상의 삶 범사에 감사, 전업주부 허락하심 감사, 부모님 살아 계셔서 감사, 부모님 건강 주셔서 감사, 부모님 찾아뵙게 하셔서 감사, 영적 멘토, 믿음의 친구들을 허락하심 감사, 우리나라에 태어나게 하심 감사, 좋은 날씨. 좋은 계절 주셔서 감사, 엄마 생신 맞게 하심 감사. 두 분 살아 계셔서 감사, 평안과 안전 주셔서 감사. 자녀와 추억 만들어 감사, 새해를 맞아 특별 새벽기도 시작하게 하심 감사, 부흥회 맞이하게 하심 감사, 온 가족 부흥회 참석해서 감사.

CM원들의 부흥회를 통해 구원의 확신 갖게 하심 감사, 기쁨이 회복되게 하심 감사, 사랑하고 좋아하는 사람과 맛있는 음식과 차를 마실 수 있어서 감사, 자연을 통해 행복감을 느낄 수 있어서 감사, 생활에 필요를 구하게 하셔서 감사, 월급 인상되고 제 때 받아 감사, 대심방 드리게 되어 감사, 성경 1독해서 감사, 믿음의 가족, 가정 있어서 감사, 가족찬양제 참가해서 감사. 바자회하게 하심 감사, 과일 먹을 수 있어서 감사, 사명 주시고 사명을 알고 깨닫게 해주셔서 감사, 다시 주께로 다가가게 하심 감사, 새해에 함께 하고픈 사람들과 함께 할 수 있어서 감사, 대한민국에 태어난 것 감사, 내 나라가 있어서 감사, 설 명절 맞아 나누게 하셔서 감사, 고향 부모님 형제자매 만나 감사, 자녀와 영화 보아 감사" 등등 아주 특별한 감사가 아니다. 생활 속에서 작은 감사이다.

분명한 것은 작은 것에 감사하는 집사님의 모습에 참 행복이 보인다. 여유가 많은 삶이 아니다. 하지만 감사의 조건이 눈에 보이는 것 이상이기에 눈에 보이는 작은 것에도 감사가 넘친다. 바라기는 이런 집사님의 감사가 우리 모두의 감사가 되기를 바란다. 감사는 분명 생명의 언어이다. 생명의 언어를 사용할 때 생명의 역사가 나타난다. 그래서 감사하는 사람이 복된 것이다. 부디 바라기는 집사님의 감사가 집사님만의 감사가 아니라 세상을 살아가는 모든 사람들의 감사가 되기를 바란다. 범사에 감사하는 당신의 모습이 아름답다.

새벽을 여는 사람들

2011. 08. 07.

새벽 4시 20분 핸드폰 모닝콜이 울린다. 나의 벨소리는 "해피 데이"이다. "행복한 날" 이라는 노랫소리가 반복해서 울린다. 아내의 폰도 마찬가지이다. 곤한 잠을 깨우는 두 폰의 소리에 정신을 차리며 하는 말은 "감사합니다."이다. “감사합니다.”는 말을 반복하며 일어난다. 옷 입고 세수하고 집을 나선다. 차에 오르면 4시 27분 차는 신천동으로 달려간다. 신호등 하나 정도 차이로 35분에 약속 장소인 신천동에 도착한다. 박 권사님이 기다리고 계시다. 그리고 이내 달려 교회에 오면 약 46분 정도이다. 참 이상한 것은 가는 시간과 오는 시간에 차이이다. 아마도 세상이 깨어나는 차이라고 생각한다. 십 여분 기도하며 새벽기도회를 준비하고 정각 5시에 새벽기도회를 시작한다.

우리 교회 새벽을 여는 분은 강정순 권사님이시다. 강 권사님은 제가 신천동으로 달려가기 전에 교회에 도착하신다. 늘 언제나 변함없이 문지기의 사명을 감당하고 계시다. 아니 그 옛날 새벽을 깨우던 종지기와 같은 역할을 충실하게 감당하고 계시다. 강 권사님의 수고로 우리는 언제나 환하게 불 켜진 교회로 들어 설 수 있다. 만약 권사님이 안계시면 캄캄한 교회 문을 열고 들어와야 할 것이다.

작은 수고가 우리의 마음에도 환하게 불을 켠다. 이렇게 새벽을 달린지가 벌써 한 달이 넘어 간다. 이제 가는 길이 익숙해 졌다. 신호등도 보이고 적지만 새벽지기들도 보인다.

오늘은 매일 새벽만나는 새벽지기들을 소개할까 한다. 우선 이 시간에 가장 먼저 만나는 사람은 청소차와 환경미화원들이다. 얼마나 일찍 출근을 하셨는지 벌써 일을 시작하신지 꽤나 걸려 보인다.

또 만나는 사람은 파리바게트 매화점에 빵을 배달하는 직원이다. 내가 매화동을 지나칠 때 이미 배달을 마치고 있다. 모닝 빵을 찾는 이들을 위해서일까요? 참 부지런하시다.

또한 안현동에서 새벽기도를 다니시는 두 분의 매화교회 권사님들이다. 두 분 은 아마도 수십 년 새벽길을 걷고 계시다. 비가 오나 눈이 오나 바람이 부나 언제나 한결같이 동무삼아 걷고 계시다. 두 분의 새벽길은 본향을 가는 순례의 길이다. 갑자기 그런 생각이 들었다. 혹시 혼자이셨다면 어떠셨을까? 혼자서도 새벽길을 한 결 같이 걸으셨을까? 믿음의 동지, 기도의 벗이 있다는 것이 얼마나 행복하고 든든한 것인지 두 분을 통해 확인한다. 여러분은 믿음 의 동지, 믿음의 벗이 몇 분이나 계신가요? 그리고 또 만나는 사람이 있다. 바로 새벽 첫차를 기다리는 분들이다.

나는 첫차가 이렇게 일찍 다니는 줄 처음 알았다. 어디를 가기에 무슨 일로 가기에 저리도 일찍 집을 나섰을까? 그저 궁금할 따름이다. 사실은 새벽 손님을 맞는 버스 기사님도 새벽을 여는 중요한 분이다. 만약 버스 기사님이 안계시면 누가 새벽에 출근을 할 수 있습니까? 아, 그리고 또 새벽지기들이 계십니다. 택시 기사님들이다. 매화동 버스 정류장에 택시를 세우고 새벽손님을 기다린다. 아마도 밤새 일하신 것 같다. 불꺼진 택시에 삶에 곤고함이 배어 나온다. 그리고 마지막으로 새벽기도를 드리는 새벽지기들이다. 모두들 발 빠르게 교회를 향해 가신다. 발걸음들이 가벼워 보인다. 우리 교회도 20여분 계시다. 그저 감사할 따름이다. 이들이 내가 매일 새벽 만나는 새벽지기들이다. 이들이 있어 세상에 희망이 있다. 새벽을 지키는 새벽지기들의 모습이 아름답다.

에티오피아에서 온 편지

2011. 10. 09.
이 글은 국제협력단 일원으로 에티오피아에서 봉사하고 있는
이소정 자매가 보내온 글입니다.

목사님, 잘 지내시고 계시죠? 한국은 벌써 초겨울 날씨에 접어 들었다죠? 이곳은 우기가 끝나고 건기(乾期)가 시작 되어 아마 좀 더 워질 것 같아요. 외할머니가 돌아가셨다는 소식 엄마에게 전해 들었어요. 그곳에 함께 있지 못해 아쉽고 엄마 옆에서 힘이 되어주지 못해 안타까울 따름이네요. 그보다 더 안타까운 것은 하나님을 만나지 못하고 돌아가신게 제일 마음에 걸리네요.

그곳에서라도 주님을 영접하기를 기도해 봅니다. 저는 10월에 기관에 나가게 될 것 같아요. 방학이 너무 길게 느껴지네요. 그래서 그동안 여행도 하고 휴식도 즐겼어요, 한국에선 즐기지 못하고 항상 일만하고 무작정 달리기만 한 것 같아요. 그러나 이곳에서 삶을 즐기는 여유와 책도 읽고 영어 공부도 하고 플룻도 불고 일기도 쓰며 나름 규칙적인 생활을 하며 내실을 가꾸기 위해 노력하고 있어요.

지금은 혼자 밥하고 설거지 하고 빨래하는 것에 익숙해졌어요. 항상 엄마의 도움만 받다가 지금은 혼자서 해결하는 것도 적응해서 많은 요리에 도전도 해보고 즐거운 생활 하고 있습니다.

어제 하루 만에 다 읽어버린 "꿈꾸는 다락방"이란 책을 읽고 성공하는 사람은 꿈을 꾼다. 라는 메세지를 받았어요. 그리고 제 책상 앞에 이렇게 써 붙였어요. "세계 최고의 명장 이소정 제빵왕" 그리고 그 밑에 주님이 항상 인도하시어 나를 성공의 길로 이끄시리라!

내 꿈이 이뤄지는 날까지 쉬지 않고 달리리라! 이렇게요^^ 항상 꿈꾸고 열심히 기도하고 노력한다면 못할게 없다라는 자신감을 갖

게 해준 책이에요. 주님이 저를 이곳에 이끄시어 좀 더 폭넓은 길을 제시하셨어요.

이곳에서 영어로 말하는 것이 재밌어요. 암하릭도 재미나고요. 처음엔 모든 것이 두렵고 낯설었지만 지금은 자신감 가지고 생활하니 별로 두렵지 않습니다. 처음엔 외국어를 못하는 것에 두려움을 느꼈는데 지금은 즐기고 있어요. 목사님 2년 뒤에는 다이아몬드 원석이 되어 돌아가겠습니다. 제 이름이 암하릭으로 알 마즈인데요. 뜻은 영어로 다이아몬드에요. 제 이름값은 해야죠. 목사님 건강하시고 항상 기도 해주셔서 감사합니다.

그릇을 준비 합시다

2011. 12. 04.

가을전도축제를 마쳤다. 그렇다고 전도가 끝난 것은 아니다. 전도는 주님 부르심 받는 날까지 계속 되어야 한다. 사도 바울의 말씀처럼 "때를 얻든지 못 얻든지" 해야 한다. 우리가 감당해야 할 사명이며 주님의 지상 최후명령이며 하나님의 소원이기 때문이다. 여하튼 지난 가을 내내 우리는 전도를 했다. 그리고 지난주일 결실을 보기 위해 "Happy Day" 축제를 열었다.

사실 드린 수고, 시간, 정성, 노력에 기대했었다. 모두가 품은 100여명이 다 오지는 않더라도 그 절반 아니 그래도 만족할 만큼은 올 줄 알았다. 아니 그렇게 믿었다. 그리고 기대하며 기다렸다. 다 아시듯이 결과는 참담했다.

하지만 늘 말씀드리는 것이 열매도 중요하지만 씨를 뿌리는 것도 중요하다. 한 영혼이 천하보다 귀하다. 그러니 오신 세 분으로도 성공한 것이다. 말할 수 있다. 그러나 기대가 커서 그런지 그런 말이 내 귀에 들리지 않다. 그냥 눈앞에 결과에 기운이 빠진다. 교회에 있을 수 없어 집으로 갔다. 탈진했다. 그냥 마음이 상하고 기분이 가라앉았다. 그리고 어떻게 해야 좋을지 아니 어떻게 이해해야 좋을지 몰랐다.

우선 겉으로 보이는 것과 달리 우리가 노력하지 않았다는 자책이 먼저 들었다. 몇 명을 빼고는 전도하지 않은 것이다. 부담만 가졌지 실제로 전도하지 않은 것이다. 아니면 정말 노력을 했는데 전도가 안 된 것이다. 이는 전도가 그만큼 어렵다는 것을 보여주는 것이다. 하지만 어떤 생각도 내 마음을 설득시키지 못한다. 그냥 드는 마음은 왜 이런 결과를 낳았는가? 의문이 생길 뿐이다.

다음 날 새벽시간에 하나님께 여쭈어 보았다. 무엇이 문제입니까? 누구의 잘못입니까? 우선 목사인 저의 잘못이겠지요? 교회 안에 모든 문제는 전적으로 목회자인 저의 잘못이다. 제가 더 많이 전도하지 못했고 제가 더 많이 기도하지 않았다. 제가 좀 더 잘 리드했다면 더 좋은 결과를 낳았을 텐데 하는 아쉬움에 더 마음이 상했다. 여하튼 이런저런 의문에 기도를 드리는데 하나님이 한 마음을 주셨다.

"준비가 부족하다."는 것이다. 한 마디로 그릇이 준비되지 않았다는 것이다. 그릇이 준비되지 않았으니 줄 수가 없는 것이다. 줄 곳이 없으니 줄 수 없지요. 참 비참했다. 18년 된 교회가 준비가 덜 되어 하나님의 축복을 받을 수 없다는 것이다. 하나님은 주시려 하는데 하나님은 부흥케 하시려 하는데 그래서 5명의 사인으로 말씀하셨는데 정작 우리는 그 복을 받을 준비가 안된 것이다. 계속해서 하나님이 말씀하셨다.

준비된 그릇이 작을 뿐 아니라 더럽다는 것이다. 그러니 복을 주셔도 담을 수가 없다. 하나님의 큰 복을 받으려면 우선 그릇을 준비해야 한다. 그릇의 크기에 담을 복이 결정이 된다. 작은 그릇에는 작은 복을, 큰 그릇에는 큰 복을 주신다. 그런데 크기만 중요한 것이 아니라 깨끗해야 한다. 아무리 좋은 그릇, 비싼 그릇, 큰 그릇이라 해도 더러운 그릇은 사용하지 않으시기 때문이다. 그러고 보니 새신자를 보내 주시지 않은 것은 축복이다. 준비되지 않은 가운데 받는 복은 복이 아니라 독이다. 하마터면 독을 받을 뻔했다. 하지만 하나님은 그릇을 준비하라 하시며 큰 그릇, 깨끗한 그릇을 준비하면 가득 채워주시겠다고 하신다. 이제 우리가 해야 할 일은 깨끗한 큰 그릇을 준비하는 것이다. 깨끗한 큰 그릇을 준비하는 당신의 모습이 아름답다.

이혜숙 선교사를 베트남에 파송하며

2012. 02. 05.

50년 만에 맹추위가 한반도를 강타한 한 주간이었다. 온 세상이 다 얼어 버렸다. 모 방송국 기상 캐스터가 했다는 말이 실감이 나는 추위다. "여러분이 출근을 하려 현관문을 나가면 몇 초 안에 냉동고에 들어온 느낌이실 겁니다." 정말 냉동고의 온도가 약 영하 17~18도라니 지난 한 주간은 한반도가 냉동고가 되었다. 그런데 가만히 생각해 보면 춥기도 춥지만 실은 그동안 덜 추워서 더 춥다고 느껴지는 것은 아닐까? 하는 생각도 들었다. 그러나 50년 만에 추위라니 정말 춥다. 겨울이 실감이 난다. 누군가 겨울은 추워야 제 맛이 난다 했던가?

그러나 갑작스런 추위는 미처 대비하지 못한 사람들에게는 정말 곤혹이 아닐 수 없다. 여하튼 추워서 그런지 길에 나다니는 사람도 적고, 차들도 줄어 도로가 한적할 정도이다. 추위는 모든 활동을 움츠리게 한다. 이런 맹추위에 우리 교회는 아주 귀중한 예배를 준비하고 있다. 바로 베트남에 선교사를 파송하는 것이다. 베트남에는 협력 선교사이신 배경수 선교사님이 계시다. 그곳에 평신도 선교사로 이혜숙 선교사를 파송하게 된 것이다.

우리 교회는 사실 창립 초기부터 선교에 많은 관심을 가져왔다. 창립 초기에 가장 먼저 드린 기도가 땅 사고, 교회 부흥이 아닌 교회의 사명인 선교사 파송이었다. 2000년 이전에 약 7년 후에 선교사를 파송하게 해 달라고 기도했었다. 그리고 2000년 12월에 김동환 목사를 영국에 파송할 수 있었고 그 이듬해 이혜숙 선교사를 중국

하얼빈에 하동교회로 파송할 수 있었다.

우리 교회는 그 후에 세계 곳곳에서 선교하시는 선교사들과 협력 관계를 맺으며 협력 사역을 해 왔 다. 필리핀에 정찬선, 말레이시아에 복경자, 이스라엘의 원동곤, 파라과이에 김정훈, 이병록, 터키에 송창섭, 방글라데시에 이중환, 베트남에 배경수, 캄보디아에 박도한, 영국에 김동환 목사와 협력 사역을 하고 있다. 그러던 중에 케냐에 김완영 선교사를 파송했고 또 오늘 이혜숙 선교사를 파송하게 된 것이다. 가만히 생각해 보면 다 하나님의 은혜가 아닐 수 없다. 선교는 돈으로 하는 것 이 아니라 관심과 기도로 한다.

창립 초기부터 갖게 된 선교에 대한 관심과 기도가 오늘에 작은 결실들을 갖게 된 것이다. 지금 캄보디아에서는 버싸엣 교회의 사택이 지어지고 있다. 우리 교회 이름으로 나라 밖에 처음으로 교회가 세워지고 있다. 예배당만 달랑 지어져 교회 선교적 사명을 감당하기 어려웠던 곳에 사택과 부대시설을 건축함으로 교회다운 교회로서 보다 안정된 사역 을 하게 된 것이다. 이 밖에도 청소년 단기선교를 통해 어려서부터 선교적 마음을 갖고 장차 세계 선교의 주역을 키워 왔다. 중국, 필리핀을 다녀왔고 다시 또 다른 꿈을 꾸고 있다. 이제 오늘 이혜숙 선교사를 베트남으로 파송하므로 우리 교회는 케냐, 베트남 두 나라에 선교사를 파송하게 되었으며 전 세계 9개 나라 10명의 선교사와 협력 하고 있고 캄보디아에 버싸엣 교회를 건축하고 있다. 올 5월 말경에 봉헌을 할 예정이다.

이번에 베트남으로 파송이 되는 이혜숙 선교사님은 예수전도단 소속으로 DTS 팀의 일원으로 사역하시게 될 것이다. 즉 평신도 지도자를 양성하는 핵심 멤버로 사역하시게 된다. 아직 베트남이 사회주의 국가로 자국민에 대한 선교를 금하고 있는 상황에서의 사역이기에 우리의 더 많은 기도와 관심이 요구된다. 이제 우리가 해야 할 것은 감사와 책임완수이다.

보내는 선교사의 사명을 충실하게 감당하는 것이다. 선교사의 생명은 중보기도이다. 중보기도의 끈이 끊어지는 순간 선교사는 죽는다. 그리고 힘을 다해 후원하는 것이다. 온 성도가 힘을 나눌 때 더 많은 후원과 사랑을 보낼 수 있다. 우리를 사용해 주심에 감사를 드린다.

너의 꿈은 무엇이니?

학생부 수련회에 붙여
2012. 02. 26.

이번 주에 곤지암 근처에서 학생부 수련회가 있었다. 2박 3일에 짧은 일정에 수련회를 열었다. 담당 사역자도 없이 나부장님 홀로 아이들을 챙기고 있는 학생부가 모처럼 수련회를 연 것이다. 열악한 학생부를 생각하면 지금 학생부는 기적이다. 1년 전 담당 전도사님의 사임 후를 생각하면 지금의 안정은 하나님의 은혜라고 밖에 말하지 않을 수 없다. 당시 학생부는 한창 부흥 중이었다.

일전에 없던 부흥에 교회가 모두 감사하고 있었다. 그러던 중 전도사의 사임은 부흥에 찬물을 끼얹진 것과 같았다. 걱정이 앞섰다. 사역자의 임명이 늦어지고 교사들의 사임은 그때까지 이룬 부흥에 위기를 예상하게 했다. 그런데 정말 감사하게 학생부가 나름대로 성장하고 있는 것이다. 하나님의 은혜이며 또한 나부장님의 수고, 임원들의 애씀 등이 모아진 결과이다. 그런 가운데 생각지도 못한 겨울 수련회를 다녀오게 된 것이다.

수련회 내용을 들여다보면 다소 아쉬움이 있다. 그러나 나름대로 찾게 되는 의미는 매우 크다. 그래서 감사가 넘친다. 나와 아내는 차량 기사로 참여했다. 모든 것을 나부장님과 아이들이 준비했다. 거기에 한경화 집사님의 도움 그리고 홍사홍 권사님, 이강희 권사님 등의 후원이 있어 풍성한 수련회를 열 수 있었다. 나는 개회예배 설교 겸 특강을 했다.

하나님의 자녀인 학생 스스로의 가치를 발견하는 시간을 가졌고, 성경의 인물 중 요셉, 야곱, 다윗, 다니엘을 통해 신앙의 교훈들을 배우는 시간을 가졌다. 그리고 마지막으로 자신의 꿈을 친구들과 나누는 시간을 가졌다. 한 명씩 자신의 이름을 소개하고 꿈을 말했다. 친구들의 꿈은 다음과 같았다.

요리사, 선생님, 사육사, 수의사, 의사, 남을 돕는 봉사자, 호텔 CEO, 여행전문가, 발명가, 축구선수, 헤어디자이너, 의상디자이너, 자동차 디자이너, 영어선생님, 비행기 조종사, 경찰, 뮤지컬 배우 등 아주 다양했다. 참 감사한 것은 아이들이 거의 모두 다 꿈을 말한 것이다. 요즘 청소년들이 꿈이 없다고 걱정하는 데 우리교회 아이들은 감사하게도 꿈을 갖고 있었다. 사실 지금 꾼 꿈대로 되는 아이들이 얼마나 될까? 성장과 더불어 꿈도 바뀔 것이다. 그러나 그래도 현재 꿈을 꾸고 있다는 것이 대견하다.

다만 그 꿈이 얼마나 구체적이며 절실한 것인가? 확인 불가능하지만 그래도 꿈을 꾼다는 것 사실 자체가 기특하다. 아이들에게 요셉에 관한 말을 해주면서 꿈 이야기를 언급했다. 요셉처럼 꿈을 꾸라는 것과 꿈을 이루기 위해서는 아주 구체적으로 꿈꾸고 그 꿈을 이루기 위해 대가를 지불하라는 것이다. 사실 성공한 모든 사람들 꿈을 이룬 모든 사람들은 성공에 걸맞는 꿈을 이루기 위한 대가 지불이 있었다. 대가 지불 없이 갑자기 성공하고 꿈을 이룬 사람은 한 사람도 없다. 그저 바라기는 우리 아이들이 요셉처럼 꿈을 꾸고 그 꿈을 이루기 위한 대가 지불에 주저하지 않고 대가 지불을 통해 꿈을 이루기를 바랄 뿐이다.

꿈나누기를 하면서 아이들 한 명, 한 명이 요리사로, 선생님으로, 디자이너로, 의사로, 수의사로... 꿈대로 된 환상을 보았다. 정말 아이들의 바람대로 그 꿈을 이루어 장차 하나님께 영광을 돌려드리는 멋진 하나님의 자녀들이 되기를 기도했다.

점점 교회에서 학생들이 사라지는 현실에 우리 교회는 더욱 더 학생부의 부흥을 소망해 본다. 오늘 학생부 진급 예배로 드린다. 한 학년씩 진급하는 아이들 모두가 신앙, 실력, 인격, 체력.. 모든 면에서 진급하기를 기도한다. 학생부의 부흥과 개인의 거룩한 꿈의 성취를 바라는 우리의 모습이 아름답다.

목사님, 집으로 들어 가시지요

2012. 04. 22.

지난 수요일 심방 중에 아파트 전도 중인 장터 전도대를 찾았다. 매주 수요일 아파트 장터에 자리를 펴고 전도를 해오고 있다. 눈에 띄게 전도가 되지는 않지만 그래도 열심히 수요일 전도의 자리를 지키고 계시다. 오늘도 심방을 받으신 고은예 집사님이 저희 내외와 전도대를 위해 맛난 점심을 준비해 주셨다. 주의 종 내외와 전도대를 대접하려는 마음이 너무 귀하시다. 막9:41 "누구든지 너희를 그리스도에게 속한 자라 하여 물 한 그릇을 주면 내가 진실로 너희에게 이르노니 저가 결단코 상을 잃지 않으리라" 하셨다. 그 상이 클 줄 믿는다.

전도대 격려를 마치고 김필진 권사님 심방을 하려고 103동 엘리베이터 앞에 서 있는데 엘리베이터 바로 앞집에서 김옥련 어르신이 나오신다. 반갑게 인사를 드렸다. 사실 어르신은 주초만 하더라도 부천성모병원에 입원 치료를 받고 계셨다. 심방을 가서 기도해 드렸다. 그 때 만 하더라도 언제 퇴원을 할지 모른다 하셨는데 벌써 퇴원을 하셨다. 어르신은 저희 내외를 보자 반가워하시며 손을 잡고 집으로 인도하셨다. "목사님 집으로 들어가시지요!" 어르신의 이 끌림에 갑작스럽게 집으로 들어갔다.

할아버지는 주말 농장에 가셔서 홀로 계시다 노인정에 가려 나오셨단다. 아직 어르신 심방을 못해서 어르신 집이 처음이다. 먼저 예배를 드렸다. 퇴원하시면 한 번 찾아뵈려 했는데 예고도 없이 방문을 하게 되었다. 저희를 집으로 들이신 어르신은 예배 후 자신의 삶을 말씀하셨다. 어르신은 7남매를 두신 다복하신 분이시다. 특히 내

외가 해로하시니 더 없이 복을 받으신 분이시다. 그런데 어르신이 귀한 간증을 하셨다.

"목사님! 목사님이 다녀가시고 다음 날 의사가 와서 청진기를 대보더니 갑자기 내일 퇴원하시지요" 했다는 것이다. "참 신기하지요 목사님이 내가 분명히 들었는데 내일 퇴원 하게 해달라고 기도 하셨는데 정말 내일 퇴원을 했다. 영험스럽습니다." 하십니다. 그러시면서 하는 말씀이 "이달 말은 되어야 퇴원할 것 같아 간병 때문에 많이 걱정을 했는데 간병하던 큰 따님이 농사 일로 강원도 집으로 가야하고 다른 자녀들도 일을 해서 간병이 어려워 간병인을 두려고 의논 중이었는데 퇴원을 하게 되었다"하시며 "목사님의 기도가 영험이 있다"고 하시며 감사해하셨다.

어르신이 처음 교회에 나오신 것은 다름이 아니라 몸이 안 좋으셔서 병원을 다녔지만 아무 이상이 없다 하셨단다. 그런데 몸을 괴롭고 밤에 잠도 못자고 가위에 눌리기도 하고 참으로 괴로우셨단다. 그래서 교회나 나가면 어떨까 생각해서 한 낮에 교회에 오셨다.

그리고 저의 기도를 받고 가셨는데 그날 밤부터 잠도 잘 오고 몸도 나아졌다는 것이다. 그래서 교회에 나오시게 되셨다. 어르신은 그러시면서 "교회는 나오는데 아무것도 몰라요 제가 글을 몰라요 그래서 답답해요"하시며 "그래도 그냥 앉아서 듣기만 해요" 하신다. 그러시면서 조그만 노트 한 권을 가져오셨다. 막내 따님이 시집을 가면서 만들어 주신 것이라면서 보여 주셨다. 글을 모르는 엄마를 위해 가족들의 사진을 글로 대신해서 전화번호를 적어 놓은 것이다. 글 대신 자녀들의 사진을 보고 전화번호를 아시는 것이다.

어르신은 요즘 할아버지와 자녀들의 구원을 위해 기도 하신단다. 기도를 어떻게 하는지 몰라 그냥 "하나님 아버지 하며 ~" 가족 구원을 위해 기도하신단다. 참으로 감사할 뿐이다. 목사의 기도를 감사해 하며 하나님이 하신 치료를 믿고 감사하는 어르신 그리고 그것에 감사해 교인들 먹으라고 오렌지 한 박스를 사보내신 할아버지의 마음에 감사를 드린다. 부디 이번 전도에 어르신의 가족이 전도되었으면 하는 바람을 가져본다. 기도 응답에 감사하는 당신의 모습이 아름답다.

성경퀴즈 대회를 했습니다

2012. 06. 10.

지난 주 제1회 성경퀴즈 대회가 열렸다. 한 달 전에 예고 한 대로 구약 창세기와 신약 마태복음을 범위로 성경퀴즈 대회가 열렸다. 처음 성경퀴즈 대회를 계획한 가장 큰 이유는 성도들의 성경에 대한 지식 정도를 알아보려는 의도보다는 어떻게 해서든 성경을 가까이 하게 하려는 것이 컸다. 요즘 우리 교회에서는 성경통독 새벽기도회를 하고 있다.

작년에 이어서 두 번째 맞는 성경통독 또한 성도들에게 성경을 가까이하게 하기 위한 노력의 일환이다. 여하튼 다양한 방법으로 성경을 가까지 하게 하기 위한 것이다. 다행인 것은 그래도 이전보다 성경을 가까이하는 성도들이 늘어나고 있는 것이다. 새벽기도회도 20여명 이상의 성도들이 함께 모여서 성경을 읽고 있다. 새벽기도회에 참여하지는 못하지만 개인적으로 성경을 읽는 분들이 많아졌다. 이렇게 하다가 보면 언젠가는 전 성도들이 일 년에 성경일독을 기본으로 하는 감사한 일이 일어날 것이다. 성경통독 새벽기도와 함께 성경퀴즈 대회를 열었다.

맨 처음에는 성도들의 반응이 시큰둥했다. 미리 창세기와 마태복음의 범위를 알려주었지만 미리 준비하는 성도들이 눈에 들어오지 않았다. 이러다가 몇 명도 참석하는 이가 없는 초라한 대회가 열리지는 않을까? 염려마저 들었다. 이에 시상을 부풀려 대회에 대한 관심을 높이려 애를 써보지만 정작 성도들은 반응이 없다. 날짜는 다가오고 정말 괜히 시작했나 싶을 정도로 미온적이다. 이에 단체전을 CM 대항전으로 홍보하며 강제 동원을 계획했다. 개인전과 단체전 그러나 역시 별 반응들이 없다. 그러다 한 주전 예상문제집이 배포되고 성도들이 움직이기 시작했다. 예상문제집의 답을 맞추고 공부하는 이들의 모습이 보이기 시작한 것 이다. "밤새 공부 했다!. 직장에서도 공부만 했다. 합숙을 했다 (뻥이지만)" 등등 그리고 당일날이 되었다. 새로 부임하신 손영택 전도사님이 사회를 보았다. 부임한지 얼마 안 되어 모든 것이 아직은 어색한 전도사님이 준비하여 진행을 했다.

전도사님은 다양하게 준비하셔서 진행을 하셨고 퀴즈대회로 경직되고 딱딱할 수 있었는데 지루하지 않고 재미있게 준비해 진행을 하셨다. 특히 성경문제와 넌센스 퀴즈를 적절하게 배분해서 진행하셨다. 더욱이 전반적으로 문제의 난이도를 낮추어서 초반 탈락자를 줄이고 끝까지 참여를 유도했으며 중간 중간 전체를 위한 퀴즈를 내어 방청객도 끝까지 함께 할 수 있게 배려했다. 제1회 대회로 모두가 처음이라 걱정도 되었지만 처음 치고는 성공적이었다.

* 개인전 : 1등 박미나 집사, 2등 박설향 권사, 3등 이정희 권사
* 단체전 : 1등 믿음 CM, 2등 사랑 CM, 3등 화평 CM

성경퀴즈 대회를 하면서 느낀 점은 우리가 상식으로 알고 있었던 사실들이 잘못된 것이라는 것 그리고 더 나가서 성경에 너무 무지하다는 것을 깨닫게 되었다.

성경퀴즈의 목적이 다른 것에 있지 않고 조금이나마 더 성경을 알게 하는데 있었다고 할 때 소기의 성과는 거두게 되었다. 이번 대회를 계기로 더 많은 성도들이 성경을 가까이 하는 기회를 갖게 되기를 바라며 성경통독 새벽기도회와 더불어 도창교회 안에 성경을 읽

고, 배우고, 묵상하고, 암송하며, 실행하는 바람이 불기를 바란다.

성경퀴즈 대회를 준비하고 진행한 전도사님과 김영임 권사, 나희정 집사 그리고 적극 참여한 성도들의 참여에 감사를 드린다. 시편 119편 106절 "주의 말씀은 내 발의 등이요 내 길에 빛이니이다." 성경을 가까이 하는 당신의 모습이 아름답습니다.

허수아비에요

2012년 호조벌 청소를 시작하다
2012. 09. 30.

매월 마지막 주일 오후가 되면 우리교회 성도들은 호조벌로 나간다. 농사를 지으러 가는 것도, 한가하게 황금들판을 보러 가는 것도 아니다. 성도들의 손에는 집게와 쓰레기봉투가 들려 있다. 바로 호조벌을 청소하러 간다.

5월부터 50년 만에 처음으로 달리기를 시작했다. 처음에는 천천히 산보하듯이 걸었다. 그런데 어느 순간 갑자기 뛰어보면 안될까? 하는 생각이 들었다. 그래서 조심스럽게 한 발짝 뛰어 보았다. 한발이 두발이 되고 두발이 세발이 되어 어느새 천천히 달리고 있었다. 감동이며 감격이다. 두 눈에 눈물은 흐르지 않았지만 가슴에서는 기쁨의 환희가 넘쳤다. 너무 감사하다. 그래서 날마다 아침 새벽기도 후에 호조벌을 달리고 있다.

비록 빠른 걸음만 하게 달리지만 그래도 나는 달리고 있다. 그래서 날마다 아침 호조벌에 출석을 한다. 달리며 두 눈에 들어오는 풍경을 너무 멋지다. 넓은 논, 그 사이를 흐르는 큰 개 보통천, 그리고 보통천가에 핀 이름 모를 꽃들 마음껏 날며 조잘대는 새들, 가끔 물위로 차 오르는 물고기까지 호조벌은 살아 있다. 정말 너무 아름답다. 그런데 그 아름다움을 깨는 것들이 있다. 바로 쓰레기이다. 누가 버렸는지 알 수 없는 쓰레기들이 호조벌 여기저기에 널려 있다. 길가에 수풀 속에... 숨겨져 있다. 그 종류도 다양해 종이컵, 비닐봉지, 술병, 깡통, 담배, 심지어 찢어진 우산, 헌옷, 소파에 농약병까지 정말 없는 것이 없다.

그 중에 가장 많은 쓰레기는 바로 담배꽁초이다. 이렇게 많은 사람들이 담배를 피우고 버렸을까 싶을 정도이다. 너무 안타깝다. 그래서 청소를 시작했다. 성도들과 함께 호조벌을 사랑하기로 한 것이다. 그렇게 시작한 청소가 세 달째를 맞이했다.

주일 점심 식사 후에 성도들이 모인다. 모자를 쓰고 장갑을 끼고 손에 동사무소에서 빌려준 집게를 들고 두 패로 나뉘어 청소봉투를 가지고 호조벌로 나간다. 그렇게 약 두 시간정도 청소를 하면 호조벌이 빛이 난다. 참 감사한 것은 그래도 세 번째라 쓰레기양이 줄어 든 것이다.

청소를 다 마치고 교회로 돌아와 아이스크림을 먹었다. 그러면서 나누는 말 가운데 다른 팀이 수거한 쓰레기 중에 이상한 것이 있었다는 것다. 무당이 굿을 하고 버린 것 같다. 서로들 이상해서 쓰레기를 수거하기를 주저했다는 것다. 그래도 믿는 사람들이 그러면 되나 싶어 기도하면서 믿음으로 수거했다는 것이다. 하시는 말씀들을 들어보니 다른 것이 아니라 호조벌 축제에 세웠던 허수아비를 두고 하시는 것이다. 아침에 달릴 때 본 것이다. 축제기간에 허수아비를 세웠었는데 축제 끝나고 정리를 하면서 논두렁에 방치된 것이 하나 있었다. 그것이다. 그 상황을 모르니 이상한 것이 논두렁에 처박혀 있으니 그런 생각을 할만도 하다. 여하튼 허수아비를 무당이 굿을 한 소품으로 본 것이다.

무당과는 아무 상관이 없는 허수아비를 두고 난리들을 편 것이다. 이야기를 들으면서 든 생각은 참 많은 부분에서 그렇게 살고 있다는 것이다. 사실을 잘 알지 못하면서 잘못 이해하고 그래서 실수하고 그런 일들이 많다. 다행히 허수아비에 관한 것이었지만 때로는 잘못 이해하고 행동함이 큰 실수가 되는 경우도 있다. 행여나 그런 일이 없도록 더욱 신중에 신중을 기해야 한다. 신중한 당신의 모습이 아름답다.

故서창자 권사님을 하늘나라로 환송하고

2012. 10. 14.

서창자 권사님의 장례를 다 마치고 돌아왔다. 그제 주일 아침 호조벌에서 윤권사님의 전화를 받고 황급하게 세종병원 중환자실로 달려갔다. 그곳에서 권사님을 뵙고 기도해 드린 지 불과 삼일만이다. 서권사님은 주일 오후에 하나님의 부름을 받으셨고 오늘 천국환송예배를 드리고 수원 연화장을 거쳐 용인 공원묘지의 납골당에 권사님의 유골을 안치하고 돌아왔다. 정말 믿어지지 않는다. 지난주 수요일에 함께 예배드렸는데 주일 아침에 중환자실에서도 손잡고 기도했는데 지금 권사님은 하늘나라 사람이 되었다. 언제나 만날 때마다 다정히 손잡고 들려주신 첫 마디는 "목사님 괜찮아요?" 걱정어린 말씀이셨다. 잔잔한 미소에 사랑이 듬뿍 담긴 말씀은 목사를 행복하게 했다. 그런데 이제는 그 사랑스런 말씀을 다시는 들을 수 없다. 서권사님의 천국 환송예배를 드리면서 마음에 드는 생각은 한 가지이다.

정말 천국환송예배라는 것이다. 임종예배를 드릴 때 드린 말씀 "이번 장례는 슬픈 장례가 아니라 기쁜 장례입니다. 우리 그렇게 천국환송예배를 준비합시다." 바로 그런 시간들이었다. 다들 권사님의 죽음에 호상이라 한다. 우선 고생하지 않으시고 쉽게 하나님의 부름을 받으셨다.

소천 하시던 날, 새벽에 지병인 혈관이 막히는 증상이 나타나 응

급으로 병원을 찾으셨고 시술을 받으셨다. 그러나 의사의 말대로 다 쓰러진 집을 세우지 못하고 저녁에 소천하셨다.

중환자실 밖에 자손도, 심지어 담당 간호사도 모르게 그렇게 순히 떠나셨다. 고생하지 않고 주무시며 떠나신 것이다. 또 여러 날들을 피해 가셨다. 우선 주일을 피하셨다. 또 벼베기가 시작될 바쁜 다음 주를 피하셨다. 거기에 추석을 지내시고 자손들을 다 보시고 가셨다. 또 89세라는 긴 인생을 병치레 없이 건강하게 사시다 가셨다. 더욱이 증손도 보기 어려운데 권사님은 고손을 보셨다. 또 믿음의 후손을 두셔서 매 순간 예배드리며 천국환송을 받으셨다. 또 10월에 좋은 날씨에 떠나신 것이다. 결정적인 것은 이 땅에 사시는 동안 믿음을 가지셔서 권사의 직분을 받으신 것이다. 믿음이 있으셔서 믿음으로 가는 천국 주인공 됨이 더 없는 호상이다.

임종 소식을 듣고 세종병원 중환자실을 찾았다. 권사님은 커튼이 쳐진 중환자실 끝 침대에 계셨다. 깨끗하게 수습이 된 권사님의 얼굴을 지극히 평온하셨다. "어머님은 평소 집에서 주무실 때 모습하고 똑같이 주무시는 것 같아요" 하시는 따님의 말처럼 한 눈에 천국 주인공의 모습이셨다. 너무 감사하다. 그래서 장례가 천국환송예배가 확실했다. 권사님의 육신은 화장이 되어 한 줌의 재가 되셨다. 그리고 두 아들이 사는 시흥과 평택 중간인 용인에 모셨다.

만평의 용인 공원묘원의 가장 높은 곳에 있는 납골묘 양지 바른 곳에 안치 되셨다. 권사님은 정말 축복 받으신 분이다. 2남2녀의 자녀에게서 여러 명의 자손을 보셨고 거의 모두 믿음을 갖고 있다. 확실하게 믿음을 유산을 남겨주셨다. 거기에 둘째 아들님의 말씀처럼 형제가 우애있게 지낸다.

장례를 마치며 큰 아드님이신 김병태 어르신께서 재차 형제 우애를 잊지 말자 강조하셨다 한다. 비록 권사님은 우리 곁을 떠나 가셨지만 권사님의 믿음과 사랑은 가족과 성도들 앞에 오래 기억될 것이다. 다만 한 가지 함께 신앙 생활하던 어르신들의 서운함 인생무상이 걱정이 될 뿐이다. 한 분, 두 분 곁을 떠나심에 상심이 크시다. 그저 바라기는 권사님이 가신 곳이 천국이기에 다시 만날 소망으로 극복하는 것이다. 권사님 천국에서 영생복락 누리시기를 기도합니다. 권사님 사랑합니다. 천국에서 꼭 만나요!

교회의 문을 잠갔습니다

2012. 11. 11.

많이 망설였다. 어떻게 할 것인가? 그리고 결국 문을 잠궜다. 건물의 문을 잠그는 것은 당연하다. 요즘처럼 불안정한 사회에서는 더더욱 건물을 철통같이 보완을 한다. 그래서 사설 경비업체가 호황을 누리고 있다. 그러나 그 건물이 어떤 것인가에 따라 좀 다를 수 있다고 생각한다. 바로 교회이다. 교회 건물에 문을 잠가야 하는가? 는 또 다른 문제이다.

사실 요즘 문을 잠그지 않는 교회가 있을까? 싶지만 우리교회는 그동안 문을 잠그지 않았다. 아니 본당의 문도 잠그지 않았다. 그리고 그것이 한 때 자랑이 되기도 했다. 그러나 고가의 예배 장비가 없어지고 결국 예배당 문이 잠가졌다. 그 옆 유아실은 계속 열어 놓았지만 그곳도 이런저런 이유로 버튼 키를 설치했다. 그곳은 교회를 거처로 삼아야 할 사람들에게 좋은 하룻밤 안식처가 되기도 했지만 이제는 그럴 수 없다.

마지막 교회 현관문이다. 이것만은 24시간 개방하고 싶었다. 누구나 언제나 교회를 둘러 볼 수 있게 하고 싶었다. 그러나 그것마저 결국 포기했다. 현관문에 버튼 키를 설치했다. 이유는 역시 안전이다. 집나온 청소년들의 잠자는 곳이 되고 화재의 위험에 노출되면서 결국 문을 잠그기로 했다. 이제 우리교회도 세상의 다른 교회와 다를 바 없는 교회가 되었다. 교회의 문을 하나 둘씩 잠그면서 제게든 생각은 교회가 점점 세상으로부터 멀어지는 느낌이다.

교회가 세상에 점점 더 가까워져야 하는데 반대로 멀어지는 느낌이다. 마음이 아프고 무겁다. 교회의 마땅한 사명을 등한시하는 것 같아 속상하다. 하지만 그렇다고 무한정 열어 두며 버틸 수는 없었다. "아무리 그래도 교회는 개방해야 하는 것 아닌가? 설령 지금보다 더 큰 문제가 발생하고 힘들어지더라도 교회는 그 자리에 흔들림 없이 서 있어야 하는 것 아닌지? 그래서 길 잃은 철새들의 보금자리가 되어 주어야 하는 것 아닌가?

설령 교회를 다니지 않는다 해도 어렵고 힘들 때 생각나는 교회 그리고 그 교회를 찾아 왔을 때 열려진 문으로 들어와 마음의 평안을 얻는 곳 그런 곳이 되어야 하는 것 아닌가?" 말한다면 드릴 말씀이 없다. 그런데 이제 그럴 수 없게 되었다. 어쩌다 교회에 왔을 때 굳게 닫힌 문을 만나고 그 안에 갇혀 있는 주님을 보게 될까? 두렵다.

정말 모처럼 교회를 방문했는데 굳게 닫힌 문에 마음도 굳게 닫힐까 역시 걱정이 된다. 그래도 그저 한 가지 위안은 낮 동안은 열어 놓는 것이다. 밤에만 그것도 저녁을 지나 새벽기도회전까지만 닫아 두는 것이다. 사람이 없는 시간에만 닫아 두는 것이다. 사람이 있는 동안은 열어 놓아 누구나 출입할 수 있다. 그저 바람은 속히 이전처럼 밤에도 열어 놓기를 바란다.

정말 언제나 누가 와도 열려진 교회, 성전, 유아실에서 마음 놓고 하나님을 만날 수 있게 하는 것이다. 그것이 주님의 마음이고 그것에 교회의 모습이라 믿기 때문이다. 그날을 기대하며 잠시 닫아 두는 것이 되기를 기대한다. 곧 교회의 문을 열었다. 말할 때가 오리라 기대해 본다.

당최 반공 구뎅이에서 뭘 하는지

故 김영남 권사님의 소천에
2012.12.09.

어제만 하더라도 비에 눈에 심술 난 하늘이 오늘은 바람 한 점 없이 기온만 내려갔습니다. 권사님은 정든 교회에서 천국 환송예배를 드리고 선영에 모셨습니다. 그런데 산역을 끝낸 마을 분들이 집으로 돌아가지 않고 신명나게 한 바탕 농악을 하며 놀았습니다. 장례가 축제가 되었습니다. 김영남 권사님이 권사님답게 지난 주일에 하나님의 부르심을 받고 천국으로 가셨습니다. 사실 목요일 저녁에 가실 줄 알아 임종예배를 드렸는데 자손들 보고 가시려 3일을 버티셨습니다. 권사님의 올해 춘추가 92세이십니다.

요즘 시대에도 적지 않은 세월을 사셨습니다. 권사님을 생각하면 떠오르는 단어가 하나 있습니다. '유종의 미'라는 단어입니다. '유종의 미'란 말은 "끝을 아름답게 맺는다."는 뜻입니다. 권사님은 인생의 끝을 아름답게 맺으셨습니다. 왜냐하면 인생의 끝에 꼭 가야 하는 천국의 주인공이 되었기 때문입니다. 권사님은 민족의 격동기인 일제식민지 시절에 출생하셨습니다. 가난한 시절에 배우지 못하셨지만 한 가지 중요한 복을 받으셨습니다.

바로 믿음을 갖게 된 것입니다. 예수님을 구주로 영접하셨습니다. 그리고 한 평생 그 믿음을 지켜 승리하셨습니다. 동네 분들의 말씀을 들으니 권사님은 시어머니 시집살이가 아니라 시아버지 시집살이를 하셨답니다. 완고하신 홀시아버지는 며느리의 신앙생활을 탐탁지 않게 생각하셨습니다. 권사님은 늘 시아버지의 핍박과 낯을 피해 매화교회를 다니셨다고 합니다. 특히 대문으로 다니지 못하시고 뒤란 울타리를 통해 조심조심 다니셨다고 합니다. 그럼에도 호된 시아버지의 호령에 자유롭지 못한 신앙생활의 갈증을 뒤란 굴뚝 뒤에 있던 방공호에서 기도하셨습니다. 이런 며느리를 이해못한 시아버지가 하신 말씀이 바로 "당최 반공 구뎅이서 뭘 하는지" 라며 "당최~, 당최~ " 하셨답니다.

얼마나 열심히 날마다 기도하셨으면 권사님이 앉아 기도하던 흙바닥이 반들반들해질 정도였다니 기도의 열정을 가히 짐작하고도 남습니다. 그렇게 기도하시던 기도의 어머니는 산 넘어 매화교회를 다니시면서 기도하셨습니다. "하나님, 우리마을 도두머리에도 교회를 세워주세요!" 하나님은 권사님의 간절한 기도를 들으셨습니다. 그리고 권사님의 가정을 중심으로 도두머리 몇 분들로 도창교회가 1993년 3월 14일 주일 오후에 권사님의 집 앞마당에서 창립되었습니다. 기도의 소원이 이루어졌습니다.

도두머리에 교회가 세워지고 권사님은 기도의 사명을 감당하셨습니다. 당시 70이 넘은 연세셨지만 주복출 권사님과 더불어 열심을 다해 기도로 교회를 섬기셨습니다. 권사님은 나이가 먹은 것이 늘 아쉬우셨습니다. 살림에 손을 놓으셔서 기도 이외 헌신에 목말라 하셨습니다. 때마다 젊은 사람들에게 말씀하셨습니다. "젊어서 헌신 많이 하라고 나이 먹으면 하고 싶어도 못한다고" 지금도 권사님의 그 말씀이 제 귀에 쟁쟁합니다.

권사님은 찬양의 어머니셨습니다. 속회나 모임 때마다 늘 570장 "주는 나를 기르시는 목자"를 어깨 춤을 추시며 부르셨습니다. "주는 나를 기르시는 목자요 나는 주님의 귀한 어린양. 푸른 풀밭 맑은 시냇물가로 나를 인도하여 주신다. 주는 나의 좋은 목자 나는 그의 어린양 철을 따라 꼴을 먹여 주시니 내게 부족함 전혀 없어라." 늘 이 찬송이 입에서 흘러 넘쳤습니다. 이제 더 이상 권사님의 찬송 소리를 이 땅에서는 들을 수 없습니다. 권사님은 또 주의 종을 무한 사랑해 주셨습니다. 목사의 얼굴만 보아도 좋아 환한 미소를 지어 반겨주셨습니다. 때마다 살며시 손에 쥐어주시던 사랑도 잊을 수 없습니다.

권사님의 믿음, 기도, 헌신의 씨앗이 도두머리 도창교회에 떨어져 지금의 교회를 이루었습니다. 권사님 감사드립니다. 이제 천국에서 편히 쉬세요. 이제 저희들이 권사님이 뿌린 씨앗 물주고 가꾸겠습니다. 하나님께서 자라게 하셔서 영광을 받으실 것입니다.

권사님 사랑합니다. 천국에서 꼭 만나 뵙겠습니다. 사랑합니다.

도창교회 성도 일동

창립 20주년 기념사업을 시작하면서

2013. 01. 27.

지난 주일에 큰 딸이 방학을 맞아 호주에서 왔다. 딸아이는 올해 대학 2학년인 20살이 되었다. 만 2년만에 만난 딸아이는 몸과 마음이 훌쩍 큰 성인이 되었다. 큰 딸아이와 동갑인 우리교회도 역시 20살 성인이 되었다. 성인이 된 교회를 보며 하나님과 함께 한 20주년을 그냥 보내기 아쉬워 의미 있는 사업을 계획했다. 그래서 백승학 장로님을 위원장으로 하는 11명의 준비위원회를 구성하고 6월 17일 "20주년 기념사업 준비 위원회 헌신예배"를 드림으로 준비 작업을 시작해 기획위원회를 걸쳐 지난 주일에 성도들에게 공개했다. 위원회는 그동안 12번의 모임을 갖고 우리교회 창립 정신에 맞는 사업을 준비했다. 구체적 사업을 보면 다음과 같다.

1.도창교회 창립 20주년 감사예배 (3월 10일)
2.창립 20주년 기념 교회 10대 비전 세우기 (3월 10일)
3.깨끗한 호조벌 만들기- 지역주민들과 함께
4.창립 20주년 기념 성전 부지매입을 위한(땅 한 평 사기 운동)
5.창립 20주년 기념 장학회 설립(4월 14일 주일 장학회 설립 예배)
6.아프리카 모기장 보내기 운동
7.창립20주년기념 도창주일 강단 시작(3월 17일 시작)
8.창립20주년기념 전반기 전도축제 (4월7일 -6월2일)
9.무료급식 - 주 1회 급식을 실시
10.기념성회, 강사: 김종호 목사(계양중앙교회) (2월 25일-28일)

사실 20주년 기념사업을 목사가 일방적으로 계획을 세울 수 있다.

그러나 그것보다도 성도들이 주체가 되어서 기도하며 의논해 계획을 세운다면 더 의미 있고 가치 있는 일이기에 다소 시간이 걸리더라도 준비위원회를 구성했다. 그리고 지난 주일에 최종 계획안이 발표가 되었다. 창립 20주년 기념사업 안을 보면서 역시 하나님의 섭리를 느끼지 않을 수 없다. 우리 교회 정체성에 맞는 좋은 계획들이 세워진 것이다. 특히 지역사회와 함께하는 교회로서의 모습을 공고히 하는 사업들이 세워졌다. 이제 할 일은 한가지이다. 실천하는 것이다. 좋은 계획을 잘 실천하는 것, 계획을 세우는 것 못지않게 중요하다. 특히 몇 명의 부담이 아닌 전교인이 함께 하는 사업이 되도록 각 부장과 부원 중심의 실천을 해보려고 한다. 그동안 유명무실했던 각 부를 활성화하는 기회로 삼으려 한다. 그렇게 될 때, 20주년 사업을 통해 올해 우리교회는 한 단계 도약하는 기회가 되리라 믿는다. 우리 마을 도창교회가 더 든든히 서는 기회가 되리라 믿는다.

도창 김영남 장학회 설립에 즈음하여

2013.06.02.

프랑스의 작가 장지오노의 작품 중에 "나무를 심는 사람"이라는 책이 있다. 한 젊은이가 프랑스의 알프스를 여행하는 중에 황폐한 땅에서 물을 찾다가 한 노인을 만나게 된다. 그 노인의 이름은 엘제아르 부피에이다. 부피에는 그곳에 나무가 부족하여 땅이 죽어가고 사람들이 포악해진다는 것을 알고 수년째 그 척박한 땅에 홀로 씨를 뿌리고 있었다. 그는 묘목을 키워서 황량한 민둥산에 나무를 심고 있었다. 수년이 지난 후 에 다시 그곳을 찾았을 때 그곳은 숲이 되어 가고 있었다.

또 세월이 지나자 숲이 울창해지고 그 숲에는 물이 흐르고 생명이 춤추는 땅이 되었다. 또한 떠나갔던 사람들이 하나,둘 돌아오면서 사람 사는 땅이 되었다. 우리나라도 일제식민지, 6,25전쟁을 치르면서 거의 모든 산이 민둥산이 되었었다. 이제 정부는 4.15일 식목일로 정하고 국가적으로 황량한 산에 나무심기를 시작했고 세월이 많이 지나 산마다 신록이 우거지는 사람 사는 땅이 되었다.

나무를 심는 사람들은 단순히 숲을 가꾸는 사람이 아니라 세상을 살리는 사람이다 사실 나무를 심는 것은 무한한 인내가 필요하다. 당대에 효과를 기대할 수 없기 때문이다. 나무가 자라서 쓸모가 있기까지 많은 시간이 필요하다. 그러나 나무를 심고 가꾸면 단순히 목재를 얻을 수 있을 뿐 아니라 이산화탄소로 오염이 된 세상 공기를 맑게 정화하고 푸른 환경을 조성해서 시각적인 효과를 주고 그 숲에 온갖 생명이 살아 생명의 땅으로 만든다.

이제 우리교회에서 시작하는 장학회는 바로 이런 것이다. 나무를 심는 것처럼 사람을 키우는 작업이다. 하루아침에 결과물을 볼 수 없다. 하지만 먼 미래 우리를 우거진 숲처럼 인재의 숲을 볼 것이다. 그런데 이 일은 아무나 할 수 있는 것이 아니다. 광야에서 숲을 볼 수 있는 사람만이 할 수 있다. 조급하지 않으며 농부의 인내를 닮은 사람이 할 수 있다. 자신의 수고와 대가를 기꺼이 후손에게 줄 수 있는 사람이 할 수 있다. 그리고 남을 의식하지 않고 묵묵히 나무를 심는 사람이 할 수 있다. 감사하다. 고(故) 김영남 권사님의 신앙의 삶이 후손들을 통해 이어짐이 감사하다. 평소 "젊어서 일 많이 해라 나이 먹으면 하고 싶어도 못한다." 하셨던 당신의 말씀처럼 젊은 우리가 해야 할 일이다.

20세를 넘어서는 도창교회가 성장의 한 모습으로 이 일을 시작한다. 시작은 후손들의 기부금으로 한다. 그러나 그것에 마중물이 되고, 종자돈이 되어서 장학회를 키워나가야 한다. 이제 우리도 나무를 심는 마음으로 장학헌금을 해야 한다. 그리고 그 현금들이 모아져서 사람나무 한 그루, 한 그루씩 심어져 갈 것이고 언젠가는 도창교회도 멋진 인재의 숲을 이루게 될 것이다. 그 날을 기대하며 장학회를 설립한다. 바라기는 성도들 모두 장학회의 건강한 성장을 위해 지속적인 기도와 관심을 부탁한다. 사람나무를 심는 당신의 모습이 아름답다.

제17회 사랑의 포도 나누기

2013.09.01.

참 더운 여름이었다. 불볕더위, 가마솥더위, 찜통더위, 더위 더위 해도 정말 올해만큼 더운 여름은 경험해 보지 못했다. 그래도 대견하다. 잘 이겨 가을을 맞이하고 있으니 말이다. 여하튼 그렇게 호되게 덥던 여름도 밀려오는 가을에 자리를 내 주고 있다.

한낮에는 뜨거움으로 버터보지만 조석으로 부는 찬바람은 여름의 흔적이 아니다. 여름이 물러가고 가을이 오는 신호이다. 넓은 호조벌도 벼이삭이 한 포기 한 포기 피고 있고 곧 누렇게 황금 옷으로 갈아입는다. 더불어 모든 오곡백과들도 탐스럽게 익어 추수를 기다린다. 사실 여름 태양이 고마운 것은 바로 이것 때문이다.

곡식을 영글게 하는 것이다. 9월이 되면 도창식구들은 달콤한 사랑에 빠진다. 바로 포로 나누는 사랑 때문이다. 벌써 17회가 되었으니 사랑도 탐스런 포도송이만큼이나 맛이 깊어 간다. 8일 올해도 어김없이 포도사랑을 펼쳐진다. 참 감사하다.

포도는 다른 농사에 비해 손이 많이 가는 농사이다. 한 송이의 포도를 생산하기 위해 흘린 농부의 수고가 큽다. 그래서 더 귀하고 그래서 더 맛있다. 이 귀한 포도를 모아 이웃에 전한다. 사실 모아진 포도는 단순히 포도가 아닌 우리의 사랑이다. 즉 포도를 나누는 것은 사랑을 나누는 것이다. 포도를 전달받는 것은 사랑을 전달 받는 것이다. 그래서 더 귀하고 그래서 더 아름답다.

더욱이 감사한 것은 이것이 도창교회만의 사랑 나눔이 아니라 우리 마을 포도 농가의 마음이며 도창교회 성도들의 마음이라는 것이다. 늘 고마운 것은 정성을 다해 생산한 포도를 아낌없이 나누어 주는 도두머리 마을 주민들이다.

마을 주민들의 적극적인 참여가 없었다면 아마 이전에 중단이 되었을 것이다. 하지만 도두머리 포도 경작 주민들의 변함없는 적극적인 동참이 있었기에 17년째 지속이 될 수 있었다.

올해도 자랑스럽게 8일 주일에 사랑의 포도 나누기를 실행한다. 그저 늘 갖는 바람은 더 많은 분들의 포도사랑을 모아 더 많은 분들에게 전하는 것이다.

그래서 포도 사랑 나눔이 우리 사는 세상을 더 맛나게 하는 것이다.

올해도 성도들과 도두머리 마을 주민들의 적극적인 참여로 성황리에 마쳐지기를 소망해 본다. 포도로 사랑을 나누는 당신의 모습이 아름답다.

제5회 매화봉사상 시상에 부쳐

2013. 12. 29.

한 해가 저물고 있다. 늘 그렇지만 올해도 역시 다사다난했다. 아니 세월을 먹어 가면 갈수록 살기가 힘들다는 생각이 든다. 분명 삶의 풍요로움과 편리는 상상할 수 없을 정도로 발전했는데 마음은 더욱 빈곤해진다. 누가 그랬던가? 세상은 양육강식이 지배하는 정글이다. 내가 살기 위해서는 누군가 밟고 서야 한다. 그것이 옳지 않다는 것을 알면서도 나의 생존을 위해서는 어쩔 수 없다. 그런 세상에서 자기를 희생하며 사는 사람은 외계인이다. 타인을 위해 희생하고 봉사하는 사람이 적기에 그런 사람을 만나면 이상해서 그런가 보다. 그리고 의심하게 된다. 저 마음이 진짜일까? 혹시 다른 생각이 있는 것은 아닌가? 그리고 진심이 확인이 되면 외계인을 보는 것 같다. 여하튼 그래도 우리가 사는 세상이 아직 살만한 세상이 되는 것은 바로 이런 분들이 있어서이다.

우리 교회는 수년전부터 그런 분들을 찾아 격려하고 널리 알리려 매화봉사상을 제정해서 시상하고 있다. 매화봉사상의 설립취지는 설립취지문에 잘 소개되어 있다. "종교, 이념 등을 초월하여 지역사회에서 소외되고 고통 받는 이웃을 위하여 헌신적으로 노력하고 봉사하는 아름다운 시민을 찾아 지역공동체 일원으로서 함께 격려하고 포상을 함으로써, 숭고한 봉사정신과, 실천적인 삶을 널리 알리고 더불어 건강한 사회를 만드는데 기여하고자 함이라." 밝히고 있다.

지난 4회 동안 매화동에서 묵묵히 봉사하며 사랑을 실천해 온 분들을 시상해왔다. 1회 수상자는 어르신으로 불편한 몸임에도 불구하고 젊은 사람들의 모범이 되신 이호석 어르신 이고 2회는 매월 1회 매자봉의 밑반찬 봉사 배달을 지속적으로 해오고 계신 김천호, 그리고 3회는 매화동 자원봉사자협의회 회장으로 오랫동안 다양한 봉사를 실천해온 김종숙, 그리 고 4회는 매자봉 밑반찬 봉사팀 팀장으로 10년 이상 매주 밑반찬을 만들어 어려운 이웃을 섬겨 온 이인숙이다. 이번 5회 수상자는 에이스 아파트 주민으로 자신의 대형버스로 도창초등학생 등 하고 무료 통학 봉사를 해 오고 계신 조항일 씨다.

수상자는 등하교에 어려움을 겪고 있는 매화초등학생들의 딱한 사정을 알고 자신의 자량으로 차비를 받지 않고 무료로 등,하교 봉사를 해오고 있다. 사실 차량 유지비 즉 보험, 기름값, 정비비 등 적지 않은 비용이 들어감에도 불구하고 묵묵히 봉사를 실천해 오고 있다.

적은 비용의 유로 운행하면 최소한의 유지비로 운행에 보탬이 될텐데도 마다하고 무료 봉사를 고집하고 있다. 맨 처음 봉사를 시작하셨을 때만 하더라도 이런저런 말들을 많이 들었다. 하지만 들리는 잡소리에 아랑곳 하지 않고 봉사를 실천해 오고 계시다. 시간이 흐르고 진정성이 자연히 알려지면서 지역주민들 특히 학부모들과 어린이들의 고마움을 말로 다 표현키 어렵다. 이런 분들이 있어서 우리가 사는 세상 매화동이 살맛나는 동네가 되는 것이다.

이에 매화봉사상 집행 위원회에서는 올해 수상자로 선정하고 그간에 수고에 작은 격려를 드리고자 한다. 수상자의 봉사를 몸소 받으며 등하교하는 도창초등학교 학생들이나 그의 선행을 알고 있는 우리 모두는 한 가지 다짐을 한다. 그것은 우리도 그렇게 봉사하는 삶을 살아야 한다는 것이다. 그러면 우리가 사는 세상이 더욱 더 살맛나는 세상이 될 것이며 매화봉사상 제정이 의미가 더 커지는 것이다. 제5회 매화봉사상 수상을 진심으로 축하드립니다.

교회 창립 21주년에 부쳐

2014. 03. 09.

그냥 이렇게 떠나는가 싶어 아쉬웠는데 가던 길 멈추고 꽃샘추위로 심술을 부립니다. 하지만 거센 봄의 기세에 결국은 떠나갑니다. 그런 생각이 들었습니다. 봄바람이 거센 것은 아마 겨울의 때를 벗어 내는 섭리인가 봅니다. 참 감사한 것은 추운 겨울을 잘 이겨낸 우리들에게 하나님께서는 봄 선물을 하나 둘 풀어 놓고 계십니다. 정말 혹독한 추위를 생각하면 봄이 오지 못할 것 같았는데 어느새 거짓말처럼 봄이 저만치 와 있습니다. 21년 전 만물이 소생하는 봄에 도창교회가 창립이 되었습니다. 예배당도 없이 백승학 장로님 집 앞마당에서 첫 걸음을 띄었습니다. 그리고 이제는 지방에 중견교회로 성장해서 사명을 감당하고 있습니다. 모든 것 다 하나님께 감사를 드립니다. 사실 세상에 어느 교회가 하나님의 섭리 없이 세워졌겠습니까? 만은 우리교회는 정말 하나님의 섭리 가운데 세워졌습니다.

매화교회 당회가 창립 40주년 기념으로 도창교회를 세우기로 결의한 것으로부터 도창3속을 분리해 개척하는 것, 백승학 장로님과 도창3속 식구들의 동의에 이르기까지 모든 것에 하나님의 역사하심이 계셨습니다. 만약 한 분이라도 반대했더라면 도창교회는 세워지지 않았습니다. 그러나 정말 귀한 것은 그 이면에 더 큰 하나님의 섭리가 계셨던 것입니다.

바로 고(故) 김영남 권사님의 오랜 기도입니다. 권사님은 이곳 도창동 도두머리에서 매화교회를 다니면서 하나님께 기도하셨습니다. "하나님 우리 마을에도 교회를 세워주세요." 작은 한 여인의 기도는 하나님께 상달이 되었고 에이스아파트 건축이 진행되면서 실행이 되었습니다. 그런데 더 감사한 것은 그냥 개척이 아니라 도창동에서 매화교회를 다니던 3속을 분리해서 개척한 것입니다. 교인을 떼어서 개척한다는 것은 결코 쉬운 일이 아닙니다. 어항용 목사님이나 매화교회 당회원들의 특별한 믿음의 결과입니다.

사실 오늘 수 많은 교회들이 개척이 되지만 미자립 상태를 벗어나지 못합니다. 그러다 보니 교회의 본래 사명을 감당하지 못하는 현실이 교인 없는 개척의 결과라고 할 때 도창교회 개척은 더 빛나는 개척이었습니다. 그렇게 개척된 교회는 지방 역사상 최초로 개척 1년 만에 자립을 선언하고 지속적인 부흥을 해 지방 중견교회로 성장하게 되었습니다. 특히 작년 20주년을 보내며 그간에 신앙생활 속에 은혜를 담은 "도두머리에서 천국을 사는 사람들" 을 발간하게 되어 큰 감사였습니다. 도창교회는 개척 초기부터 분명한 교회관이 있습니다. 바로 지역을 섬기는 우리 마을 교회가 되는 것입니다. 사실 이 꿈은 창립 10주년 감사 예배를 드릴 때 우리 마을 백승규통장님이 해 주신 말씀으로 우리 교회의 꿈이 되었습니다. 교회는 부르심을 입은 자들이 세상 속에서 하나님을 섬기며 즉 예배하며 복음을 전하는 곳입니다. 교회는 세상 안에 존재하고 세상을 복음으로 변화시켜 가는 것이 사명입니다. 그런 의미에서 세상과 부조화한 교회는 교회일 수 없습니다. 우리 교회는 그 동안 세상을 섬겨 왔습니다. 그리고 앞으로도 변함없이 세상을 섬겨 갈 것입니다.

올해 우리는 사도행전 10장에 있는 고넬료의 삶에 드러난 "기도와 구제로 지역을 섬기는 우리 마을 교회"가 되는 것입니다. 이를 위해 다음과 같은 꿈을 꿉니다. 우선 모든 성도가 기도의 능력을 경험하기를 원합니다. 기도의 능력을 경험했다는 것은 기도의 사람이 되었다는 것입니다. 초대교회 다락방에 모였던 120명의 기도의 용사처럼 그렇게 모여 기도하는 교회가 되기를 원합니다. 또 한 구제하는 것입니다. 주님이 명하신 이웃사랑을 말로만이 아니라 실제 몸으로 사랑하는 것입니다. 온 몸으로 구제를 실천하는 것입니다. 도창교회 교인이라면 적어도 한 달에 한 번 이상 구제를 실천하는 것입니다. 그러면 우리교회는 하나님의 마음에 합한 사랑이 넘치는 교회가 될 것입니다. 여러분 모두 수고하셨습니다.

목사님, 받을 수 없습니다

2014.03.23.

주일 오후 모든 예배를 마친 시간 주일의 사역을 정리하고 있는데 주복출 권사님이 따님 김영숙 권사님과 함께 내 사무실을 찾으셨다. 소파에 앉으신 주권사님은 가방에서 무엇인가 찾으셨다. 그리고 이내 봉투하나를 꺼내 내게 내미셨다.

"목사님 아까 예배 시간에 받은 것이 감사편지인 줄 알았는데 집에 가서 보니 돈이네요 제가 하나님께 드려야 하는데 어떻게 받습니까? 저는 이 돈 받을 수 없습니다. 마음만 받겠습니다. 목사님 감사합니다." 하시며 예배 때 드렸던 봉투를 내 놓으셨다.

나는 그런 권사님께 그렇지 않음을 말씀드리며 다시 받아 주실 것을 간곡하게 부탁을 드렸지만 권사님의 생각은 완강했다. 그러시면서 하시는 말씀이 "목사님 저는 멀리 떨어져 살지만 도창교회를 위해 날마다 기도합니다. 목사님을 위해 기도하고 생각나는 성도들을 위해 늘 기도합니다. 가만히 있으면 이전에 일들이 다 생각이 납니다." 하시며 눈물을 훔치신다. 그런 권사님을 바라보며 정말 죄송한 마음이 가득해 졌다.

가끔 따님인 김영숙 권사님을 통해 권사님의 소식을 듣는다. 권사님을 볼 때마다 교회의 안부를 물으신다 하신다. 특히 "목사님이 내 이야기 묻느냐" 하신다고 하신다. 그런 소리를 들을 때마다 죄송한 마음에 몸 둘 바를 모르겠다. 마음 같아서는 가까이 모시고 싶지만 쉬운 일이 아니기에 맘만 먹고 기도할 뿐이다. 주복출 권사님이 누구신가? 도칭교회의 개척에 밀알 중에 한분이시다. 권사님은 고(故) 김영남 권사님과 벗으로 늘 함께 하시며 기도의 제단을 지키신 어른이시다. 같은 나이이셨던 두 분은 늘 새벽 제단을 지키셨다. 젊은 사람들이 피곤해 거를 때 늘 두 분은 제단불이 꺼지지 않게 하셨던 기도의 어머니셨다. 늘 예배당 가운데 줄 맨 앞에 백승학 장로님과 함께 앉아 예배를 드리셨다. 권사님이 몇 년 만에 당신의 자리에 앉아 예배를 드리셨다. 오늘도 백승학 장로님과 함께 그냥 그 자체만으로도 귀하고 감사하다.

권사님은 인천 따님 근처로 이사하시며 교회와 멀어지셨지만 교회를 향한 마음은 식지 않아 늘 도창동에 머물러 계시다. 창립 21주년을 맞아 실은 지난주에 모시려 했었다. 그러나 여의치 못해 아쉬웠는데 이번 주일에 아드님이 모셔 오셨다. 권사님은 결혼해서 친정 나들이 처음 한 새댁처럼 기뻐하신다. 그 기쁜 마음에 어제 오후에 교회를 다녀가셨다 한다. 정목사님이 예배당 문을 열어 드리자 감격하시며 눈물 흘리셨다 하신다. 교회를 사랑하시는 마음이다. 지금 도창성도들 중 교회가 그리워 간절히 오고 싶고, 교회에 들어서는 순간 눈물이 나는 성도가 몇 분이나 계실까? 늘 교회를 그리워하며 늘 기도하는 분이 몇 분이나 계실까? 더 드리지 못해 안타까워하며 감사하는 분이 몇 분이나 계실까? 그러고 보면 오늘 도창교회 가 그냥 세워진 것이 아님을 본다. 이런 분들의 기도, 헌신, 사랑이 있어 세워졌다. 주님의 피 값과 더불어... 그렇게 생각하면 우리는 그동안 이 고마운 분들의 섬김, 희생, 헌신을 잊고 있었다.

권사님은 수요예배까지 이곳에 머무신다고 했다. 그래서 목요일에 모셔다 드리기로 했다. 버스를 타고 가시면 된다고 극구 사양하시지만 내 마음이 그렇지 않다. 또한 늦었지만 권사님 사시는 집이라도 눈으로 확인해 두어 나중에라도 모실 수 있지 않을까 하는 생각에서다. 여하튼 권사님의 방문을 통해 교회 사랑에 마음을 다시 한 번 되짚어 보는 기회가 되었다. 교회가 있음도 감사하고, 교회에서 예배드림도 감사하고, 하나님께 감사의 마음을 표현할 수 있어서 그것도 감사하고 모든 것이 다 감사하다. 올해 93세를 맞으신 권사님. 건강하게 더 오래 도창교회를 위해 기도해주세요. 권사님의 사랑 잊지 않아 권사님처럼 교회를 더욱 더 사랑하겠습니다. 권사님 감사합니다.

김주석 목사님께

2014.12.14.

하루하루 아쉬움이 더해지는 12월이다. 지나가는 한 해 마무리 잘 하고 계시리라 믿는다. 지난 시간은 새로운 시간에 밑 걸음이라고 할 때 끝까지 마무리를 알차게 하는 것이 중요하다. 특히 지난 한 해를 돌아보며 은혜를 잊지 않는 것이 중요하다.

요즘 수요예배에 사무엘하를 보면서 은혜를 받는다. 지지난 주에 9장을 보았다. 그 내용은 다윗이 은혜를 갚는 것이다. 목동이었던 다윗이 이스라엘의 왕이 된 것은 전적으로 하나님의 은혜이다. 그 이면에 여러 사람들의 도움이 있었고 그 중 요나단의 도움이 가장 컸다.

요나단은 사울왕의 장자로 왕위 서열 1위인 왕세자였다. 그런데 그런 그가 왕위를 다윗에게 양보하며 자신의 생명처럼 다윗을 도왔다. 아버지의 꾸지람을 들으면서까지 도왔다. 그런 요나단의 도움으로 왕이 되는 데 한 결 수월했다. 만약 요나단이 다윗을 정적으로 알아 아버지 사울왕과 함께 다윗을 해 하려 했다면 다윗의 왕위는 더 많은 고초와 더 많은 시간이 걸려야 했을 것이다. 분명 한 것은 다윗이 왕이 되는데 요나단의 도움이 컸다는 사실이다.

요나단은 아버지와 전 쟁 중에 전사했고 우여곡절 가운데 다윗은 왕이 되었다. 그리고 나라가 안정이 되어 여유가 생긴 때 은혜를 갚을 기회를 찾았고 요나단의 아들 므비보셋이 살아 있음을 알 게 되어 그에게 큰 은혜를 베풀었다. 벗의 아들을 자신의 아들처럼 여겨 자신의 상 에서 함께 먹게 한 것이다. 다윗은 이처럼 은혜를 아는 사람이다.

지난 수요일 저녁에 예배를 준비하고 있는데 갑자기 목양실 문이 열렸다. 예고 없이 열리는 문에 당황을 했는데 용순이가 온 것다. 용순이 손에는 흰 봉투 2개가 들려 있었다. 마침 함께 있던 아내와 내게 봉투를 내밀었다. 아내는 당황을 했지만 매년 반복적으로 경험되는 일이라 나는 편지라는 것을 알았다. 편지를 받은 나는 용순이에게 정말 감하했다. 용순이는 편지와 더불어 내게 구두 메시지도 전달을 했다. "목사님 내년에도 아프지 말고, 건강하고, 소원이루시고, 교회 부흥하시고..." 나는 그 말을 들으며 연신 "고맙다. 고맙다."를 연발했다. 나는 급한 마음에 용순이를 앞에 두고 편지를 꺼내 읽었다. 원문을 소개하면 다음과 같다.

> "김주석 목사님께 저와 우리 어머님에게 아버지께 많은 배려를 베풀어 주시고 도움을 주셔서 감사합니다. 목사님 남은 인생에 하나님의 축복과 은총이 충만하시기를 기원합니다. 목사님 항상 늘 행복하고 뿌듯한 삶이되시기를 바랍니다. 성탄절 즐겁게 잘 보내시고 희망찬 새해가 되십시오 마지막으로 아프지 마시고 건강하세요."

매년 받는 용순이의 감사편지이다. 매년 감사를 잊지 않는 용순이의 마음이 아름답다. 사실 용순이의 편지는 제게 보낸 것이 아니라 도창교회 모든 분들께 보낸 것이다. 바라기는 용순이의 삶, 가족의 삶이 올해보다 내년에 더 나아지기를 바랄 뿐이다. 한 해가 저물어가고 있다. 용순이처럼 감사를 잊지 않는 그런 삶이되기를 기도한다.

한글교실 수료식 및 송년의 밤을 마치며

2014. 12. 21.

벌써 한 해가 다가고 달랑 남은 한 장의 달력도 가벼울 대로 가벼워졌다. 거의 모든 국민들의 생각이 2014년은 빨리 지나가기를 바랄 것이다.

2014년은 한 동안 4월 16일에 멈추었었다. 세월호 침몰이라는 비극에 전 국민이 울었다. 겨우 진통 끝에 세월호 특별법이 만들어지고 특별 조사가 실시되면 하나둘 드러나겠지만 부끄러운 우리의 사회의 민낮이 드러날 것이다.

그러나 민낮을 씻어 내기 위해서는 수치도 아픔도 감내 해야 한다. 그것이 상처를 씻어내고 새살을 돋게 하는 기회가 될 것이기 때문이다. 이제 곧 어두운 2014년이 가고 희망의 2015년을 맞게 될 것이다.

한 해를 보내며 개인이나 단체나 송년회 등 마무리 시간을 갖는다. 도창복지문화센터도 마찬 가지로 한 해를 정리하며 제5회 외국인 한글학교 수료식과 송년회를 가졌다. 감사하게도 우리 교회에서는 5년 전부터 다문화 한글교실을 열어 운영하고 있다. 언제부터인지 우리 동네에도 다문화 가정이 하나 둘 늘어나기 시작했고 외국인 근로자들의 모습도 눈에 띄게 증가했다. 지난 2013년 통계에 의하면 2013년 다문화 혼인의 비중은 8.3%, 다문화 출생의 비중은 4.9% 수준이며 신생아 100명 중 5명이 다문화 자녀들이라는 현실과 법무부에서 관리하는 '03.9.30 일 현재 외국인력 현황을 보면 전체 392,270명(합법체류자 94,296명, 불법체류자 297,974명) 정도인 것으로 알려져 있다.

이에 교회는 성경에서 말씀하고 있는 고아, 과부와 더불어 사회적 약자인 나그네들을 돌볼 마음을 갖게 되었다. 그래서 5년 전에 개설한 것이 외국인 한글학교 이다. 처음 시작할 때는 한 반으로 시작했지만 지금은 4반으로 늘어났다. 우선 주중에 모이는 주중반이 있다. 중급 7명, 초급 3명이, 주말 반에는 한글인증시험 대비반인 토픽반에 남자 12명, 여자 13명 그리고 초급 2명이 공부하고 있다. 주중반은 대부분 다문화 여성들이고 주말 반은 외국이 근로자가 중심이 된다. 몇 명은 주중 주말 반복해서 열심히 한국어를 공부하고 있다.

낯선 이국땅에 결혼으로 근로자로 와서 적응을 할 때 가장 어려운 것이 언어이다. 언어 습득이 안 되면 의사소통이 어렵고 의사소통이 어려우면 생활이 당연히 어려워진다. 서로 다른 문화에서 생활해온 이들이 낯선 문화에서 적응해 살아간다는 것이 여간 어려운 것이 아니다. 사실 결혼이든, 근로자든 우리가 그들을 받아들였을 때는 그들이 필요해서이다. 그러면 우리는 그들의 적응을 도와야 한다. 그래서 하나가 되도록 해야 한다. 그래야 그들도 우리도 살 수 있다. 만약 부적응한다면 또 다른 사회문제를 낳게 될 것이며 이는 사회불안에 한 요소가 될 것이다. 그러고 보면 다문화 여성이나 외국인 근로자들의 적응은 우리 사회를 위한 것이 다. 즉 엄밀하게 말하면 우리의 사역은 그들을 위한 것이 아니라 우리를 위한 것이다.

벌써 5년이 되었다. 그동안 많은 분들의 도움이 있었다. 교회의 도움과 담당자의 헌신 뿐 아니라 시청의 지원, 교사들의 수고, 자원봉사자들의 헌신, 그리고 주민자치센터 및 오르미 산악회를 비롯한 지역 기관들의 도움이 있었다. 이 자리를 빌어 감사를 드린다.

지난 주일 오후에 있었던 5회 수료식에서 수료증을 받으며 그동안 배운 실력으로 가족, 남편, 부모님, 자녀, 선생님들께 직접 쓴 편지 써서 읽는 모습을 보며 보람을 느꼈다. 그저 바라기는 더 많은 도움을 통해 나그네 된 그들이 식구가 될 수 있도록 해야 한다. 더 많이 다양한 것으로 도와야 한다. 한글교육 뿐 아니라 문화경험 등 그리고 더 나가서 복음을 받아 드릴 수 있 게 해야 한다. 그들도 주님이 사랑하는 자녀이기 때문이다.

제3부

성숙한 교회 따뜻한 교인

다문화 여성들 제주탐방을 다녀오며

2015.02.08.

우리 교회에는 도창복지문화센터 내 외국인 한글교실이 있다. 그리고 그곳에서 외국인들에게 한 글을 가르친다. 주중 반과 주말 반, 초급반, 토픽반 등 다양한 교실이 열리고 있다. 학생은 다 문화여성들과 외국인 노동자들이다. 다들 타국에 와서 살고 있는 외국인들이다. 바로 국제 나그네들이다. 주중 반은 주로 다문화 여성들이 주말 반에는 외국인 노동자들이다. 지난해 수료식에서 다문화 여성들과 대화를 나누며 제주도에 대한 궁금함이 많다는 것을 알았다. 그래서 제주도에 가자고 했던 것이 현실이 되어 다녀오게 되었다.

사실 우리나라 사람들 중에도 아직 제주도에 못 가본 분들이 태반이다. 그럼에도 다문화 여성들과 제주도를 간다는 것이 다소 무리일까 싶기도 했지만 여러 가지 여건들이 맞아 다녀왔다. 아이들 둘을 포함해 13명이 다녀왔다. 감사한 것은 한 마디로 잘 다녀온 것이다.

제주도에 살았던 경험으로 렌트카 승용차로 탐방을 했다. 우리가 탐방한 곳은 첫 날 협제해수욕장, 한림공원, 유현정성도의 새집, 둘째 날은 성산 일출봉, 섭지코지, 쇠소깍, 주상 절리, 유리의 성을, 마지막 날은 절물휴양림, 에코 랜드, 선녀와 나무꾼, 정정희 집사집, 함덕 해수욕장 등을 탐방했다. 둘째 날 저녁에 함께 이야기를 나누며 감사한 것은 다들 너무너무 좋아하며 만족해하는 것이다. 그도 그럴 것이 이국적인 제주의 풍경과 맑은 공기 눈에 들어오는 모든 풍경들이 다 한 폭의 그림이니 무슨 말이 더 필요하겠나? 그저 감사할 뿐이다.

한 분이 이런 질문을 했다. "왜? 우리들에게 이렇게 잘해주는가?" 그 말에 나는 구약의 이야기를 해드렸다. "성경에 하나님이 세 부류의 사람들을 돌보라고 하셨다. 고아, 과부, 나그네이다. 여러분들은 한국으로 시집을 온 나그네들이다. 그래서 도와드리는 것이다.

한글을 가르쳐 드리고 문화를 소개해 드리며 빨리 한국에 정착해 제2의 인생을 잘 살게 도와드리는 것이다. 앞으로 교회는 여러분들을 도울 것이다. 그러니 도움이 필요한 것은 언제든지 말하세요" 모두들 고맙다 감사하다 말하며 즐거워했다. 정말 성도들과 교회는 나그네들을 도와야 한다. 성경에 나와 있는 분명한 하나님의 말씀이기에 나그네들 외국인 노동자와 다문화 여성 들을 도와야 한다. 이들에게 가장 필요한 것은 돈을 벌 수 있는 좋은 일자리이다. 관광객을 포함한 소수의 외국이 이외에 한국에 온 목적이 돈이기 때문이다. 그런데 좋은 일자리보다 더 중요한 것이 있다. 특히 결혼을 해서 한국에 시집을 온 다문화 여성들에게는 정말 시급하고 중요한 것이 있다. 바로 한글을 배우는 것이다. 다문화 여성들은 직장생활 뿐 아니라 가정생활을 하기에 그렇다. 즉 부부생활, 육아, 사회생활 등 한국 사회에 일원이 되어야 하기에 한글 배움은 절실한 생존에 필수가 된다. 한글습득이 한국 생활에 성공과 실패를 가늠한다 해도 과언이 아닐 것이다. 제주탐방을 하면서 동행한 한글학교 선생님은 시간만 나면 공부를 했다.

"성산일출봉, 한라산, 오름… " 말 하나 하나를 반복하며 발음을 수정하며 가르치셨다. 나는 제주도를 갈망한 이유를 비로소 바로 알게 되었다. 단순한 관광지에 대한 동경이 아니라 교과서에 반복해 나오는 것에 대한 호기심이었다는 것을, 즉 한글교재에 제주도가 계속

나온다는 것이다. 그래서 다들 제주도를 와 보고 싶어 했다는 것이다. 감사하다. 적지 않은 비용이 수고가 들어 힘이 들었지만 저들의 영혼을 구원해야 하는 사명을 부여 받은 우리는 마땅히 해야 할 일이기에 보람을 느끼며 감사하다. 끝으로 큰 도움을 주신 분들께 감사의 마음도 전한다. 도움이 있어 가능했기에.

효도주일

2015. 03. 01.

우리교회 자랑이 여럿이 있다. 대한민국 다른 교회에는 없는 우리교회만 있는 자랑이 있다. 가장 대표적인 것이 "세상 가장 아름다운 교회" 제목의 교회가(歌)다.

교회가 안에는 도창교회의 이상이 숨어 있다. "하나님의 말씀 안에 성결한 교회, 주님의 사랑을 나누는 따뜻한 교회, 성령충만이 생활 속에 드러나는 즐거운 교회'이다. 그리고 다음으로 '매화 봉사상'이다. 매년 12월에 마을에 숨은 봉사자를 발굴해서 시상하는 상이다. 세상에 하나 밖에 없는 자랑스런 상이다.

그리고 호조벌 청소를 들 수 있다. 2012년부터 매월 마지막 주일에 시로부터 입양 받은 호조벌 3km를 청소하며 가꾸는 것이다. 거기에 또 하나 빼 놓을 수 없는 것이 있다.

바로 효도주일이다. 아마 앞에 열거한 것 중에 가장 나이가 많이 들었다. 교회 창립 초창기부터 시작했으니 적지 않은 나이를 먹었다.

우리 교회는 매월 첫 주일을 효도주일로 지킨다. 효도 주일에는 세 가지를 지킨다. 우선 부모님께 문안을 드린다. 가깝게 살면 직접 찾아뵈고 멀리 계시면 문안 전화라도 드리는 것이다. 그리고 용돈을 드린다. 그 동안 키워주신 사랑에 작은 보답한다. 경제적인 여유가 없더라도 많고 적음을 떠나 물질로 섬기는 것이다. 다음으로 부모님을 위해 기도드리는 것이다. 바로 천국에 가시도록 돕는 것이다. 부모님께 해드릴 가장 커다란 효도라고 생각한다. 그러나 결코 쉽지않다. 부모님의 영혼을 구원시켜 드리기 위해서는 더 많은 기도와 더 많은 섬김이 필요하다. 사실 이렇게 하게 된 가장 커다란 이유는 다른 것이 아니다. 부모님의 은혜를 잊지 않아 섬기기 위한 것이다.

최근에 한 조사가 발표되었습니다. 조사의 내용은 자녀의 전화와 방문이 부모님의 우울증 등 정신 건강에 커다란 영향을 나타낸다는 것이다. 자녀와 떨어져 사는 전국의 평범한 노인 4천여 명을 분석했더니 자녀가 주 1회 이상 전화하고 또 한 달 한 번 이상 방문한다는 응답이 72% 였다. 하지만 전화통화만 주 1회 이상 하는 경우는 12%, 방문만 '월1회 이상한다는 6%였고, 둘 다 안 하는 경우도 7%에 달했다. 전화와 방문이 적을수록 부모님의 우울증 등 정신건강에는 좋지 않은 것으로 나타났다.

아주대병원 연구팀이 자녀와 떨어져 사는 노인들의 정신 건강을 3년간 추적 관찰했다. 자녀가 주 1회 이상 전화하고 월 1회 이상 방문한 노인과 비교 했을 때 방문 없이 전화만 하면 우울증 발생률이 44%, 방문만 한 경우는 49% 높았다. 자녀가 전화도 방문도 안 한 노인은 무려 86%나 높았다. 반면에 자녀가 주 1회 전화와 월1회 방문을 모두 한 경우 3년 뒤 부모의 우울증 발생률은 36% 낮아졌다. 홍창형(아주대병 원 정신건강의학과 교수)는 우울증이 생기는 가장 큰 이유는 가족과 멀어지는 것, 떨어져 있는 것이 굉장히 중요하다고 했다. 실제로 2010년대 들어 자녀와 따로 사는 노인이 10명 중 6명으로 늘어나면서 노인 우울증이나 노인자살이 크게 증가했다. 이러다 보니 한 지자체에 서는 이른바 '111플러스 운동'까지 벌이고 나섰다. 1주일에 1번 부모님한테 전화하자. 그리고 1달에 한번은 부모님과 같이 식사를 하자. 1년에 한 번은 같이 나들이를 가자이다. 분명한 사실은 부모님께 문안드리는 것이 효도 중에 효도이다.

우리 교회는 하나님 아버지 뿐 아니라 육신의 부모에게도 효도를 다하는 그런 성도들이 되기를 바란다. 효도하는 당신의 모습이 아름답다.

내 아버지가 되어주셔서 감사해요

신덕보 집사님의 소천에 붙여
2015. 04. 12.

시흥공설 묘역에서 신덕보 집사님의 장례를 마치고 돌아왔다. 집사님이 소천하신 것은 지난 부활절 아침이다. 이번 부활절이 주일과 겹쳤으니 주일에 소천하신 것이다. 딸 용순이의 말에 의하면 "아침 드시고, 약 드시고 잠시 뒤 이상해 보니 .."효성 지극한 딸은 119에 신고하고 홀로 심폐소생술에 인공호흡까지 시행하며 아버지의 소생을 위해 애를 썼는데 그만 딸의 곁을 떠나셨다.

아침에 출근을 했는데 아내의 "신덕보 집사님이 소천하셨어요" 라는 말을 듣고 아들과 통화를 하고 교회에서 장례를 주관하겠다는 의사를 전달했다. 공교롭게도 부활절이라 세례식, 부활절 칸타타까지 바쁜 예배를 드리고 장례식장을 찾아 임종 후 예배를 드렸다. 집사님은 우리교회에서 가장 가난한 분 중에 한 분이시다. 피난민에 혈혈단신 월남하셔서 한 평생 곤고한 삶을 사셨다. 늘 병색 짙은 허름한 모습, 삶에 짓눌린 고단함이 안쓰러움을 더하셨다. 때마다 고비 고비를 넘기시며 오셨는데 지난해부터 문밖출입을 못하시고 누워계시다 주님의 부름을 받으셨다.

장례를 치르면서 든 생각은 비록 이 세상에서의 삶은 가난 하고, 힘겹고, 고단한 삶, 인정받기보다 무시당하고 사신 삶이지만 괴로움이 없는 천국으로 이사 가셨으니 너무 감사하다. 집사님의 소천을 보며 드는 감사를 적었다.

"1. 믿음을 갖고 계셔서 감사, 2. 그 믿음으로 인해 믿음으로 가는 천국에 들어가셨으니 감사, 3. 주일 예수님이 부활하신 부활절 날에 하나님 부름을 받았으니 감사, 4. 남매지만 효도를 다한 자녀를 두심 감사, 5. 주일에 소천 하셔서 모든 교인에게 알려 조문 받음 감사, 6. 우애 있는 남매 두어 감사, 7. 믿음의 유산을 남겨주어 감사, 8. 좋은 봄날 소천 하셔서 감사."

그러고 보면 집사님은 육적으로는 성공의 삶은 아닐지 몰라도 영적으로는 구원 받았으니 유종의 미를 거두셨다. 집사님은 만나면 늘 믿음의 말을 하셨다. 또 집에서도 기회만 있으면 요한복음 3장 18절 "하나님이 세상을 이처럼 사랑하사 독생자를 주셨으니 이는 저를 믿는자 마다 멸망치 않고 영생을 얻게 하려 하심이라." 마태복음 6장 33절 "너희는 먼저 그의 나라와 그의 의를 구하라 그리하면 이 모든 것을 너희에게 더하시리라." 이사야 43장 4절 " 네가 내 눈에 보배롭고 존귀하며 내가 너를 사랑하였은즉.." 말씀하셨단다. 그러고 보면 집사님은 분명 믿음의 사람이셨다. 집사님은 매주 작지만 "하나님 아버지께 감사헌금을 드립니다."라고 자필로 적어 내셨다. 투박하고 좀 틀린 글이지만 늘 정성을 드리려 하셨다.

입관 예식을 한 뒤 딸의 마지막 말이 가슴에 묻힌다. "아버지, 아버지의 딸이 되어 감사해요. 아버지가 내 아버지가 되어 주어 고마워요. 더 잘못해 드려 죄송해요. 아버지 천국에 먼저 가세요. 나도 따라 갈게요 나중에 천국에서 만나요." 집사님은 정말 복 받은 분이시다. 자녀에게 이런 마지막 인사를 받는 부모가 몇이나 될까? 넉넉지 않은 형편에 부모를 섬겨온 아들 내외를 생각해도 집사님은 자녀 양육에도 성공하셨다. 거기에 믿음을 가지셨으니 분명 천국에 주인공이 되셨다. 거기에다 남매에게 물적 유산은 물려주시지 못했지만 영적유산인 믿음을 물려주셨다.

이제 자녀들 특히 아들 내외가 믿음을 유산으로 받아 누리는 것이다. 아무리 귀한 것이라 해도 본인이 받아 누리지 않으면 무슨 소용이 있겠나 아들 내외가 아버지로부터 받은 믿음을 잘 지켜 복을 누리기를 바랄 뿐이다. "집사님 저도 감사해요 저의 교회 교인이 되어 주셔서 집사님을 통해 섬김을 배우게 되어 감사해요. 집사님 저도 천국에서 뵈어요"

캄보디아 선교세미나를 마치며

2015. 05. 24.

비행기가 정한 시간에 이륙했다. 순식간에 한 주간이 지나갔다. 힘들었나보다. 비행기에 타자마자 잠이 들었다. 밤 비행기는 피곤하다. 비몽사몽간에 몸만 피곤하고 잠을 설치는데 오늘은 다르다. 시끄러운, 비행기의 굉음, 좁고 불편한 자리, 여행의 피곤함이 숙면을 방해하는데 눈을 떠보니 도착 30분 전이었다. 정신없이 잠을 잤다. 그만큼 많이 피곤했나 보다.

사실 한 주간이 정신없이 지나갔다. 현지 목회자세미나에 강의를 하러 왔는데 첫 시간부터 부어주시는 은혜가 너무 커서 강사가 아니라 훈련생처럼 세미나에 참여했다. 강의는 말할 것도 없고 강의가 없는 시간에도 맨 앞자리에 앉아 시간마다 은혜를 받았다. 강의는 새벽 5시에 시작해 아침 먹고 오전 12시정도 끝나면 낮 시간은 현지인 사역자들의 자체 시간이 주어지고 오후 6시부터 저녁을 먹고 10시 넘어까지 진행이 되었다. 통상 이런 경우 낮 시간을 쉼이나 관광으로 다소 여유로운 시간을 보내는데 오늘 세미나는 그렇지 않았다.

3번의 낮 시간에 두 번은 지역에 한 개밖에 없는 공립중고등학교에서 선교 워십 공연이 있었고 한 번은 지역에 가장 큰 산이 북조산에 올라 땅 밟기를 했다. 그러고 보면 마지막 날 프놈펜으로 올라오는 길에 여유가 전부였다. 아니 마지막 날에도 공항에 오기 전 우리 교회가 목사관인 살롬 하우스를 지어 봉헌한 버싸엣 교회를 방문했고, 꼼뽕스프에 있는 박도한 선교사의 센터에서 저녁 집회를 갖고 9시에 공항으로 왔으니 정말 여유없는 꽉 찬 일정이었다. 그러나 그럼에도 몸은 피곤에 지쳤지만 마음은 보람으로 뿌듯했다.

그러면서 든 생각은 한 가지이다. 이번 "깜뽓선교세미나는 하나님이 계획하신 것이다."는 확신이다. 하나님이 계획하신 세미나이니 결과는 두말할 것도 없이 은혜충만이었다. 더군다나 최근 캄보디아 감리교회는 이런저런 일로 위기감에 싸여 있었다 한다. 그동안 캄보디아 감리교회를 오랫동안 최선을 다해 지원해 오던 국내 A선교회의 회장께서 한 주전에 오셔서 그동안 노력에도 불구하고 캄보디아 선교는 실패였다고 단정하셨고 이런 저런 일을 책망하고 한국으로 돌아가셨다 한다.

최근 캄보디아의 경제발전에 노동자들의 임금이 상승하면서 상대적으로 월 70~100불 받는 목회자들의 임금이 낮아 생활에 어려움을 겪고 있을 뿐 아니라 월급이 높은 기관으로 옮기거나 떠나는 일들이 빈번해지며 소명 의식도 사명감도 낮아져 위기를 맞은 상황에서 세미나가 열린 것이다. 그러니 첫 시간부터 성령 충만한 은혜의 역사가 나타났다. 시간마다 드리는 뜨거운 찬양과 강의에 집중 스펀지가 물을 빨아 먹듯이 말씀을 받아들이는 모습, 거기에 열정에 가슴 뜨거운 기도회는 그간에 위기감이 실재였는지 의심하게 할 정도였다.

그러나 결과는 전혀 달았다. 절망이나 실망이 아닌 희망과 소망을 품기에 충분했다. 사실 세미나에 앞서 얼마나 많이 중보했는지 알고 있다. 우선 세미나에 성령의 기름 부으심이 있도록, 참여하는 이들이 모두 은혜받기를, 세우신 강사들이 온전히 쓰임 받기를, 또한 진행시 통역과의 호흡이 잘 맞기를, 통역하는 분들에게 은사를.. 등 이런저런 기도제목을 갖고 기도했다. 그래서 그랬다. 기대 이상의 은혜가 임했다. 역시 하나님은 살아 계시며 캄보디아를 사랑하신다는 것을 확인했다. 캄보디아를 사랑하시는 하나님이 캄보디아 교회와 나라를 부흥시켜 주실 줄 믿는다. 그동안 기도로 마음으로 물질로 동역한 모든 이들의 도움에 감사하며 특히 강의를 맡은 목사님들과 공연팀 '어명', 현지인 스텝, 박도한, 송동한 선교사들의 도움 등이 한 데로 모아져 큰 역사를 이루게 되었다. 특히 캄보디아 선교회가 지어 봉헌한 깜뽓 선교센터가 귀히 쓰임 받음에 감사하다. 이제 하나님이 허락하시면 2년에 한 번씩 정기적으로 열려 선교의 도구로 쓰임 받기를 기도한다. 캄보디아의 발전과 부흥을 기대하며 기도한다. 아멘

원로 목회자의 가르침

2015. 05. 31.

때 아닌 여름 날씨가 미적거리던 봄을 쫓아냈습니다. 최근 며칠 30도를 넘나드는 기온에 한 여름이 아닌지 착각하게 했습니다. 지난 한 주 캄보디아의 용광로에 단련이 되었지만 그래도 더운 것은 어쩔 수 없습니다. 올 여름이 걱정이 됩니다. 어디서 어떻게 지내야 할지 엄청나게 더울 거라는 기상청의 예보에 지레 겁을 먹지만 그래도 잘 견딜 것입니다.

한 주간 비운 자리가 큽니다. 수요일을 보내고 겨우 추슬러지면서 숙제하듯이 밀린 일들을 처리했습니다. 지난 금요일에는 정교채 목사님 내외분께 점심을 대접해 드렸습니다. 스승의 날에도 미쳐 인사를 못 드렸고, 캄보디아 선교에 선교비 후원까지 해 주신 것에 감사해서 식사를 대접해 드렸습니다.

사실 목사님이 우리 교회에 출석하시면서 많은 축복을 받고 있습니다. 우선 예배를 소중히 여기시는 삶을 몸소 실천해 주고 계시기 때문입니다. 한두 번 건너뛰실 만도 한데 그러시지 않으십니다. 늘 언제나 그 자리를 지켜 예배자로 서 계십니다. 새벽기도회도 마찬가지이십니다. 이런 모습 앞에 게으름을 펼 수 없습니다. 늘 귀감이 되어 주셔서 든든할 뿐입니다. 그러고 보면 은혜를 받고 있으면서도 보답하지 못함이 늘 죄송할 뿐입니다. 물왕리에서 식사를 하시며 이런 저런 지난 일들을 회고해 주셨습니다.

가끔 듣는 말씀이지만 오늘 따라 더욱 더 은혜가 되었습니다. 목사님은 한국교회의 못자리판이라는 강화도 출신이십니다. 자연스럽게 어려서부터 신앙생활을 하시게 되었고 바른 신앙으로 성장해 일찍 매화교회 장로로 시무하셨습니다. 뒤늦게 하나님의 부름을 받으시고 안정된 도창동의 삶을 정리하시고 여수의 한적한 바닷가 마을에서 개척하셨습니다. 이 때 세 곳에 부임지 제안을 받으셨는데 그 중 가장 어려운 곳을 택하셔서 개척을 하셨답니다. 목사님은 농사의 경험을 살려 농목을 하셨습니다. 밭이나 들로 나가 일손을 도우며 전도하셨고 마을 사람들을 남해 화학에 취업시킴으로 삶의 터전을 든든히 세워주셨습니다.

그러나 그 과정에도 통곡할 수밖에 없는 수많은 일을 경험하시고 결국 승리하셨습니다. 교회를 건축 봉헌하고 소임을 다 마치시고 10여 년 전 다시 도창동으로 오셨습니다.

목사님은 한 마디로 목회는 체험을 바탕으로 해야한다고 하셨습니다. “체험이 없으면 목회가 너무 어려워 결국 못해 그래서 체험을 해야 하고 체험에 바탕을 둘 때 힘들지 않고 감당할 수 있다." 하셨습니다. 그러시면서 당신의 체험 몇 가지를 소개하셨습니다. 그 중에 하나는 딸이 어려서 심장판막 수술을 해야 했는데 수술비가 1천만원이었고 집을 2천만 원에 팔아 수술을 하기로 했는데 그날 밤 하나님께 기도하셨답니다.

"하나님 교회를 짓느라 집을 파는 것이 아니라 내 새끼 살리려 집을 팔아야 합니까?" 그런데 갑자기 마음에 딸에게 기도하라는 마음을 주셔서 집으로 가서 딸의 가슴에 손을 얻고 기도했는데 그 날 밤으로 딸의 심장이 연약함이 치료되어 지금까지 40여년 무탈하게 살고 있다는 것입니다. 또 장남 정선교사님이 소아마비로 전신에 장애를 가졌는데 역시 기도하는 중에 하나님이 치료해 주셨습니다.

이 밖에도 열거할 수 없을 만큼 많은 은혜의 경험이 있으시다며 다시 한 번 "목회는 기도야!" 하며 결론을 맺으셨습니다. 노종의 가르침이 예수님의 말씀처럼 들렸습니다. 가르침에 합당한 삶을 살아 부끄러움이 없는 목회자가 되기를 결심해 봅니다. 목사님 감사드립니다. 오래 건강하게 끝까지 예배자로 서주세요.

故서순덕 권사님의 소천에 부쳐

2015. 06. 14.

메르스가 시흥에 상륙했다는 보도에 긴장하고 있는 아침, 전화를 받았습니다. 신경식 집사님의 전화입니다. 전화를 받으면서 직감적으로 '서순덕 권사님이 소천 하셨구나.' 하는 생각이 들었습니다.

어제 아내로부터 서권사님의 소식을 들었기 때문입니다. "서권사님이 며칠째 식사를 못 하신다는 소식과 함께 메르스로 면회도 금지 되었다."는 소리를 들었습니다. 사실 지난번에도 식사를 못하시고 위중하셨다는 소식에 방문을 해보니 소리보다 좋으셨습니다. 이야기 잘 나누고 기도해 드리고 왔었습니다. 그래서 걱정하면서도 또 한편으로는 마음을 놓았습니다. 그리고 메르스가 진정이 되면 보고 싶어 하시는 주순남 권사님 모시고 다녀와야겠다는 생각을 했었습니다.

그런데 아침에 전화가 걸려 왔습니다. 그리고 내용은 제 예상대로 소천 소식이었습니다. 방금 전에 소천 하셨다는 것입니다. 얼마 전 다녀온 것은 감사한테 다시 찾아뵙겠다는 약속은 지키지 못함이 죄송할 뿐입니다. 권사님의 임종예배를 드리러 가는 도중 차 안에서 홍사흥 권사님의 한마디가 귓전에 맴돕니다. "우리교회 성도들 중에 목사님 속 한 번도 안 썩혀 드린 분이시다."는 말씀이다. 사실 그렇습니다. 서 권사님은 늘 믿음 안에 사셨습니다. 오직 한 가지 소원은 바로 자녀들의 구원입니다. 특히 아들과 손주 재식이의 믿음 생활이 가장 커다란 소원이셨습니다. 그러니 늘 뵐 때마다 하시는 첫마디는 바로 두 사람의 신앙생활 유무 확인 이었습니다. 그럴 때마다 제가 드린 말씀은 '그러게요' 였습니다. 늘 죄송하고 늘 미안한 대답이었습니다.

권사님의 소천에 감사가 넘치지만 한 가지 아쉬움은 바로 이 부분입니다. 권사님이 소원대로 아드님과 순주가 열심히 주일을 지키는 모습을 보시고 떠나셨더라면 남은 생애 큰 기쁨이셨을 텐데 그 기쁨을 천국에서 누리시게 되었습니다. 아니 그 기쁨을 천국에서라도 꼭 누리시기를 기도할 뿐입니다. 가끔 권사님을 생각할 때 들었던 생각은 권사님은 목사의 말을 무조건 믿어 주신 것입니다. 아마 제가 "권사님 메주는 콩으로 쑤는 것이 아니라 팥으로 쑤는 것입니다." 하셨더라도 믿어 주셨을 분이십니다. 또 '아멘' 대장이셨습니다. 작은 몸이지만 말씀을 들을 때 언제나 '아멘, 아멘' 하셨습니다. 그런가 하면 '늘 하나님 말씀에 순종하시려 했습니다.

권사님은 누구보다 '교회를 사랑하셨습니다. 실향민인 남편을 만나 일가를 이루며 살아 오셨습니다. 그러니 그 삶이 얼마나 곤고 하셨겠습니까? 무에서 일군 유이니 감사하게 믿음을 가지셨고 믿음 안에서 늘 최선을 다하셨습니다. 이제는 남부럽지 않게 자녀들을 키우셨습니다. 언젠가 손주들에게 그런 말을 했었습니다. "너희는 잘 될 것이다. 이유는 할머니가 억만금을 남겨주시지 않았지만 그보다 더 소중한 믿음을 남겨주셨으니 할머니가 남겨주신 믿음 잘 간직하고 생활하면 큰 복을 받을 것이다."

그렇습니다. 서권사님은 소천하시기전 "자녀를 부를까요?". 하는 병원 직원에 말에 "다들 바쁘니 부르지 말라고 하셨다고 한다." 그게 부모 맘이다. 보고 싶어도 할 말이 있어도 자녀들 번거롭지 않게 하려는 마음. 서권사님의 마지막 마음이 되었습니다. 이번 장례식 아니 천국 환송예배가 그 마음을 전달받고 그 마음을 나누며 결단하는 축복의 자리가 되기를 바랄 뿐입니다. 정말 서권사님 천국 환송예배가 은혜스럽게 드려지기를 바라며 자손들이 모두 하나님 앞에 서는 축복의 시간이 되기를 바랍니다. 권사님 사랑합니다. 그리고 베풀어 주신 사랑 감사하고 간직하겠습니다.

2015년 여름성경학교를 시작하며

2015. 07. 26.

드디어 올해 여름성경학교가 시작되었다. 옛날 불렀던 성경학교 노래가 생각이 난다. 작은 교회 예배당, 높고 파란 하늘, 방학을 하고 가벼운 마음으로 교회에 오면 작은 예배당에는 동네 아이들이 거의 다 모였다.

"흰 구름 뭉게뭉게 피는 하늘에 아침 해 명랑하게 솟아오른다. 손에 손 마주잡은 우리 어린이 발걸음 가볍게 찾아가는 길 즐거운 여름하고 하나님의 집. 아 진리의 성경말씀 배우러 가자." 이 노래를 부를 때는 정말 소리 질러 불렀다.

사실 40년 전 만하더라도 여름성경학교는 아이들 방학에 정규코스나 다름이 없을 정도로 동네 모든 아이들이 참여했다. 정말 신나는 시간이었다. 우선 재미있었다. 세상에서 누리지 못한 재미가 교회에 있었다. 그리고 배불렀다. 맛있는 것을 마음 것 먹을 수 있었다. 평소 집에서 먹지 못했던 것을 먹었다. 한 마디로 재미있고 신나고 즐거웠다. 그런데 요즘은 어떤가? 그렇게 신나고 즐겁고 재미있지 않은 것 같다. 세상에 더 신나고 재미있고 즐거운 일들이 즐비하다.

꼭 교회를 오지 않더라도 세상에 즐거운 것들이 넘친다. 성경학교도 꼭 교회가 아닌 다른 곳에서 캠프 형태로 한다. 아니 아이들이 없어 성경학교를 하지 않은 교회도 많다고 한다. 아이가 없어도 교사가 없어도 다른 도움을 받아서라도 꼭 하려 했던 시절과는 다르다. 그러니 여름 성경학교에 전도가 사라졌다. 그냥 현재 우리아들이면 족하다. 꼭 별스럽게 아이들을 모으지 않아도 된다.

이런 성경학교의 모습은 기성교회에 교회학교의 감소로 나타나 교회학교가 급속하게 침체되고 있다. 이전보다 출산율이 급격하게 줄어들고 반대로 교회는 폭발적으로 늘어난 것도 원인이겠지만 그래도 기대 이하에 감소는 안타까운 한국교회의 현실을 알려 준다. 사실 한국교회가 짧은 역사 속에 세계교회사에 유래를 찾기 어려울 정도에 부흥은 여러 원인이 있겠지만 교회학교의 부흥도 한 몫을 했다.

분명 선교 초기의 사회 환경과 지금은 엄청난 차이가 있다. 그럼에 당시와 지금을 단순 비교해 판단하는 것이 옳지 않을 수 있지만 그래도 급속한 감소는 놀라움을 넘어 당황스럽기까지 하게 한다. 그러나 현실은 현실이니 무시할 수도 없는 일이고 나름 대책을 세워야 한다. 어떤 대책이 필요할까? 우선 교회학교의 중요성을 인식하는 것이다.

교회학교의 중요성을 인식하지 않는 교회와 교회지도자가 있을까? 싶지만 그냥 마음이 아닌 행동의 인식이 필요하다. 그리고 행동해야 한다. 가장 중요한 행동은 교회학교 교사로 지원하는 것이다. 개인적인 생각에 교회학교의 부흥의 출발은 교사의 부흥으로부터 시작이 되어야 한다. 어린이는 스스로 자라지 못한다. 성인성도와는 사뭇 다르다. 그러므로 아이들을 전도하고 양육할 교사가 절실하다.

헌신된 교사가 세워지면 전도가 시작이 될 것이고 전도된 아이들과 교회에 있는 아이들을 양육할 수 있게 된다. 그러면 교회학교는 자연스럽게 부흥하게 될 것이다. 교회학교의 부흥은 한국교회의 다음 세대를 준비하는 거룩한 행위이다. 지금이 중요한 때이다. 어떻게 위기를 슬기롭게 대처하는가에 따라 한국교회의 미래가 달려 있다. 간절히 바라는 것은 교회학교의 부흥을 기대하며 교사의 헌신자가 나타나기를 기대한다. 우선 시작이 된 성경학교가 유종의 미를 거두기를 기대하며 기도한다.

수고하는 모든 이들의 수고에 하나님의 축복이 가득하시를 기도한다. 어린이 여러분 모두를 사랑하고 축복합니다.

캄보디아 사역자들의 감사편지

2015. 09. 13.

도창교회 (김주석) 목사 님께

We are thanks you for your kindness and support
Mr and your wife. God bless you and your
family and your church ... his love
this church with good activities.

Sokbon (속본)
- 저는 속본입니다.
- 저는 감사합니다.
- I will remember you and your church.
- Thanks for you that take care me
and thanks for your kindness. I hope
that God give you a strong, good health
and all of your family too. My church
member and me will pray for you and
your church to be growth with your goals.
I really thank for support that you help
me, his wife and son. (God bless you)!
I will try to serve God in Cambodia.

I love you.

(God bless you)

진규환, 김주형 장로 취임에 부쳐

2015.11.08.

벌써 며칠째 교회가 분주하다. 마치 옛날 동네 잔치집이 생각나게 할 정도이다. 지난 월요일에는 김치를 담갔다. 그리고 오늘은 대청소를 했다. 교회 구석구석을 쓸고 닦았다. 아마 내일은 음식을 만들 것 같다. 장로취임이 무엇이기에 이리도 큰 잔치를 준비하는가? 장로는 교회의 평신도 지도자이다. 목회자와 더불어 하나님의 교회를 세워가는 막중한 직임을 부여 받은 지도자이다.

초대교회의 경우 일곱 집사가 그들이다. 사도행전을 보면 초대교회가 부흥하면서 교회 내 분란이 일어나기 시작했다. 이에 사도들이 모든 제자들을 불러 다음과 같이 말했다.

사도행전 6:2~4"~ 우리가 하나님의 말씀을 제쳐 놓고 접대를 일삼는 것이 마땅하지 아니하니 형제들아 너희 가운데서 성령과 지혜가 충만하여 칭찬받는 사람 일곱을 택하라 우리가 이 일을 그들에게 맡기고 우리는 오로지 기도하는 일과 말씀 사역에 힘쓰리라 하니" 즉 사도 들이 기도하는 일과 말씀 사역에 힘쓰려고 집사를 세운 것이다. 이 때 세워진 집사가 일곱이다.

이들이 바로 오늘날 장로에 해당이 된다. 그런데 여기에 집사의 자격이 소개되는 데 "성령과 지혜가 충만하고 칭찬받는 이를 말한다. 이 밖에 디도서1:5~9 "내가 너를 그레데에 남겨 둔 이유는 남은 일을 정리하고 내가 명한 대로 각 성에 장로들을 세우게 하려 함이니 책망할 것이 없고 한 아내의 남편이며 방탕하다는 비난을 받거나 불순종 하는 일이 없는 믿는 자녀를 둔 자라야 할지라. 감독은 하나님의 청지기로서 책망할 것이 없고 제 고집대로 하지 아니하며 급히

분내지 아니하며 술을 즐기지 아니하며 구타하지 아니하며 더러운 이득을 탐하지 아니하며 오직 나그네를 대접하며 선행을 좋아 하며 신중하며 의로우며 거룩하며 절제하며 미쁜 말씀의 가르침을 그대로 지켜야 하 리니 이는 능히 바른 교훈으로 권면하고 거슬러 말하는 자들을 책망하게 하려 함이라."

교회가 장로를 세우는 이유는 목회자를 도와 하나님이 원하시는 교회를 세우기 위해서이다. 그러므로 장로를 세우기 위한 취임 감사 예배는 본인들 뿐 아니라 세우는 교회에 큰 기쁨이며 축복이 아닐 수 없다. 그러나 한편으로 생각해 보면 감당키 어려운 중책을 맞게 된 것이다. 교회에 지도자가 된다는 것은 그만큼 영적으로나 육적으로 중 한 의무가 주어지는 것으로 그래서 잔치 집에 상석에 앉는 것과 선생 되는 것을 신중히 결정하라 하신 것이다. 목회자와 더불어 무서운 책임을 져야 하기 때문이다.

오늘 우리는 지난 36회 시흥북지방회에서 피택이 되어 진급 중에 있는 두 분을 세우게 되었다. 분명한 사실은 사사로운 감정에 의한 것이 아니라 우리교회를 세우시고 변함없이 치리하시는 하나님께서 세우셨다는 것이다. 하나님이 세우셨음으로 하나님이 감당케 능력을 부어 주실 것이다. 도창교회 성도들은 장로로 세우신 하나님의 뜻을 받들어 그 권위에 순복하며 협력해 장로의 직임을 능히 감당하고도 남음이 있게 해야 한다. 다시 한 번 두 분의 장로 취임을 축하하며 취임하는 두 분과 두 분을 세우는 도창교회가 큰 복을 받기를 기도한다.

오늘 취임감사 예배에 하나님의 은총이 가득하시기를 기도한다.

믿음의 유종의 미를 거두자

-윤주호 성도의 소천에 붙여
2015. 12. 06.

오늘 오전에 故윤주호 성도님의 첫 성묘 예배를 드렸습니다. 유교적으로는 삼우제라고 하는 의식으로 기독교에 정해진 의식은 아니지만 전통과 관습에 의해 그냥 지나칠 수 없어 다른 의미를 부여해서 첫 성묘 예배로 드립니다. 사실 기독교 교리에 어긋난다는 것 때문에 오랫동안 지속되어 온 전통과 관습을 무시하면 안 됩니다. 한국 기독교사를 살펴보면 선교초기에 이 문제로 인해 얼마나 큰 어려움이 있었습니까? 절두산에 뿌려진 순교의 피가 강을 붉게 물드릴 정도였으니 참 가슴 아픈 일이 아닐 수 없습니다.

물론 무조건 전통과 관습을 따라야 한다는 것도 아닙니다. 현실에 맞게 상황화가 필요합니다. 예를 들면 저희 아버지는 7남매이십니다. 그 중 셋째로 유일하게 기독교 신자이셨습니다. 당연히 제사를 드리지 않았습니다. 그러나 명절이나 절기에 반드시 참석합니다. 그리고 우리 가족 남자 셋은 한편에 서서 제사드릴 때 기도를 드립니다. 집에서 제사를 마치고 산소로 향합니다. 이때도 역시 동행합니다. 단 묘에 도착해 제사를 드릴 때 우리는 역시 한편에 서서 기도합니다.

제사와 기도의 차이일 뿐 우리 가족은 집안에 모든 행사에 참여합니다. 그러다 보니 가족들이 인정을 해줍니다. 타박하는 이는 없습니다. 그리고 기회가 있을 때마다 말합니다. "살아생전에 잘 해드리는 것이 진짜 효도라고요!" 아무리 제사를 잘 드린다 해도 살아생전에 효도 안 했으면 그게 무슨 소용이 있습니까? 제사상을 잘 차려 제사를 드리는 것은 조상에 원혼이 제삿날 집에 오셔서 제사상을 받는다는 의미에서 그렇게 합니다. 그러나 그렇지 않습니다. 그것은 단지 살아 있는 사람들을 위한 것일 뿐입니다. 죽은 사람하고는 상관이 없는 일입니다. 다 산 사람의 마음 편하자고 하는 것입니다. 그럴 바에야 살아생전에 먹을 것 하나 더 해 드리고 하고 싶어 하시던 것 한 번 더 해드리고 마음 편하게 모시는 것이 더 귀한 효도입니다. 여하튼 아쉬움에 첫 성묘 예배를 드렸습니다. 집에는 고인의 누이들이 오셔서 조카들과 함께 참여하셨습니다. 특히 누이들은 모두 다 권사님으로 평생을 믿음의 삶을 살아오신 분들이십니다. 믿음의 누이들은 하나 같이 막내 동생이 믿음을 가져 구원 받은 것에 감사하셨습니다. 그리고 하나 밖에 없는 고명딸의 남편인 조카사위가 교회에 등록하고 믿음 생활을 시작한 것에 아멘 하셨습니다.

비록 고인은 살아생전 열심을 다해 주를 섬기지 못하셨습니다. 젊어서 동네교회를 다니며 간직해온 믿음 남은여생 빛을 발해 살아 보려하셨지만 여의치 못하셨습니다. 그러나 천만다행인 것은 구원이 공로가 아닌 은혜라는 것입니다. 비록 연약한 믿음이었지만 분명 믿음의 고백을 하셨기에 믿음으로 가는 천국 주인공 됨을 확신합니다.

감사한 것은 딸 내외가 믿음을 시작하게 된 것입니다. 천국환송예배를 드리면서 반복해 드린 말씀이 아버지로부터 받은 믿음의 유산을 소중히 여기라는 것입니다. 억만금을 물려주시지 않았지만 억만금보다 더 귀중한 믿음을 주시고 가셨습니다. 이제 그 믿음을 잘 계승하고 발전시키면 억만금보다 더 귀한 복을 받게 될 것입니다. 정말 다행 인건 어제 주일에 사위가 예배를 함께 드리고 교인으로 등록을 한 것입니다. 말이 아닌 행동으로 보여준 사위의 결정에 박수를 보냅니다

.

아울러 비록 육신의 아버지는 곁을 떠나 한줌의 재가 되셨지만 영의 아버지를 새롭게 모셨으니 더 큰 복이 임할 것입니다. 이제 딸 희

란 자매가 순산하기를 기도합니다. 아버지를 잃은 슬픔이 태아에게 선한 영향력을 끼쳤으리라 기대하며 기다립니다. 우리도 믿음의 유종의 미를 거두도록 더욱 힘써 노력해야 합니다. 그 길이 영생의 길이며 복 받는 길이기 때문입니다. 아멘

故주복출 권사님 소천에 부쳐

2016. 01. 17

지난 주일 우리 교회 기도의 어머니 중에 한 분이셨던 주복출 권사님이 하나님의 부르심을 받고 천국으로 이사하셨습니다. 주일예배 중 메모지를 받았습니다. 당일 새벽에 권사님이 하나님의 부르심을 받고 천국에 가셨다는 소식이었습니다.

권사님은 23년 전 교회 개척 시 함께 하셨던 개척 멤버이셨습니다. 특히 친구이며 믿음의 동지였던 故김영남 권사님과 함께 우리 교회를 세우는데 기여하신 기도의 어머니셨습니다. 권사님은 잠이 많은 초년 전도사의 단잠을 깨워 새벽기도의 자리로 이끄셨습니다. 새벽기도를 놓칠 때마다 "전도사님" 하시며 창문을 두드려 깨우셨습니다. 두 분은 약속이라도 하시듯이 두 분이 함께 새벽을 거르시는 날이 거의 없으셔서 개척초기 힘들다는 새벽제단을 쉬지 않고 쌓게 하셨습니다.

권사님은 늘 예배당 오른쪽 앞에 앉으셨습니다. 누구보다 일찍 예배에 참석 예배를 준비하셨습니다. 누구보다 도창교회를 사랑하셨습니다. 부득이 인천으로 이사하신 후에도 언제나 교회를 그리워하며 기도하셨다 합니다. 그러고 보면 오늘의 도창교회가 된 것은 권사님의 기도의 헌신에 있지 않나 생각이 됩니다. 권사님은 95년을 사시며 늘 하나님과 함께 하셨습니다.

자주 "전도사님 예수님이 아니셨으면 그 어려운 시절을 견디지 못했을 겁니다. 다 예 수님의 은혜 덕이지요" 하시며 주님과 함께 했던 지난 세월을 추억하셨습니다.

권사님은 소천 하시기 전 병원에 입원하시기 전까지 구역예배를 다니실 정도로 정정하셨고 자녀들이 방문해 바라보면 "너는 왜 내 눈만 보니 기도해주지 않고" 하시며 기도해 달라 하셨답니다. 권사님은 정결하셔서 홀로 사시지만 살림이 빛이 났답니다. 얼마나 닦았으면 그릇과 주방도구와 가구들이 빛이 났답니다. 권사님은 소천하시기 전까지, 기력이 다하시기 전까지 성경을 읽고 기도하셨습니다. 늘 성경 읽은 곳을 표시해 두시며 하나님의 말씀을 가까이 하셨습니다. 그래서 그런지 어르신들이 가장 두려워하시는 치매의 증상이 없이 총총하셨습니다.

다만 기력이 떨어지셔서 몸져눕다가 하나님께로 가셨습니다. 요즘 제가 자주 말씀드리는

“믿음의 유종의 미"를 거두신 것입니다. 다행이 자녀들을 다 믿음의 길로 인도하셔서 장례 기간 내내 자녀들이 섬기는 교회들의 예배가 끊이지 않았으며 천국환송 예배가 드려졌습니다. 장례 예배를 드리며 자손들 특히 권사님이 특별히 사랑했던 두 손자 학윤이 형제에게 몇 마디 권했습니다. 다른 것이 아니라 하나님이 남겨주신 믿음의 유산을 잘 지키라는 것입니다. 할머니가 둘을 특별히 더 사랑했으며 그 사랑에 보답하는 길이 할머니가 남겨주신 믿음의 유산을 계승하고 발전하는 것이라 말해 주었습니다.

이 땅에서 복을 받으며 사는 길이 다른 것이 아니며, 할머니가 남겨주신 믿음 안에 사는 것이라고도 알려 주었습니다. 권사님의 소원은 다른 것이 아니라 자손들이 모두 하나님을 잘 믿는 것입니다. 다른 소원이 없다며 자주 그렇게 말씀해 주셨습니다. 부디 바라기는 자손들이 그 소원을 잊지 않아 믿음의 삶을 살아 주는 것입니다. 그 뿐 아니라 그렇게 그리워하며 사랑하셨던 도창교회가 잘 성장해 하나님의 뜻을 이루어 드리는 것입니다. 그것도 권사님의 기도의 헌신에 보답하는 것입니다. 권사님 우리 먼 훗날 천국에서 다시 만나요. 권사님 그동안 감사했습니다. 권사님 사랑합니다.

사랑의 릴레이 금식기도를 시작하며

백순자 권사님을 위해
2016. 02. 21.

요즘 교회는 사순절을 기해 묵상과 더불어 3번째 기도학교를 열어 열심히 기도하고 있다. 40일 동안 기도를 배우고 기도를 하고 기도 응답을 통해 기도를 경험하는 것이다. 내가 소망하는 기도의 가장 큰 축복은 다른 것이 아니라 그로 인해 하나님과 친밀해지는 것이다. 바라기는 이번 사순절이 어느 해보다 하나님과 가까워지는 시간이 되기를 바란다.

사순절을 준비하는데 갑자기 성도 한 분의 안타까운 소식을 접했다. 바로 수원서 오시는 백순자 권사님의 소식이다. 권사님은 7년 전 담도암 수술을 받고 건강하게 살아오셨는데 최근 담도에 이상이 발견되고 이로 인해 간(肝)의 일부를 절제하는 수술을 받으시게 되었다. 계획은 서울 보라매병원에 23일 입원 24일 조직검사를 하고 26일 간의 절반을 절제하는 수술을 예정하고 계시다.

수술이라는 것이 크고 작은 것과 상관없이 어려운 것이기에 하나님의 특별하신 은총이 필요하다. 이에 지난 화요일 CM장모임에서 삶을 나누는 중 백순자 권사님의 아픔에 동참하는 마음으로 릴레이 금식기도를 드리기로 했다. 사실 우리교회는 릴레이 금식기도가 처음이 아니다. 목사인 내가 세 번의 심장 및 혈관 수술 그리고 네 번째 하행대동맥에 이상이 생겨 안식년을 갖기 전, 전성도가 함께 금식하며 기도했고, 그 후 홍사홍 권사님의 간암말기판정 절망 가운데 역시 한 달간 릴레이 금식기도 했던 일이 있었던 터라 이번에도 같은 마음으로 기도를 시작했다.

기도의 결과는 두 번 다 하나님의 놀라운 치유의 능력을 경험했다. 상처나 아물 수 없다던 하행 대동맥의 상처가 아물었고 홍사홍 권사님의 간에 있던 깨알 같은 종양이 깨끗하게 사라진 치유를 경험했다.

이번에 백순자 권사님에게도 동일한 은총이 일어나기를 기대하는 마음으로 릴레이금식 기도를 시작한 것이다. 요즘 기도학교에서 배우며 확인하고 있지만 기도는 하나님의 능력을 내 능력화하는 것이다. 기도는 만사를 변화시키는 능력이 있다. 더군다나 금식기도는 더하다. 이사야서 58장 6절에 "내가 기뻐하는 금식은 흉악의 결박을 풀어주며 멍에의 줄을 끌려주며 압제당하는 자를 자유하게하며 모든 멍에를 꺾는 것이 아니겠느냐." 하셔서 금식하며 기도하기 시작했다. 더욱 교회는 부인할 수 없는 사랑의 공동체이다. 독생자를 대속의 제물로 십자가에 내어 주신 값없이 주신 하나님의 사랑, 그 사랑을 나누며 그 사랑을 전파하는 곳이 교회이다.

교회는 그리스도를 머리로 하는 각 지체들이 모여 이루어진 신앙 공동체이다. 몸의 지체는 희로애락을 함께 공유, 한 몸의 지체들은 성도의 아픔과 기쁨을 함께 느낀다. 손이 아프면 몸의 모든 지체들이 아프다. 손이 기쁘면 몸의 모든 지체들이 기쁘다. 그 마음으로 성도 누군가의 아픔은 내 아픔이 기쁨은 내 기쁨이 된다. 그것이 몸의 사랑이며 그것이 교회 공동체원의 사랑이다. 그래서 릴레이 금식기도를 시작했다. 바라기는 우선 백순자 권사님의 조직검사가 암 종양이 아니기를 바란다.

더불어 요즘 독감으로 고생하는 분들과 그 밖에 여러 질병으로 고통으로 분들의 아픔도 함께 치료되기를 간절히 소망한다. 또한 세상 가장 아름다운 교회의 꿈을 이루어 가는 한 발걸음이 되기를 바란다. 백순자 권사님을 위한 릴레이 기도에 하나님의 큰 사랑이 경험되는 축복이 있기를 기대하며 "나는 치료하는 여호와이다"라는 말씀을 가슴에 새겨 본다. 믿음의 자매를 위해 기꺼이 금식하며 릴레이 기도에 동참한 도창 성도들에 귀한 사랑에 다시 한 번 감사드리며 릴레이 기도가 계속 되기를 바란다. 사랑의 마음으로 지체를 위해 기도하시는 성도들의 모습이 아름답다.

2016년 캄보디아 선교를 다녀와서

2016. 06. 19.

5박 6일온 4일의 선교를 잘 마쳤다. 벌써 캄보디아 방문이 4번째이다. 매해 방문할 때마다 캄보디아의 변화를 실감하게 된다. 첫 번째 방문은 정탐, 둘째 방문은 버싸엣교회 목사관인 버싸엣 도창살롬하우스 봉헌, 세 번째는 현지목회자세미나, 그리고 네 번째인 캄폿마하나임하우스 봉천 예배 참여다. 점점 캄보디아에 깊숙이 들어가는 기분이다. 분명한 것은 하나님의 섭리라는 것이다.

하나님은 캄보디아의 어린 한 영혼이나 한국의 어린 한 영혼이나 같은 사랑의 대상이다. 그런 마음에 캄보디아를 방문한다. 12일 저녁 인천국제공항을 출발 자정 넘어 프놈펜 공항도착, 호텔 에서 1박 이른 점심을 지난해 우리 교회를 방문했던 여선교회 회장이신 엄리의 아드님이 운영하는 식당에서 대접을 받았다. 10여년 캄보디아 선고를 하고 계신 신기교회 오근종 목사님의 말씀에 의하면 "선교 중 최초의 일이란다." 도움만 받기를 원하지 좀처럼 대접할 줄 모르는데 현지인의 융숭한 대접을 받았다. 그리고 박도한 선교사가 섬기는 콤봉숲 교회와 선교센터를 방문했다. 오지에 아이들을 데려다 학사 사역을 하며 가르치며 사역하는 곳으로 20여명의 아이들이 함께 생활하고 있다. 사람을 키우는 사역이다.

다음으로 이번 선교의 목적 가운데 하나인 우리 교회가 후원하고 있는 버싸엣 교회를 방문했다. 쏙콘 전도사와 교우들이 반갑게 맞이해 준다. 그 동안 어른 30여명이 출석하고 있다고 한다. 교회 성장이 눈에 보여 감사하다. 특히 지난 해 한국 방문에 낯익은 얼굴들이 반갑게 맞아 준다. 가져간 선물인 구휼미와 수건 그리고 쏙콘 전도사 아들 선물을 전달했다. 수건 한 장에 감사하는 이들의 모습을 보며 우리가 할 일이 무엇인가 다시 한번 깨닫게 된다. 일행들이 먼저 캄폿으로 내려가고 은강교회 김윤환 목사와 함께 그곳 마을을 더 둘러보았다.

처음 교인과 예배처소인 현지인 집, 그리고 툭툭이를 타고 올 수 밖에 없는 15km 정도 되는 마을까지 다녀왔다. 그곳에 신학생이 2명이나 나왔다는 말에 장차 예배처소가 만들어지면 교회가 세워지기를 위해 기도해야 한다는 마음이 들었다. 그러면서 쏙콘 전도사를 통해 어린이 공부방에 대한 소망을 들었고 가능한 지원 방법을 모색해 보기로 했다. 한편 고장 난 우물은 수리가 아니라 더 깊은 우물을 새롭게 파서 마을 사람들이 공동으로 이용할 수 있도록 해야겠다는 생각이 들었다. 밤이 되어 캄폿에 도착해 늦은 저녁을 먹고 게스트 하우스에서 잠을 자고 오전에 마하나임 하우스 봉헌예배를 드렸다.

예배 후 개관 컷팅식을 가지는 사이 하늘에 해무리가 떠 상서로운 징조로 감사하지 않을 수 없었다. 대홍수에 무지개를 약속의 선물로 주신 것처럼 하나님의 약속이기를 바라며 오후에 염전마을을 방문해 아이들과 함께 예배도 드리고 놀이도 함께 했다. 감사한 것은 필리핀 신학대학에서 파송한 두 명의 자매가 함께 사역하는 것이다. 하나님께서 캄폿 선교센터 사역을 풍성하게 준비하시는 것을 보았다.

다음 날 깐달 마을과 현지인 꼼리 목사가 사역하는 씨아누크빌감리교회를 방문했다. 깐달 마을에서는 이장님의 도움으로 아이들을 위한 사역이 열리는 것과 하나님의 섭리로 미국에 한인 교회를 통해 예배처소가 지어진 것을 보며 감사했고 캄보디아 복음화를 위해 헌신하는 현지인 목사 꼼리의 모습에 감동이 되었다. 다음 날 옥토선교센터 방문을 끝으로 이번 선교를 마쳤다. 중요한 것은 하나님이 일하고 계시다는 것이다. 국내외 선교 환경은 어려움이 더 해지지만 그 속에 일하시는 하나님을 보아 감사했다. 기도로 물질로 후원한 도창교회 성도들의 헌신에 역시 감사하며 모든 영광을 하나님께 돌린다. 하나님 감사합니다. 아멘

세월호참사분향소 '찾아가는 주일예배'

2016. 07. 03.

오는 주일 오후 우리 교회가 "세월호참사 안산합동분향소 찾아가는 주일예배"를 주관해 드리게 되었다. 최근에 들은 이야기가 세월호 유가족 중 크리스천들이 개종을 했거나 신앙생활을 안하고 있다는 소리를 들었다. 알기로는 유족 중 약 3분의 1이 기독교인들이었다는데 그들이 신앙생활을 그만 두었다는 소식은 충격이 아닐 수 없다. 그리고 그 이유를 들으니 더 참담하다. 교회가 상처받은 유가족을 보듬어 주지 못해서라는 말에 절망감마저 든다.

교회가 어떤 곳인가? 교회는 예수님의 부르심을 입은 자들의 공동체이다. 예수님의 부르심을 받았다는 말은 예수님의 이웃 사랑, 특히 십자가의 사랑에 사로잡힌 자들이 그 사랑을 확인하고 나누기 위해 모인 곳이 아닌가? 사실 기독교의 정신이 사랑인데 그 사랑이 절실한 유가족들을 외면했다면 더 이상 교회일 수 없지 않은가? 그 사랑을 말할 자격이 없다. 다행인 것은 지난해 1월부터 합동분향소에서 찾아가는 주일예배가 드려지기 시작했다는 사실이다. 안산 기독교 연합회를 중심으로 시작한 예배는 관심있는 타지역 교회들로 확산되어 계속되고 있다. 이 일을 주도하고 계신 화정교회 박인환 목사님을 통해 전해 듣고 이번에 우리 교회도 동참하게 되었다. 사실 그 동안 희미해져 가는 기억 속에 " 잊지 않겠습니다."는 약속이 무색하게 살아 왔는데 이번에 함께하게 되어 밀린 숙제를 하는 기분이다.

어떤 목사님이 세월호 유가족 특히 단원고 학부모들처럼 자녀를 잃은 부모들의 아픔을 '단장지애"로 표현 하셨다. 자녀를 잃은 부모의 아픔을 표현한 이 말은 세설신어(世說新語) 출면(黜免) 편에 단장지애(斷腸之哀)의 고사가 있다. 촉나라의 마지막 숨통을 죄이고자 진나라 장수 환온(桓溫)이 양자강을 거슬러 올라가고 있을 때, 병사 중 하나가 강변에서 놀고 있던 새끼 원숭이 한 마리를 납치하였다. 그 원숭이 어미는 군사를 태운 함선을 100여리를 쫓아오다 폭이 좁은 협곡에서 새끼를 태운 배를 향해 몸을 날렸는데, 배에 이르기도 전에 그만 죽고 말았다. 한 병사가 그 어미의 배를 갈라보았더니 어미의 창자가 마디마디 끊어져 있었다. 환온은 새끼를 납치한 병사를 매질하고 대열에서 속아냈다고 하는 이야기에서 자식을 잃은 슬픔이 마치 창자가 끊어지는 아픔으로 표현한 것이다.

자녀를 잃은 부모는 가슴에 묻는다 하지 않는가? 어떻게 설명할 수 있나? 말이 불가능하다. 세월호가 침몰한지 벌써 2년이 넘었다. 진상규명을 위한 조사특위가 꾸려지고 삐그덕 거리는 가운데 이번주 시한을 넘겨 시한 연장을 가지고 논란이 되고 있다. 세월호 침몰은 단순 해난 사고가 아니다. 세월호 침몰은 대통령도 말씀하셨듯이 나라의 적폐를 드러낸 사고이다. 적폐가 무엇인가? "오랜 기간 쌓아온 폐습"을 말한다. 대통령은 그러면서 이차에 나라를 대개조해야 한다고 역설했다.

사실 단순 해난 사고이면 그와 관련된 이들을 조시해 원인을 규명하고 처벌하면 된다. 하지만 세월호 침몰은 나라의 적폐를 드러낸 것이기에 더 철저한 조사가 필요하다. 나라를 대개조하기 위한 것이라면 더욱 더 철저한 원인규명이 선행이 되어야 한다. 원인이 규명이 되어야 재발 방지를 위한 조치들이 취해 질 수 있다. 그런데 어쩐 일인지 시간이 갈수록 의혹이 해소 되지 않고 더 깊어만 간다. 그렇다고 포기할 수 없다. 하나님의 공의를 믿으며 끝까지 진실규명을 위한 노력을 그치지 말아야 한다. 그러면서 유족들에 대한 관심도 소홀 하면 안 된다. 감사하게도 우리교회가 함께 예배드리기로 했다. 무슨 말로 위로를 할까? 그저 함께 있어 드릴 뿐이다. 그리고 함께 기도할 뿐이다. 빠른 시간 안에 진상이 규명되고 나라의 적폐를 없애는 기회를 맞도록 진실 규명을 위한 노력이 결실을 보기를 기대하며..

졸지 말고 깨어 있으라

2016.07.24.

지난 7월 17일 오후 5시55분 영동고속도로 봉평 터널 입구에서 있었던 관광버스의 승용차 6중 추돌 사고로 무고한 41명에 사상자를 냈다. 사고 조사로 밝혀진 원인은 어이없게 관광버스 기사에 졸음운전이었다. 졸음운전이 얼마나 무서운가를 여실히 보여 주는 안타까운 예이다. 관광버스 기사의 과로가 한 원인이 되었다. 쉴 때 쉬어야 하는데 쉬지 못하면 피로가 쌓이고 결국 사고의 원인이 된 것이다. 어제 합동 장례식이 있었는데 유족의 말이 가슴에 와 닿는다. 사망한 한 자매의 아버지의 말이다. "주머니에 넣어서 키웠다." 해도 과언이 아니게 귀하게 키웠다. 그저 바라기는 아이들의 어처구니 없는 죽음이 헛되지 않게 다시는 이와 유사한 일이 일어나지 않게 법을 강화하고 제도를 개선했으면 한다.

사실 요즘 반복 보도되어 나오는 사고 영상을 보면서 입이 막힌다. 어떻게 저럴 수 있을까? 음주운전도 아니고, 버스 정비 불량도 아니고 터널 입구에 차들이 밀려 서 있는데 아무렇지도 않게 달려오더니 오던 속도로 앞차를 박고 종이처럼 부서져 나가는 차들을 보며 아연실색하지 않을 수 없다. 사고가 나면 늘 하는 말이 어떻게 저럴 수 있을까? 사고원인은 어처구니없게 졸음운전이었다. 관광버스 기사는 졸음에 앞에 차들이 밀리며 서행하고 있었던 것을 모른것이다. 그러니 달려오던 대로 달려갈 수밖에 없었고 엄청난 사고가 기다리고 있었다.

졸음운전의 피해는 이만저만이 아니다 그래서 고속도로 곳곳에 졸음운전을 막는 현수막이 걸리고 여러 가지 조치들을 취해 보지만 졸음운전은 사라지지 않고 있다. 인생을 살면서 내 의지대로 못하는 것 두 가지가 있다고 한다. 하나는 자녀양육 그리고 또 하나는 졸음이란다. 자녀 양육 부모 마음대로 한다면 성공 못 할 자녀가 어디 있을까? 그러나 나도 자녀 시절이 있었지만 맘대로 못한다. 또 졸려 내려오는 눈꺼풀은 항우장사도 못 막는다. 그래서 졸리면 쉬어 가라 하는 것이다. 끔찍한 사고를 보면 든 생각은 누구나 사고 운전자가 될 수 있다는 것이다.

나도 실은 지난 2013년 전교인 수련회를 마치고 오던 길에 영동 고속도로 군포 IC근처에서 사고를 냈었다. 앞 차를 박은 것이다. 사고원인은 100% 내 책임이었다. 수련회를 마치고 돌아오는 길이 어찌나 졸리던지 여주 쉼터에 잠시 멈추어 잠깐 눈 붙이고 운전을 했었다. 하지만 그래도 졸린 눈을 어찌할 수 없었다. 꼬집고, 얼굴을 때리고 별 짓을 다해 보았지만 결국 아차 하는 순간에 앞차를 박았다. 사고가 난 뒤에 비로소 정신이 들었다. 그러면서 든 생각은 천만 다행이다 라는 생각이다. 앞차에 많은 사람들이 타지 않았고 정체 구간에서 일어나 사고가 그리 크지 않은 것이다. 만약 정상주행 중에 발생했다면 대형 참사가 났을 것이다.

그 뒤 졸음운전은 전혀 하지 않으려 한다. 그러고 보면 지난 주 사고의 가해자는 우리들 모 두 일수 있다는 생각과 졸음운전은 절대로 하면 안 된다는 생각이다. 하물며 성도는 영적으로도 졸면 안 됩니다. 졸면 우는 사자 즉 사단에 밥이 될 수 있다. 사단은 영적으로 졸고 있는 성도를 찾고 있다. 그래서 베드로전서 5장 6절 "근신하라 깨어라 너희 대적 마귀가 우는 사자 같이 두루 다니며 삼킬 자를 찾나니" 바라기는 성도라면 영적이든 육적이든 졸지말고 항상 깨어 있어 날마다 승리하시기를 기도한다. 늘 깨어 있는 당신의 모습이 아름답다.

사랑의 운동회를 준비하며

외국인 한글학교 다문화 가족과 함께한 운동회
2016. 10. 02.

지난 여름이 너무 더워서인가? 가을에 대한 기대가 어느 해보다 더하다. 그런데 벌써 가을에 중심 10월에 접어들었다. 올해는 어느 해보다 10월에 행사가 많은 것 같다. 좋은 계절에 좋은 행사를 치르려는 마음들이 이 달로 몰려든다. 우리교회도 예외가 아니다. 격년제로 하는 운동회가 가을에 있다. 바로 다음 주일이다. 사실 지난 번 운동회에 감동이 남아 있어서일까? 올 해는 더 큰 기대를 갖게 한다.

우선 지난 운동회의 가장 큰 감동은 많은 분들이 오신 것이다. 기대 이상에 많은 분들이 오셔서 함께 했었다. 또 다문화 가족들이 많이 오셔서 함께 한 것도 귀하다.

올해도 큰 기대를 갖게 하는' 대목이다. 운동화를 하는 이유가 무엇인가? 평소 못하던 운동회를 하려는 것인가? 아니다. 웃음 전도사였던 고인이 된 황수관 박사 말에 의하면 체육대회, 운동화는 건강에 최고의 적이다." 하셨다. '이유는 갑자기 '안 쓰던 근육을 쓰는 것이 신체에 큰 무리를 주기 때문에 운동회는 안 하는 것이 오히려 건강에 더욱 더 도움이 된다며 운동회 무용론을 펴셨다.

왜 운동회를 하는가? 사실 10월에 시흥시민 체육대회를 비롯해 중고등학교 동문회 운동회, 회사 및 사회단체들의 운동회가 봇물처럼 열린다. 운동회를 하는 가장 큰 이유는 친교일 것이다. 몸을 부딪치며 하는 운동회를 통해 친교 할 수 있다는 것이다. 그래서 운동회를 한다. 우리교회도 그런 목적으로 운동회를 연다. 그동안 서먹하던 성도들이 서로 교제 할 수 있는 시간을 제공하는 것이다. 운동회에는 운동만 하지 않는다.

함께 점심도 먹고, 공동체 훈련도 한다. 또 레크리에이션에 다양한 놀이를 한다. 그러면서 평소 모르던 이들과 사귐을 갖는 것이다. 우리 교회는 재적 성도가 200명이 넘는다. 그 사이 서로 모르는 이들이 많이 생겼다. 교회는 출석을 하지만 어색함이 정을 붙이지 못하는 분들이 여럿이 있다. 그래서 운동회를 통해 함께 어울리려는 것이다. 바라기는 올해도 많은 분들이 오셨으면 한다. 교인들뿐만 아니라 전도 대상자. 이웃, 지인들 등 많은 분들이 오셔서 함께 했으면 한다.

또 올해도 다문화 가족을 섬기는 자리가 되었으면 한다. 한글학교에 다니는 다문화가족들이 함께 모여 교제 했으면 한다. 그래서 계속 말씀을 드리고 있다. 그들을 섬기자고 그들이 감동하도록 나부터 섬기기를 말씀드리고 있다. 그들이 예수님의 가족이 되도록 했으면 한다. 올해도 도창교회 사랑의 운동회가 성도들과 많은 이웃들 특히 다문화 가족과 함께하는 축복의 시간이 되기를 기대한다. 끝으로 교우들에게 몇 가지 부탁을 드린다.

1. 많은 이들이 참여할 수 있도록 하자.

교인들, 장기결석자들, 전도 대상자, 이웃, 다문화가족 등 초대해 함께 하자

2. 한 주 남은 짧은 시간 잘 준비하자

3. 손님을 최선을 다해 섬기자 - 이웃들, 전도대상자. 다문화 가족 등 성심성의껏 섬기자

4. 풍성한 경품을 위해 십시일반 기증하고 가급적 타인을 위해 양보하자.

5. 더 많이 교제하도록 적극적으로 참여하자

6. 마음 상하지 않고 몸 다치지 않도록 노력하자.

7. 사단이 방해하지 않도록 기도하자.

8. 이해와 양보, 섬김과 나눔이 있도록 힘쓰자

9. 합력해 선을 이루도록 기도하자.

호조벌 사랑의 쌀 나누기를 시작하며

2016. 10. 30.

한 주 상관에 호조벌 벼베기가 마쳐졌다. 벼베기를 마친 호조벌을 바라보며 드는 생각은 황량함이 아니라 감사함이다. 한 해 동안 수고한 농부의 땀과 이른 비 늦은 비로 역사 하신 하나님의 축복이 어우러져 이룩한 축복이 아닐 수 없다. 올해도 대풍이란다. 벌써 수년째 풍년이다. 하지만 떨어지는 쌀값에 풍성한 수확을 마냥 좋아만 할 수 없음에 가슴이 아프다.

사실 호조벌의 유래는 다음과 같다. "1750년대에 제작된 해동지도(海東地圖). 인천부에는 '진청신언(賑廳新堰), 즉 진휼청에서 새로 만든 둑 이라는 표기가 있는데 진휼청이 호조(戶曹)의 관할 아래 있었던 점을 보면, 주민들이 '호조벌, '호조방죽'이라 부르고 있는 것이 역사적 사실과 부합함을 알 수 있다. 진휼청은 흉황을 극복하기 위해 설치한 기구의 하나로, 1525년(중종 20)에 설치된 뒤 1894년(고종 31년) 갑오경장으로 폐지되기까지 370년 동안 약간의 변경을 거치며 존속하였다. 조선시대에는 당초 기민을 구제하고 곡가(穀價)를 조절하는 업무를 호조가 담당하였다. 다시 말해 호조벌은 나라의 재난에 백성들을 돕는 구휼미를 준비하기 위해 조성된 간척지이다."

호조벌은 본래 바다였다. 매화동, 안현동이 다 바닷가 마을이었다. 그런데 300년 전 100년의 간척을 통해 농토 호조벌이 만들어진 것이다. 그리고 지난 300년간 쌀을 생산해 가난한 백성들을 도왔다. 그리고 지금까지 이 땅에 생명을 걸고 살아왔다. 이제 300년의 약속을 다시 시작한다. 바로 구휼미를 얻기 위해 조성된 호조벌에 어려운 이웃을 위한 사랑의 쌀 나누기를 시작하는 것이다. 사실 수년 전부터 우리 교회는 연말에 사랑의 쌀 나누기를 실시해 오고 있다. 그러던 중 동네 선배들이 연말에 하지 말고 수확 철에 하면 더 많은 쌀을 모를 수 있을 테니 그렇게 하라는 제안을 받고 김용훈 매화동 주민자치위원회 위원장과 성기양 매화동장과 의논 가운데 도창교회와 함께 주민자치위원회와 공동으로 사랑의 쌀을 모으기로 했다. 그래서 1회로 11월 11일의 기간을 정해 시작했다. 벌써 한 분의 기업인께서 20kg 30포를 기증하셔서 풍성한 나눔을 기대하게 되었다. 바라기는 도창교회 교인, 매화동 농민, 그리고 주민 등 다양한 분들의 사랑으로 모아 지역에 어려운 이웃에 전달하려 한다.

300년 전 호조벌이 조성이 되고 시행이 되었던 이웃 사랑의 구휼미의 정신이 다시 되살아 난 것으로 삶의 맛이 나는 매화동을 만드는데 큰 역할을 하리라 믿는다. 부디 많은 주민들이 십시일반(十匙一飯) 으로 모아 많은 이웃을 돕는 거룩한 나눔 운동이 되기를 기대한다. 특히 오래전부터 사랑의 쌀 나누기를 시행해 오고 있는 우리 교회는 운동의 확산에 감사드리고 어렵지만 함께 풍성한 나눔이 있기를 부탁드린다. 쌀20kg을 현물이나 현금으로 기증해 주시면 된다. 교회로 가져오시거나 현금을 해 주시면 모아 마을에 기증하려 한다.

300년의 약속을 이어가는 호조벌 사랑의 쌀 나눔을 통해 잊혀져 가는 이웃 사랑의 불씨가 호조벌에 되살아나기를 바란다. 우리가 이 일을 하는 것은, 그것이 바로 예수님의 이웃 사랑 이기때문이다. 많은 사랑의 쌀이 모아져 많은 이웃을 도울 수 있기를 기대한다.

찬양대, 찬양단 임명에 붙여

2017. 01. 22.

요즘 매 주일 임명예배 및 헌신예배를 드리고 있다. 첫 주일 임원, 지난 주 CM장, 그리고 오늘 찬양대와 찬양단원을 임명한다. 모두가 그리스도의 몸 된 교회를 섬기는 중요한 직임들이 다. 이들의 헌신의 정도가 교회의 부흥을 좌우한다. 그래서 한분 한분이 소중한 분들이다. 성경은 그래서 '맡은 자들에게 구할 것은 충성이라.'는 말로 격려한다.

특히 예배를 위해 부름받은 찬양대, 찬양단원을 임명하며 몇 마디 당부의 말을 전하려 한다. 우선 찬양대, 찬양단원은 구별된 직임이라는 사실을 명심해야 한다. 모든 임원이 실은 구별되어 세움 받는다. 구약에는 특별히 레위 지파만의 사역이었다. 하나님께 예배드림을 위해 부름받은 이들로 아무나 마음이 있다고 할 수 있는 직임이 아니다. 그래서 심지어 왕들이 사역을 넘봤다. 큰 벌을 받기도 했다. 먼저 찬양대, 찬양단원들이 구별되어 세움 받음에 대한 긍지로 헌신했으면 한다. 두 번째 찬양하는 자답게 살았으면 한다.

찬양은 일반 노래와 다르다. 찬양은 하나님께 드리는 신앙의 고백이다. 그러므로 삶이 뒷받침이 되어야 한다. 한 우물에서 단물과 쓴물이 함께 나올 수 없듯이 경건 된 삶이 배어 있는 찬양이 아니라면 문제가 있다. 로마서 12:1 그러므 로 형제들아 내가 하나님의 모든 자비하심으로 너희를 권하노니 너희 몸을 하나님이 기뻐하시는 거룩한 산 제물로 드리라 이는 너희가 드릴 영적 예배니라." 삶으로 드리는 예배가 가 장 귀한 찬양입니다. 삶이 전재 되지 않은 헌신은 위선입니다.

세 번째 늘 준비된 찬양을 드리라. 찬양은 하나님께 드리는 것이다. 세상의 일도 준비하는데 하나님께 드리는 찬양이다. 더욱 더 준비를 잘해야 한다. 준비는 마음이고 사랑이다. 사랑하는 만큼 준비할 것이다. 준비하지 않은 것 사단이 알고, 성도들이 알고, 주님이 아신다. 늘 준비된 최고의 찬양을 드려야 한다.

마지막으로 찬양은 입으로만이 아니라 태도로 드린다. 찬양대에 앉는 순간 대원들의 일거수일투족이 찬양이다. 입술 뿐 아니라 온몸으로 찬양하라. 몸짓, 말, 눈빛....다 은혜의 도구임 을 잊지 말라. 올해 새롭게 찬양대원으로 임명받는 분들이 여러분 계시다. 환영하며 기대한다.

부디 찬양대와 찬양단을 통해 올해 드려지는 모든 예배가 더욱 은혜스럽기를 기대한다. 대원 모두를 축하하며 축복합니다.

부활 찬양대,

대장: 한경화 지휘: 김경숙 반주: 이윤희

대원: 강정순 김영도 김영란 박미나 박미영 박미자 박상명 박지나
백종수 서성숙 이 진 이수철 이순희 정선영 홍옥자 황교륜

블레스 찬양단

단장: 황미숙 리더: 김동주

단원: 강병관 강지은 김대호 김동욱 오채임 정상현 황호연

방글라데시 단기선교를 다녀와서

2017.02.05.

하루 5번 울리는 4번째 무슬림의 기도소리가 확성기로 퍼져나오고 있다. 기도소리에 잠을 깨고, 기도소리에 잠이 드는 이 나라에 무슬림은 삶이다. 가장 이상적인 신앙은 "신앙이 삶이 되는 것이다."고 할 때 그런데 놀랍게도 신앙이 생활이 되고, 신앙이 삶이되는 이상을 아이러니하게 무슬림 국가 방글라데시에서 본다. 이런 나라에서 '주의 복음을 전한다.'는 것이 무모해 보인다. 그런 무모한 일을 이중환 선교사는 18년째 하고 있다.

방글라데시에 복음이 선포된 지 250년이 되었다 한다. 영국의 윌리엄 케리가 인도에 복음을 전한 곳이 실은 이곳 방글라데시라고 한다. 그럼에도 아직도 기독교는 가톨릭을 포함해 0.3%가 못되고 있다. 거의 전무하다고 해도 과언이 아닐 것이다. 이런 황무한 땅에 복음을 전하고 있다. 사실 말레이시아 쿠알라룸푸르를 경유해 10시간 40분을 날아 도착한 방글라데시에 대한 첫인상은 혼돈이다. 늦은 밤 공항을 빠져나와 다카 외곽에 있는 가나안 선교센터까지 오는 동안 한밤의 어둠만큼이나 이 나라의 캄캄한 영혼의 암담함을 보는 것 같다.

그럼에도 하나님은 이 땅을 사랑하신다. 그래서 포기하지 않으시고 사랑의 끈을 놓지 않으셨고 끊임없이 선교사들을 보내오셨다. 우리가 온 것도 그 사랑의 연장이다. 비록 12년만에 지킨 약속이지만 우리는 계속해서 질문을 드렸다. 왜? 우리를 부르셨습니까? 이곳에 오게 하신 뜻이 무엇입니까? 무엇을 말하고 무엇을 보게 하시렵니까? 그리고 그 답은 전국에서 모인 30여분의 사역자들을 통해 확인 할 수 있었다. 먼곳은 400km 이상되는 곳에서 하루종일 오신 분들도 계신다. 말씀을 사모하는 그들의 간절한 눈에서 강의 단어 하나라도 놓치지 않으려는 열정 속에서 먼 곳을 날아오게 하신 이유를 알았다. 우리는 '하나님의 재정. 예배. 제자훈련. 사역자의 자세에 강의와 '회복과 부르심'을 주제로 저녁집회까지 꼭 필요한 하나님의 말씀의 전달했다. 바라기는 받은 은혜 사역의 현장에 실천되어 풍성한 열매를 맺게 되는 것이다.

짧지만 긴 선교여정이었다. 3일이지만 최선을 다함에 힘이 든다. 그래도 모든 사역을 잘 마치고 돌아오는 길이 보람되어 감사가 절로 나온다. 그러면서 드는 생각은 방글라데시를 향해 더 열심히 기도해야겠다는 것이다. 그리고 강의를 마쳤을 때 나를 찾아 기도를 부탁한 '비조이'라는 청년의 부탁이다. 힌두교 집안에서 홀로 신앙생활하는 어려움을 말하며 기도를 부탁했다. 기도의 거룩한 부담을 안고 간다. 비행기 실내등이 꺼지고 승객들 모두 잠을 청한다. 그러나 비행기는 쉼 없이 목적지를 향해 날아간다. 방글라데시를 향한 주님의 사랑도 쉼이 없다. 그 사랑이 언제나 충만하기를 기도한다. 모든 영광 하나님께 돌린다. 하나님 감사합니다.

세 분을 하늘나라로 보내드리며

2017. 03. 26.

봄기운이 완연한 요즘 농부들의 일손이 바빠지는 봄날 우리는 2주간 연속으로 홍융삼 집사님, 백승직 어르신, 홍승은 집사님을 하늘나라로 보내드렸습니다. 세 분 모두 갑작스럽게 떠나셔서 가족들은 아연실색하며 어쩔줄을 몰라 했습니다. 사실 죽음은 누구나 슬픈 일입니다. 특히 사랑하는 이와의 갑작스런 이별은 더욱 더 그렇습니다. 장례를 마쳤지만 한 동안 실감나지 않을 것입니다. 그래도 그나마 다행인 것은 세 분 모두 믿음의 사람이셨다는 것입니다. 그래서 우리는 확신을 합니다. 믿음으로 가는 천국의 주인공이 되셨다고... 만약 한 분이라도 믿음이 없이 죽음을 맞이하신 분이 계셨다면 우리는 정말 슬픈장례식을 치렀을 것입니다. 다행이 믿음을 가지셔서 장례를 천국환송예배로 드렸습니다.

죽음은 누구에게나 이별을 전제로 하기에 슬플 수밖에 없습니다. 그러나 신자의 죽음은 좀 다른 의미를 가집니다. 신자의 죽음은 단순한 끝이 아닌 천국입성을 의미합니다. 그래서 신자는 장례에 찬송을 부르는 것입니다. 이화여자대의 총장을 지내신 김활란 박사는 다음과 같은 유언을 남겼습니다. "장례식 대신 더 풍성한 생명의 길로 환송해 주는 환송예배를 해주기 바란다. 그리고 거기에 적합하게 모든 승리와 웅장하고 신나는 음악회가 되기를 원한다"는 부탁에 따라 이화여자대학교 대강당에서 웅장한 환송 음악회가 장례식을 대신했습니다. 정말 감사하게 세분이 모두 믿음을 가지고 계셨습니다.

천국의 주인공이 되셨습니다. 그래서 천국 입성을 축하하는 천국

환송예배를 드렸습니다. 저는 세 분의 장례를 치르면서 다음과 같은 생각을 했습니다. 먼저 죽음은 누구에게나 예외가 없으며 예측할 수 없이 온다는 것입니다. 부자나 가난한 자나, 배운 사람이나 못 배운 사람이나, 건강한 사람이나 그렇지 못한 사람이나. 권세자나 비권세자나. 여자나 남자나. 어른이나 아이나 상관없이 찾아옵니다. 오는 순서는 있어도 가는 순서는 없습니다. 그러면서 예측이 불가능하다는 것입니다. 느닷없이 찾아옵니다. 정말 도둑처럼 옵니다. 다음으로 준비해야 합니다. 특히 믿음을 준비해야 합니다.

죽음 뒤에 내세가 있습니다. 영생합니다. 천국과 지옥에서 영생합니다. 예수를 믿으면 천국에서 예수를 안 믿으면 지옥에서 영생합니다. 그 길은 전적으로 내가 결정합니다. 그 길은 내 믿음으로 결정이 됩니다. 불신 지옥 믿음 구원입니다. 마지막으로 그래서 잘 살아야 합니다. 적어도 그 사람 좋았다. 그 사람 아깝다. 그 사람 인생을 잘 살았다는 소리를 들어야 합니다. 간혹 '잘 죽었다.'는 소리를 듣는 사람들이 있습니다. 인생을 헛되게 산 것입니다. 덕을 쌓고 살아야 합니다. 베풀며 나누며 살아야 합니다. 바르고 의롭게 살아야 합니다.

어떤 경우에도 우리도 믿음을 잘 준비해 주님이 언제 오시든 상관없이 천국에서 영생을 복을 누려야 합니다. 끝으로 이 귀한 믿음이 후손에게 계승되고 발전되어 믿음의 명문 가문이 되어야 합니다. 세 분의 후예들도 그런 축복의 삶을 살아가기를 축복합니다. 아멘

목사님이세요

2017. 04. 02.

지난 주 경험한 일이다. 녹향병원 근처 셀프국밥집이 있다. 그곳에서 순대국을 먹었다. 순대국 값이 5,000원 다른 곳보다 비교적 저렴하다. 셀프로 배식을 해서 값이 더 저렴하다. 그런데 그곳 상호가 '인하'이다. 인하순대이다. 제법 오래된 식당이다. 같은 곳에서 순대국밥, 레스토랑, 까페를 했던 곳으로 '지금은 '셀프국밥집으로 업종이 변경이 되었다. 그런데 항상 '인하'라는 말이 붙는다. 그래서 그곳을 지날 때마 다 동문의식이 있었다. 저분이 인하대학을 나왔나? 인하부고를 나왔나? 그런 생각을 했다. 그래서 기회가 되면 확인을 해야겠다 생각해 왔다. 그런데 기회가 왔다. 밥을 먹고 마침 정원을 손질하던 젊은 사장에게 물었다. '인하'가 어떤 의미인가요? 그의 말이 부모님이 오래전 식당을 시작하며 작명소에서 돈을 주고 지은 거란다.

인하대학과는 관계가 없다는 것이다. 그래서 혹시나 해서 내가 인하부고를 나왔는데 하니 그 사장이 자신도 인하부고를 나왔나는 것이다. 내가 8회라 하니 자신은 18회란다. 후배인 것이다. 그래서 명함을 주고받았다. 그랬더니 내 명함을 보더니 이렇게 말하는 것입니다. "목사님이세요? 그런데 목사님 같지 않으시네요? '띵‘ 전 충격을 먹었다. 제가 이제것 초면에 '목사님 아니세요?' '목사님이지요? 하는 소리를 자주 들었는데 "목사님이세요?" 하는 소리는 처음 들었기 때문이다. 그러면서 든 생각이다. 목사가 "목사냐!"는 소리를 들어야지 "목사님이세요?” 하는 소리를 들으면 되겠습니까?

비교적 자신의 신분에 걸맞는 소리를 들어야 한다. 교사는 "선생님시지요? 네 어쩐지 선생님 같더라."는 소리를 들어야지 정색을 하면서 "선생님이세요? 난 아니신 줄 알았어요" 하는 소리를 들으면 안 된다.

우리는 그리스도로 옷을 입은 사람들이다. (갈3:27) 그리스도로 옷을 입었으면 누가 보아도 그리스도인이다. 그런데 그리스도인이 그리스도인 같지 않다면 문제가 아닐 수 없다. 우리는 그리스도의 편지이다. 우리는 그리스도의 향기이다. 우리는 하나님의 자녀이다. 그러면 걸 맞는 티가 나야한다. 그럼에도 그리스도의 마음이 없고, 향기도 안나고, 그리스도의 사람 티도 안난다면 큰 문제가 아닐 수 없다.

그런데 요즘 세상의 크리스천들이 그렇지 않다. 그리스도인임에 그리스도인의 티가 나지 않는다. 세상 사람과 구별이 안 된다. 그러니 듣는 소리가 '크리스천이세요?, 교회 다니세요?" "몰랐다. 그러셨군요" 문제가 아닐 수 없다.

그리스도로 옷 입었다면 누가 보아도 그리스도인임이 만천하에 드러나야 한다. 그래서 "역시 그러셨군요? 역시 교인이셨군요? 어쩐지 다르더라" 하는 소리를 들어야 한다. 이유야 어떻든 나의 나됨을 많이 생각해 보는 하루가 되었다.

저는 목사입니다. 아멘

목사님 계세요?

2017. 04. 09.

어제 기다리고 기다린 봄비가 내렸다. 봄 가뭄이 제법 아니어 농부들의 마음이 타들어 가던 중에 내린 비, 약비였다. 그 가치를 환산하면 대략 6천억원 정도란다. 특히 주목을 받는 것은 미세먼지, 공기정화, 농작물, 산불방지까지 더해져 엄청난 약비였다. 모처럼 우산을 썼다. 우산으로 떨어지는 비도 반갑고 우산 너머 옷깃을 때리는 비도 반갑다.

그런데 신발이 이상하다. 신발을 신은 양말이 젖어 든다. 신발에 구멍이 났나보다 랜드로바도 구멍이 나나? 여하튼 낡은 신발이 비 내리자 티를 낸다. 집에 와서 신발을 들어 보니 밑바닥에 금이 갔다. 신발 밑이 갈라진 것이다. 그 갈리진 곳으로 비가 스며들었나 보다. 그러면서 드는 생각이 신발에게 미안하다. 얼마나 험하게 신었으면 밑이 갈라질까? 그것도 모르고 혹사 시켰으니 내가 나쁜 사람이다. 사실 그 동안 이 신을 신고 얼마나 많은 일을 했나? 얼마나 많은 곳을 돌아다녔나? 내 발은 신발로 인해 편했지만 신발의 고통은 말로 다 할 수 없었을 것이다. 신발의 희생으로 내 발과 나는 한껏 편안했으니 감사가 넘친다.

그럼에도 불구하고 나의 무심함은 어쩔 수 없다. 게으른 주인은 고마운 신발을 한번도 살펴보지도 않았다. 신발을 깨끗이 신지도 않았으며 신발에 그 흔한 구두약 한번 발라주지 않았다. 그렇다고 어디 상한 곳은 없나 살펴보지도 않았다. 그러니 구두가 이렇게 상한 것도 몰랐다. 좀 더 일찍 발견했더라면 밑창을 갈아 주던가 했을텐데 그러지 못하고 속수무책으로 신발을 버릴 지경까지 온 것이다.

그게 어제의 일이다.

오늘 아내가 한 달의 아내 휴가를 마치고 돌아 왔다. 아직 여독도 풀리지 않은 아내에게 응석부리듯이 신발이 샌다 말하며 새신을 사야겠다했다. 그렇게 이런저런 밀린 이야기를 나누는데 전화가 울린다.

전화기 넘어 반가운 목소리다. "목사님 혹시 잠깐 집 밖으로 나와주세요" 한다. 전화를 끊고 나오니 집사님이 반갑게 기다리신다. " 목사님 이것 받으세요" 하며 손을 내민다. "얼마 안됩니다. 보태셔야 할 거에요. 신발 하나 사 신으세요" 지난 주일 목사님 신발을 보고 가슴이 아프셨단다. 세상에나 신발이 닳은 것을 보셨나보다. 마음 아파 새신 하나 사드리려 했단다. 그리고 늦은 시간 집까지 찾아 온 것이다. 고맙다. 눈물 나게 감사하다. 그냥 보지도 눈에 들어오지도 않을텐데, 눈에 들어와도 무관심 할텐데 신발을 사주려 집까지 찾아 왔으니 그 마음 고맙고 귀하다. 그러면서 든 생각은 집사님의 선물을 넘어 하나님의 선물이다는 생각이다. 하나님이 보시고 집사님의 마음을 통해 역사하신 것이다. 신발이 닳아 새는 것까지 신경을 써주시는 하 나님의 사랑이 파도처럼 밀려온다.

집사님 감사합니다. 하나님 감사합니다. 신발이 다 닳도록 열심히 헌신하겠습니다.

박순영 어르신을 생각하며

2017. 05. 28.

엘림요양원이 양로원으로 전환이 되면서 많은 변화들이 있었다. 요양과 양로에 차이로 인해 우선 직원의 수가 절반가까이 줄었다. 거기에 입소대상자도 요양대상자에서 양로대상자로 바뀌고, 이에 따라 운영규정도 많이 바뀌었다. 변화 중에 하나가 남자 어르신들을 모시게 된 것이다. 전체 정원 32명 중 4분의 남자 어르신들이 입소하셨다. 20년 가까이 여자들만 모시던 시설에 남자들이 살게 되었으니 적지 않은 변화가 생겼다. 남자들은 여자들에 비해 고집이 세고, 청결하지 않으며, 음주와 흡연 등 관리상 쉽지 않다. 이미 적응이 어려운 분들의 퇴소가 있을 정도니 어려움이 직감이 된다.

그런데 박순영 어르신은 좀 다르시다. 왜소한 체구에 조용한 말씨로 계신 듯 안 계신 듯 하시다. 그런데 어르신이 지난 주일에 병원에 입원을 하셨다. 주치의의 말이 10% 생존을 말했으니 생명의 끈이 간당간당하셨다. 다음 날 찾아뵈었을 때만 하더라도 희망의 끈을 내려놓아야 하나 생각될 정도였다. 하지만 새벽마다 예배 때마다 기도했다. 원장님도 '하나님 10년만 더 사시게 해 달라 기도하신다 하셨다. 그 정성이 하나님의 마음을 움직였나보다 지난 목요일 면화시간에 중환자실의 문을 열고 들어서니 기다리셨다는 듯이 환하게 웃음으로 맞이해 주신다. 기계장치로 말은 하지 못하시지만 얼굴의 미소가 한고비를 넘겼다는 것을 직감하게 해준다. 천만 다행이다.

매일 새벽마다 지난 수요일 저녁예배에 성도들과 함께 기도했는데 우리의 기도를 들어 주신 것 같다. 아니 "하나님 어르신이 10년만 더 사시게 해주세요." 드린 원장님의 기도를 들으신 것 같다. 여하튼 어르신이 많이 회복되신 모습을 보니 감사하다. 어르신은 왜소한 몸만큼 드시는 양도 적으시다. 또 목소리도 적으시고 조용하시다. 이전의 삶을 알 수 없지만 선하시다. 원장님의 말씀에 의하면 잘 하시는 일은 남을 돕는 봉사란다. 그래서 시간만 나시면 양로원에 일들을 도와주신다 한다. 내가 어르신을 만난 것은 양로원에 입소하시고 난 뒤이다. 자발적으로 교회에 나오셨다. 워낙 조용한 목소리에 만날 때마다 웃음 지어 주시며 반겨주시는 모습이 감사한 어르신이다.

최근에 알게 된 일이지만 어르신은 우리 교회가 처음이시란다. 하지만 주일마다 빠지지 않으시려 노력 하신다. 얼마 전 예배와 상담봉사 중이신 김경순 목사님을 통해 복음을 전해 들으셨다 한다. 그래서 면회에 어르신께 물었다. "어르신 예수님이 계신 것과 천국에 소망을 확신하세요"

내 물음에 그렇다고 고개를 끄떡하셨다. 믿음을 가지신 것이다. 사람의 죽고 사는 것은 정해진 것이다. 죽음 뒤에 천국에 소망이 있는가가 중요한데 어르신은 믿음을 갖고 계시고 천국을 소망하심이 다행이며 감사할 뿐이다. 그러면서 든 생각은 우리 양로원 엘림이 참 귀하다. 어려운 양로 어르신을 섬기는 것도 좋지만 더 귀한 것은 그 분들의 영혼을 책임진다는 것이다. 엘림의 가장 큰 소망은 어려운 어르신들의 노후를 섬기는 것과 천국으로 인도해 드리는 것이다. 박순영 어르신과 나머지 모든 어르신들이 천국을 소망하게 되는 것이다. 그 날을 소망하며 더욱 더 열심을 다하려 한다. 빠른 날 박순영 어르신이 교회에서 함께 예배드리기를 기도한다.

과유불급이라

2017. 07. 30.

올해 장마는 길다. 올초 장마를 예측할 때 마른 장마가 될거라 했었다. 장마는 여름 "6월 하 순에서 7월 하순 사이에 지속적으로 내리는 비“를 말한다. 통상 한 해 강수량에 3분의 1 정도가 내린다. 기상청 예보로 올해는 비가 부족한 마른장마가 될 거라 예측 했었다. 올 장마 전 누적 강수량이 187mm로 사상 최악에 가뭄이 예상 되었다.

봄 가뭄이 심각한 충청남도의 경우 저수지의 바닥이 보이고 식수까지 위협받는 심각한 지경에 이르러 장맛비를 간절히 기다렸다. 그런데 이게 왠 일인가? 마른장마라 예측이 무색할정도로 길어져 지각 장마라는 병칭을 얻게 되어 최장수 장마가 될 거란다. 그런데 거기에 강수량도 이미 기록을 갱신하며 가뭄 완전해 갈 뿐 아니라 적지 않은 피해를 주고 있다.

최근의 강수의 특징은 '국지성 폭우'의 형태로 내리는 것이다. 시간당 100mm를 넘는 물폭탄급 폭우에 피해가 속출하고 있다. 우리가 사는 시흥시도 지난 주일 폭우로 내려 물난리를 겪어야 했다. 특히 충청북도 청주 주변 3곳이 재난 지역으로 선포될 정도 였으니 더 무슨 말을 하겠는가?

기록적인 가뭄에 비를 간절히 기다렸는데 기록적인 폭우에 한숨짓고 있으니 중국 논어에 나오는 '과유불급(過猶不及)'이라는 고사가 생각이 난다.

과유불급(過猶不及)은 "정도를 지나침은 미치지 못하는 것과 같다."는 뜻으로 어느 날 제자인 자공(B.C. 520~456)이 공자에게 물었다. "선생님, 자장과 자하중 어느 쪽이 더 현명 합니까?" 공자는 두 제자를 비교한 다음 이렇게 말했다. "자장은 아무래도 매사에 지나친 면이 있고, 자하는 부족한 점이 많은 것 같다." "그렇다면 자장이 낫겠군요?" 자공이 다시 묻자 공자는 이렇게 대답했다. "그렇지 않다. 지나침은 미치지 못한 것과 같다." 공자는 중용(中庸) – 어느 한쪽으로 치우침이 없이 중정(中正)의 도 –를 말했던 것이다. 즉 무엇이든지 과하면 부족함만 못하다는 것으로 항상 적당한 것이 좋다는 것이다. 그저 바라는 것은 성경에 나 오는 '이른 비와 늦은 비'즉 적당한 비가 그리울 뿐이다.

잠언 30:8~9 "곧 헛된 것과 거짓말을 내게서 멀리 하옵시며 나를 가난하게도 마옵시고 부하게 도 마옵시고 오직 필요한 양식으로 나를 먹이시옵소서. 혹 내가 배불러서 하나님을 모른다 여호와가 누구냐 할까 하오며 혹 내가 가난하여 도둑질하고 내 하나님의 이름을 욕되게 할까 두려워함이니이다." 적당한 은혜를 구한다. 더 하지도 않고 덜하지도 않은 은혜, 이른 비와 늦은 비 즉 필요한 때 필요한 만큼만 내리를 효자비가 필요하다.

하나님 늘 내게 필요한 적당한 은혜를 내려주세요. 그래서 감사할 수 있게 해주세요.

故이동순 권사님 소천에 부쳐

2017. 08. 20.

하루 사이 계절이 바뀐 것 같다. 열대야의 밤이 계속되어 잠 못 이루었는데 갑자기 기온이 내려가며 가을이 밀려온다. 이제 한고비 넘긴 것 같다. 지난 주일 저녁 인천에 모임을 갖고 돌아오는 길에 연합병원을 들렸다. 이동순 권사님이 중환자실을 나와 일반병실에서 연명치료를 중단하셨다는 말에 피곤한 몸을 연합병원으로 향했다. 병실에는 박과장님과 허과장, 황호연집사가 병실을 지키고 계셨고 이동순 권사님은 힘든 숨을 몰아쉬고 계셨다. 나를 맞이한 박과장님의 말씀이 특별한 치료를 안하기로 했다.

링거와 산소호흡기를 통한 기본치료만을 하고 있었다. 어제부터 병실을 지키고 있는 박과장님이 작은 소리로 내게 말씀하셨다. "목사님 아무래도 오래 가지 못하실 것 같아요!" 권사님은 나를 알아보시는지 모르겠다. 거친 숨소리를 들으며 임종 기도와 같은 기도를 해드렸다. 권사님의 귀에 대고 다음과 같은 말씀을 드렸다. 권사님 고마워요. 도장교회를 위한 권사님의 헌신과 기도 잊지 않을께요, 감사합니다." 그리고 난 뒤 하나님 권사님께 하늘의 평안을 허락해 주옵소서"하며 기도했다.

삶과 죽음이 하나님께 있는데 권사님은 여러번 죽음의 고비를 넘겨 오셨다. 올해 97세이다. 권사님은 엘림양로원에 첫 입소자로 우리교회에 오셨다. 그러니 우리가 만난 것도 20년이 넘었다.

사실 만난 시간에 비해 권사님의 개인의 삶은 잘 모른다. 아드님이 한분 계셨고 삶이 넉넉하지 못하다는 소리를 들었고 자식의 도리를 잘 못하매 양로원 방문도 뜸했다. 그러고 보면 권사님 이 참으로 많이 외로우셨겠다는 생각이 든다. 10시가 넘어 병실을 나오며 기도했다. 권사님의 마지막이 아름답도록 기도했다. 그러면서 막연히 고통하시는 것보다 하늘나라로 가시는 것이 더 좋겠다는 생각에 너무 오래 끌지 않기를 기도했다. 그리고 다음 날 새벽기도를 마치고 집에 있는데 전화가 오다 끊겼다. 직감적으로 이 동순권사님의 소천 소식이 아닐까 하는 생각이 들었다. 역시 박과장님의 전화였고 이내 통화에서 권사님의 소천을 확인했다. 오늘 아침 아니 방금 소천하셨다 한다. 장례를 치르면서 권사님을 추억했다.

내 기억에 남는 권사님의 기억들은 다음과 같은 것들이다. 먼저 기도의 파수꾼 이셨다. 권사님은 고(故)김영남 권사, 주복출 권사, 함병숙 권사, 서순덕 권사 등 도창교회 기도의 대를 이어온 기도의 승리자의 계보에 들어가시는 분이다. 늘 새벽기도에 당신의 자리를 지키며 교회를 위해 기도하셨다.

둘째로 헌신의 모습이다. 개척초기 새벽기도에 왔는데 강대상에 흰 봉투가 놓여 있었다. 봉투에는 대지헌금이라는 글과 함께 당시 50만원이 들어있었다. 꽤 많은 헌금에 놀랐고 대지 헌금이라는 제목에 놀랐다. 사실 이 때는 개척초기로 아직 대지헌금을 드리지 않던 때였다. 나도 장로님도 누구도 생각을 못하던 때였다. 그것이 씨앗이 되어 대지헌금을 드리게 되었고 성전대지를 위한 기도를 시작했다. 이 성전의 터전이 이때 그려지기 시작했다.

세 번째 항상 웃는 모습이다. 권사님은 양로원에서 긴 투병을 하셨지만 늘 웃음을 잃지 않으셨다. 그 모습을 보는 사람의 마음도 웃음짓게 하시는 모습이 은혜롭다. 이제 그 모습을 이 땅에서는 다시 볼 수 없다 하지만 남기신 신앙의 아름다움은 우리의 기억속에 영원히 남아 있을 것이다. 권사님의 사랑에 감사드립니다.

제4부
복음의 삶을 사는 성도

40일 말씀양육 1기를 마치며

2018. 02. 04.

어느새 40일 말씀 양육 1기를 마쳤다. 맨 처음 말씀 "양육 같이 하시지요?" 하면 받는 질문이 있다. "얼마나 하나요?" "40일 합니다. 매일 40일 동안 만나야 합니다." 이렇게 말하면 대부분 40일이라는 말에 그리고 한 주에 한번 40주가 아니라 매일 40일이라는 말에 주저하고 이내 "안되겠어요."한다.

사실 나도 그렇게 성도들도 40일이 꽤나 부담이 되는 기간이다. 그런데 감사하게 16명이 지원해 주셨고 최종 13명이 수료를 하게 되었다. 시작 이후 바로 호주로 간 명지, 아쉽게 10일을 남기고 간 현지 그리고 가장 아쉬운 것은 누구보다 기대를 갖고 지원했던 이옥란 권사님이 등산 부상으로 포기한 것이다, 40일 말씀 양육은 40일 중 3번 이상 결석하면 자동 탈락이다. 그러고 보면 수료하신 13명께 정말 감사하지 않을 수 없다. 그저 하나 하나가 다 하나님의 은혜라고 밖에 드릴 말씀이 없다. 40일 말씀 양육은 시작하며 힘차게 구호를 세 번 외친다. "하나님을 경험하고, 흉악한 결박을 풀고, 강한 군사로 살자!" 라고 외친다. 강의와 뜨거운 기도로 마쳐진다. 하나님의 만지심을 경험했한다.

40일 말씀 양육자 1기 헌신예배에 소상히 밝겠지만 하나님의 은혜가 넘친다는 것이다. 이미 밝힌 바이기도 하지만 기간 중에 백순자 권사님은 주치의로부터 '기적'이라는 소리를 들었다. 사진 상에 암세포가 보이지 않은 것이다. 지금은 혹시나 몸 어디엔가 있을 암세포를 잡기위한 조치로 항암을 계속 받고 계시다. 이 또한 곧 종료하고 완치 판정을 받게 될 것이다.

40일 말씀 양육의 가장 큰 목표는 하나님을 만나는 것이다. 그리고 하나님을 만난 사람답게 예배를 소중히 여기며 하루 1시간 기도의 사람으로 서는 것이다. 5월에 2기와 3기 9월에 4기를 마치면 예배를 소중히 여기며 하루 1시간 기도하는 기도의 사람들이 도창교회 안에 세워질 것이다.

그러면 힘들게 출발한 2018년 풍성한 감사로 마치게 될 것이다. 그저 바라는 것은 수료한 13명이 타에 모범이 되어 신앙생활을 하는 것이다. 그래서 다른 성도들에게 영적인 선한 영향력을 끼치는 것이다.

바라기는 40일 말씀 양육이 "예배, 말씀, 기도로 충성하는 교회"를 세우는 기초가 되기를 간절히 소망해 본다. 40일간 큰 은혜를 부어 주신 성령님과 매일 저녁 찬양으로 은혜를 전한 김은덕 전도사와 대호 그리고 성실하게 함께한 13명의 수료생들에게 깊은 감사를 드린다. 이제 40일 말씀 양육으로 도창교회가 성령충만한 교회로 거듭나기를 간절히 소망해 본다. 하나님 감사드립니다.

故이승철 권사님의 소천에 부쳐

2018. 02. 11.

지난 주간 중부연회 감리사회 정책협의회가 제주에서 있었습니다. 월요일 제주에 내린 눈으로 비행기가 3시간 지연 오후에 도착 늦은 점심 먹고 호텔에 짐을 풀고 '기적의 교회'에서 준비한 저녁 먹고 정책협의회를 늦게까지 했습니다. 그 사이에 이승철 권사님의 소천 소식을 들었습니다. 정책협의회를 주도적으로 준비한 입장에 갑자기 돌아갈 수 없는 상황이었습니다. 안타까운 마음으로 교인들에게 알리고 친구 목사님께 입관 예배를 부탁했습니다.

정책협의회를 마치니 그 사이에 더 많은 눈이 내리고 있었습니다. 제주에서 겨울을 나본 경험상 한라산 주변 이외에 눈이 쌓이는 날이 별로 없습니다. 한라산 정상과 중산 간에는 눈이 많이 쌓이지만 그 이외 지역은 눈을 보기가 쉽지 않습니다.

육지가 영하 17도까지 내려가도 제주는 고작 영하 1,2도입니다. 그런데 올해는 다릅니다. 연초에도 눈에 제주 공항이 마비된 적이 있는데 꼭 그 꼴입니다. 호텔 숙소에서 보이는 제주 공항은 눈 속에 묻혀갑니다. 참 신기한 것은 열대식물인 야자수 잎에 눈이 소복히 쌓인 것입니다. 정말 보기 힘든 광경이 제주에서 연출이 되고 있었습니다.

다음 날 일정을 중단하고 점심 후 바로 제주 공항에 왔습니다. 공항은 이미 아수라장입니다. 수속은 중단이 되었고 하염 없이 기다렸습니다. 지연, 결항이 전광판에 뜨고 겨우 비행기표를 구해 짐 붙이고 게이트 앞에까지 왔는데 결항이랍니다. 정말 난감했습니다. 이러지도 못하고 저러지도 못할 상황입니다.

그런데 다행히 짐을 붙인 승객들에게 대체 편이 제공이 되고 우여곡절 끝에 집에 오니 밤 11시입니다. 그래도 올 수 있어 천만다행이었습니다. 이승철 권사님께 드린 약속을 지킬 수 있게 되었기 때문입니다.

이승철 권사님은 수 개월 전에 아내 지귀남 집사님을 하늘나라로 먼저 보내셨습니다. 장례를 치르고 홀로 계시는 동안 몸이 안 좋아 병원 입,퇴원을 반복하실 때 심방하며 그런 약속을 했습니다. "권사님 제가 장례 치러 드릴테니 걱정마세요"

그런데 최근에 몸이 더 악화 되셔서 병원에 입원 하셨고 퇴원 후 우리 양로원을 나가셨습니다. 요양원에 윤원장과 함께 방문할까 했는데 갑자기 소천을 하신 것입니다.

장례를 치르면서 권사님의 여러 모습들이 떠오릅니다. 가장 인상에 남은 것은 아내를 위한 사랑입니다. 아내를 위해 매일 양로원을 출근하다시피 하셨습니다. 의식 없이 말 한마디 못하는 아내 곁에서 정성껏 돌보시던 모습이 떠오릅니다. 또 지난 연말 희망카드를 쓰실 때 "몸이 나으면 봉사의 삶을 살고 싶다. 끝까지 하나님을 잃지 않기를. 그리고 자손들이 모두 예수님 믿기를" 바라셨던 모습이 생각이 납니다. 권사님은 가끔 집을 방문하면 또 바쁘시니 또 오지 말라 하셨습니다. "제 일이 이런 것입니다." 말씀드리면 그래도 오지 말라 하셨습니다. 사실 내 귀에는 자주 오라는 말씀으로 들렸지만 그렇게 못함이 죄송할 따름입니다.

권사님은 이제 안계십니다. 그러나 당당하시고 남의 신세를 안지시려 했던 깔끔함 무엇보다도 하나님을 믿으며 끝까지 그 믿음을 지키려 애쓰신 모습에 경의를 표합니다. 권사님의 희망카드의 내용이 실은 우리들의 희망이 되기를 바라며 소망대로 자손들이 예수님을 믿어 천국에서 다시 만나기를 소망해 봅니다. "권사님 나중에 천국에서 다시 만나요"

전교인이 드리는 찬양

2019. 06. 02.

어느새 여름의 문턱 6월을 맞았다. 이미 열대야가 찾아와서 올 여름 심상치 않을 것 같다. 시작이 이러니 정말 걱정이 된다. 점점 이상기온으로 여름과 겨울은 길어지고 봄과 가을이 짧아지는 느낌이다.

6월이 되면 우리 지방에서는 교회별 찬양제를 열린다. 지방 내 교회들이 찬양으로 하나님께 영광을 돌리는 자리이다. 우리교회도 매년 빠짐 없이 참여해 하나님을 찬양했다.

그저 교회들이 하나님을 찬양하자는 자리인데 대회 아닌 대회가 되어 경쟁 아닌 경쟁이 벌어진다. 그러니 우리도 더 잘하려 애를 쓴다.

하나님께 드리는 찬양을 더 잘하려는 것은 문제가 없지요 귀하고 소중한 마음이다. 그런데 한편으로 작은 교회들은 그 틈에 엄두를 못낸다.

큰 교회들 찬양대만 100여명의 육박하니 비전교회는 주눅이 들 수 밖에 없다. 전공자에 악기에 정말 비교가 안 될 정도이다. 우리교회도 매년 최선을 다해 준비하지만 왠지 모르게 기가 죽는다.

그러면서 큰 교회의 위세에 부러움마저 든다. 전교인을 합해도 몇 교회 찬양대만도 못하다는 자괴감도 들고요. 한달여 남기고 우리교회도 연습을 시작했다. 50여명 서면 얼마다 좋을까하는 생각을 하며 장로님들, 권사님들 다 서라 강요 아닌 강요를 했다. 다행히 요즘 청년부의 부흥으로 사역자들과 함께 서면 예년보다 풍성한 찬양을 드릴 수 있을 것 같다. 그런데 오늘 아침에 하나님이 제게 이런 마음

을 주시네요

우리교회 전교인이 서면 어떨까? 하는 생각이다. 남녀노소 상관없이 도창교회 모든 성도가 하나님을 찬양할 수 있다면 어떨까? 하나님이 우리교회 전교인의 찬양을 받고 싶어 하시는 것 같다. 사랑하는 교우 여러분 앞으로 도창교회는 지방찬양제에 전교인이 참여하는 것을 원칙으로 하는 것이다. 그것이 교회의 전통이 되어 매년 6월이 되면서 준비하는 것이다.

물론 저도 참여한다. 저도 함께 하나님을 찬양하겠다. 그래서 지방찬양제가 찬양대만의 찬양이 아니라 지방 모든 교회 성도들이 함께 드리는 찬양의 시간이 되기를 기대해 본다. 이번 주일부터 한번 그렇게 해보자.

찬양대만이 아니라 찬양 잘하는 사람만이 아니라 도창교회 전성도가 함께 드리는 찬양제가 되도록 교회학교 어린이 뿐 아니라 청년부 장년부 노년부에 이르기까지 모두가 드리는 찬양은 욕심일까? 헛된 생각일까? 정말 무리한 생각일까?

여러분 한번 그렇게 찬양 드려봅시다. 하나님께서 엄청 기뻐하실 것이다. 이번부터 도창교회는 전교인이 찬양제에 참여한다. 함께 하나님을 찬양하는 축복의 시간이 되기를 기도한다.

감주 드실래요?

2019. 06. 16

지난 주 토요일 오후 지방 목사님 자녀 결혼식에 참석하고 오는 길에 미용실을 들러 이발을 했다. 늘 하는 말이지만 이발 하나를 해도 기분이 달라진다. 새 기분이 들고 새 마음이 든다. 그래서 결의를 다질 때 삭발을 하나 보다. 이발을 하고 고은예 권사님 댁을 방문했다.

이번 주 내내 가 뵙고 싶었지만 갑자기 걸린 감기에 혹시나 해서 주저하다 오늘에야 집을 찾았다. 초인종을 누르니 기다리셨다는 듯이 문을 열어 주셨다. 며칠 안되었는데 권사님의 몸은 수척해 보이신다. 눈가는 횡하니 들어가시고 병색이 더 깊어 보이셨다.

다행인 것은 복부에 가득했던 복수를 빼내어 한결 편안해지셨다는 것이다. 이로 인해 통증도 조금은 완화된 것 같으시고 이전보다 몸 상태는 나아 보이셨다. 그런데 살은 자꾸 빠져 걱정이라 하셨다. 살이 빠지는 것은 우선 드시지 못하는 것이 가장 큰 원인일 것이다. 입맛이 도통 없으시단다. 입에서 받지 않으니 먹는 것도 부담이 되고 왜 그럴까? 생각하면 드시는 약 때문이 아닐까? 생각이 된다. 그렇다고 약을 중단할 수도 없고 정말 이러지도 저러지도 못하신다. 그래도 권사님은 강하시다.

이런 저런 이야기를 나누시는 중 욥에 관해 말씀하셨다. 욥이 모진 고난을 경험했는데 욥의 죄의 결과가 아니라는 것이다. 그러시면서 하시는 말씀이 방송설교를 이야기 하셨다. 하나님이 고난을 주시는 것은 사랑하기 때문이라는 것이다. 하나님만 더 사랑하라고 고난을 주신다 하셨다. 그 말씀이 본인에게 큰 은혜가 되었다 하셨다. 그러시면서 요즘 고난 중에 하나님을 더욱 더 생각하게 되다 하셨다. 그렇게 이야기를 나누는데 권사님이 갑자기 '목사님 감주 드릴까요?' 하신다. 이 와중에 웬 감주? 감주를 담그셨나 하는 생각이 들며 한편으로 부정적인 생각도 들었다. 그러지 않으셨을 거라고.. 왜냐하면 몸이 몸이 아니시기에 그런데 감주를 담그셨단다.

기숙학원에서 재수를 하는 손자 오현이가 온다 해서 손주 주려 담그셨다는 것이다. 손주는 못 왔지만 아들에게 보내셨단다. 그러시면서 목사가 감주를 좋아하는 것을 기억하시고 감주를 드시겠냐 하신다. "예" 대답을 하고 두 대접이나 먹었다. 권사님이 담그시는 감주는 감주의 표준이다. 입에 대는 순간 '아 이맛이야.' 하는 감탄이 나온다. 이제는 못 먹을 줄 알았는데 뜻하지 않게 고은예표 감주를 먹었다.

감주를 마시며 권사님께 부탁을 드렸다. "권사님 얼른 나셔서 감주 한번 담가주세요" 권사님이 대답하셨다. "예! 저도 그랬으면 좋겠어요?" 하나님이 꼭 그렇게 해 주실 것이다.

저는 오는 권사님을 심방하면서 소원 하나를 들었다. 그것은 건강했던 2015년으로 돌아가 한 달만 살아 봤으면 하는 것이다. 그래서 입에 땡기는 맛난 것 먹고, 가고 싶은 곳 가고 했으면 좋겠다는 권사님의 소원 꼭 이루어 주실 것을 기도하며 같이 눈물을 훔쳤다.

하나님 고은예 권사님의 소원을 들어 주옵소서! 아멘

자기 자리 지키기

2019. 07. 14

마른장마가 계속되고 있다. 장마면 장마이지 마른장마는 또 뭔가? 장마에 특징이 비가 많이 오는 것이다. 특히 간혹 집중호우도 동반하고 그래서 습하고 기분이 별로로 그런 날이 여러날 지속되는 것이다. 장마의 일반적인 특징인데 요즘 장마는 비가 안 온다.

장맛비가 시작이 되었음에도 비가 오지 않는 것이다. 오늘 아침에도 호조벌을 다녀왔다. 벼 심은 논이 갈라지고 풀에 진딧물이 가득하다. 모두 가뭄에 증거들이다. 심지어 우렁이의 모습이 보이지 않는다. 가뭄에 죽은 것이다.

호조벌을 10여년 가깝게 거의 매일 돌다 보니 남들이 못 보는 것을 본다. 그래서 사진에 담고 올리니 다들 신기해한다. "아니 어떻게 그런 것이 보이세요" 결론은 보인다 그냥 지나다닐 때는 안 보이던 것들이 집중해 보면 보인다.

그런데 또 하나가 보인다. 넓은 호조벌에도 생물들 나름에 지역이 구분해 산다는 것이다. 사람이 인위적으로 심은 것이야 어쩔 수 없다 하지만 야생의 식물과 곤충도 그렇다. 그 지역에 가면 그 식물이 있고, 그 식물이 있는 곳에는 그 곤충이 산다. 대표적인 것 몇 가지를 들면 보통천 오작교를 넘어 갯골 쪽으로 그린웨이를 걸으면 여치울음이 거세다. 다른 곳에서 별로 들을 수 없는 여치의 울음소리 여치가 많이 산다. 보통천 양편에 망초대가 즐비해 군락을 이루고 있고 사이에서 여치가 힘차게 운다. 그리고 매년 사마귀를 만나는 곳도 있다.

올해도 사마귀 나올 때가 되어 찾아 갔다 역시나 작은 새끼 사마귀들이 눈에 띈다. 그 밖에도 무당벌레가 눈에 많이 뛰는 곳 등 그런데 반대로 개발로 사라진 것들도 있다. 보통천 북쪽 뚝방에는 이맘 때 즘에 달맞이꽃이 활짝 피었었다. 그런데 올해는 자취를 감추었다. 대대적인 공사가 있었다. 공사에 흔적으로 달맞이꽃이 사라졌다.

이것을 보면서 "못난 소나무가 고향산천을 지킨다."는 말이 생각이 났다. 잘난 나무는 나름 잘려지고 패여서 그곳을 떠났다. 하지만 못난 나무는 꿋꿋이 그 자리를 지키고 있다. 그 자리에 있는 식물, 그 식물에 사는 곤충 모두 다 자기의 자리를 지킨 것이다. 그래서 그곳에 가면 그 식물을 보고 그 곤충의 소리를 듣는다. 그러면서 든 생각은 지금 우리교회도 마찬가지라는 것이다.

지금까지 우리 교회가 이만하게 이 자리에서 나름 역할을 하며 있는 것은 다 자신의 자리를 지켜 예배하며 하나님을 섬겨온 성도들이 있기 때문이다. 예배의 자리, 헌신의 자리, 섬김과 봉사의 자리를 지켜 온 성도들 그들이 있어 오늘 도창교회가 있다. 바라기는 앞으로도 변함 없이 자신의 자리를 지켜 우리 교회가 더욱 든든해지기를 바란다. 자신의 자리를 지켜 주신 모든 분들께 감사드린다.

故고은예 권사님의 소천에 부쳐

2019. 07. 21

주일 새벽 5시 12분 핸드폰이 울렸습니다. 직감한 대로 고은예 권사님의 위독을 알리는 둘째 아들의 전화였습니다. "목사님 아무래도 어머니가 마지막 임박하신 것 같아요" 예 알았습니다. 전화를 끊고 바로 병원으로 달려갔습니다. 소천이 임박하심을 직감하고 어제 저녁 병원에서 둘째 아들에게 언제든 연락하라 해두었던 터였습니다. 지난 주 부터 매일 한번 병원을 찾아 기도를 해드리고 있던 터에 어제도 늦게 병원을 찾았습니다.

권사님은 눈을 감고 계셨고 주형 군은 엄마의 손을 잡고 눈물을 흘리고 있었습니다. 잠시 뒤 눈을 뜬 권사님과 몇 마디를 나누었습니다. 권사님이 둘째 아들에게 한 말씀을 하셨습니다. "교회에 나가라는 것이었습니다." 옆에 있던 제가 웃으며 다짐을 받으라 했고 가녀린 권사님의 당부에 아들이 '예'라고 답을 했습니다. 참 오랫동안 기다린 대답입니다.

권사님은 늘 미혼인 둘째 아들이 눈에 밟히셨습니다. 혼자인 것도 그렇고 아직 믿음 생활을 안 하는 것도 그랬습니다. 그런데 오늘 어쩌면 어머니의 마지막 유언과 같은 말씀에 '예'라고 답한 것입니다. 그리고 아들에게 눈짓을 하시자 아들이 어머니 배게 밑에서 봉투하나를 꺼냈습니다. 아들에게 봉투를 받아 제게 주시는 것입니다. "목사님 감사해요 밥 사 사드세요" 저를 주려고 봉투를 준비해 두신 것입니다. 봉투에 10만원이 들어있었습니다. 권사님의 마음을 알기에 거절하지 못하고 감사함으로 받았습니다. 그 후 권사님은 가슴이 답답 하시다며 산소호흡기를 부탁하셨습니다. 제가 권사님께 말씀을 드렸습니다. "권사님 아프면 말씀하세요, 불편한 것 있으면 말씀하세요 참지만 마시고요" 권사님은 참으셨습니다. 웬만하면 남의 피해를 주지 않으려 하셨습니다. 그만큼 성격이 깔끔하셨습니다. 그 후 집에 돌아 왔는데 그것이 마지막 만남이 되었습니다.

사실 권사님은 발병하시고 치료를 위해 성도들과 함께 열심히 기도할 때 제게 다음과 같이 말씀하셨습니다. "목사님 제 병 낫게 해달라고 기도하지 마세요 저는 죽음이 두렵지 않아요 죽으면 천국에 가면 되지요 그저 살아 있는 동안 고통하지 않았으면 해요" 그런 권사님의 권유를 받고 제가 말씀을 드렸습니다. "권사님 무슨 말인지 알아야 그러나 저는 그렇게 할 수 없어요 기도하는 것도 제 자유입니다. 저는 끝까지 하나님께 고쳐 달라 기도할 겁니다." 했습니다.

권사님은 홀로 투병을 하셨습니다. 그러시면서 주변 정리를 하셨습니다. 살림을 정리하고 이런저런 일상을 정리하시며 하늘나라를 준비하셨습니다. 그동안 사랑을 나누어주며 기도해 준 성도들에게 크게 점심 한 턱을 쏘셨습니다.

천국 환송을 해드리면서 드는 생각은 우리도 권사님과 같은 삶을 살아야 한다는 것입니다. 무엇보다도 죽음을 두려워하지 않는 것입니다. 그것은 믿음의 확신 속에 가능한 것입니다. 그리고 죽음을 준비하는 것입니다. 마음을 준비하고 일상을 준비하는 것입니다. 방금 첫 성묘예배를 드렸습니다. 다시 한번 믿음의 삶을 재 다짐하며 다윗왕이 아들 솔로몬왕에게 주었던 유언 열왕기상 2장의 말씀을 나누었습니다. 다윗이 아들 솔로몬에게 남긴 유언은 '믿음의 대장부가 되고' 하나님의 말씀을 지켜 살라는 것입니다. 그러면 형통하게 될 것이라 아마도 고은예 권사님이 자손과 우리들에게 남기신 말씀 같습니다. 이제 이 땅에서는 권사님을 뵐 수 없습니다. 천국에서 만나야 합니다. 바라기는 유족들이나 성도들 모두 권사님처럼 믿음의 확신 속에 신앙생활을 잘 하다 천국가는 것입니다. 그래서 천국에서 다시 만나는 기쁨을 나누는 것입니다. 권사님 사랑합니다. 천국에서 만나요.

전교인 수련회를 마치며

2019. 08. 04

방금 전교인 수련회를 마치고 교회로 돌아왔다. 갈 때 4시간 30분 걸렸는데 돌아 올 때는 3시간 걸렸으니 휴가 피크를 생각하면 감사하다. 하행선은 주차장인 것에 비해 주말 버스 전용차선을 타고 신나게 달려왔다. 무엇보다도 모두 건강하게 잘 마쳐서 감사하다. 여름행사는 사고 나지 않으면 절반은 성공이다. 격년으로 진행이 되는 전교인 수련회 평창 배두둑 마을로 연속 3번째다. 같은 곳에 세 번이나 가니 이제는 내 고향 같다. 익숙한 지형이 반갑다. 더구나 예능프로 '1박2일' 촬영장소이니 검증이 된 장소로 한적한 시골 폐교를 캠프장으로 만든 곳으로 우리 교회 정도의 기관이 쓰기에 안성맞춤이다.

수련회를 준비하며 두 가지 목표를 세웠다. 하나는 은혜이다. 수양회가 아니라 수련회라 할 때 영적인 은혜가 있어야 한다. 그리고 쉼이다. 휴가 기간으로 많은 사람들이 더위를 피해 피서를 떠날 때 진행하는 수련회로 1년에 딱 한번 있는 휴가기간에 참석하는 이들을 생각하면 쉼의 시간도 필요하리라. 어떻게 생각하면 서로 상반된 것 같은 둘을 조화롭게 하기란 쉬운 것이 아니기에 그만큼 사역자들의 수고가 있었다.

참석하는 이들이야 성에 안찰 수도 있고 기대만큼 만족하지 않을 수도 있다. 하지만 분명한 것은 2박3일을 위해 사역자들이 오랜 시간 준비했다는 것이다. 장소를 답사하고 프로그램을 기획하고 기도하며 준비했다. 최선을 다함에 그저 감사할 뿐이며 미진한 부분은 다음으로 넘긴다. 여하튼 수련회를 마치며 돌아 보니 몇가지 눈에 띄는 감사가 있다.

먼저 어르신들의 참여가 많은 것이다. 전교인 수련회라는 말이 무색하게 적은 수가 참여했지만 평소 집밖에 나가기 어려운 어르신들의 참여가 많았다. 그래서 보람이 된다. 특히 새가족들이 참여한 것이다. 선뜻 참여하기 쉽지 않았을텐데 참여해 주셔서 공동체의 일원됨을 확인 하신 것이다. 아쉬움은 참여하고 싶으나 이런 저런 사정으로 참여치 못한 분들 안타까움이다

다음에는 꼭 함께 하기를 기대해 본다. 둘 여러 프로그램 중 그동안 예배 전에 배워오던 사영리컨테스트를 한 것과 QT를 한 것이다. 전도는 우리의 사명이다. 이 사명을 감당하기위해 전도의 무기인 사영리 전도를 실제로 실행해 본 것이다. 그리고 '말씀으로 점점 더 왕성해지는 교회'를 위해 말씀 묵상을 실제로 해보며 말씀의 은혜를 나누는 시간을 가진 것이다.

이번 기회로 다시 말씀 묵상에 도전한다. 쉽지 않겠지만 그러나 포기하지 않고 한발 한발 나가면 곳 풍성한 말씀 나눔이 있게 될 것이다. 그리고 세 번째로 성령에 대한 배움을 가진 것이다. 올해 우리 교회는 부흥의 소망을 품고 출발했다. 그러나 부흥은 우리가 하는 것이 아니라 하나님이 허락하셔야 한다. 성령 하나님이 역사 하셔야 한다. 그것을 나누는 시간이었다. "성령이 임하시면"이라는 주제로 말씀을 전하고 들었다. 첫째날 성령은 우리에게 능력을 주시며 우리와 함께 하신다. 언제 어디서나 우리와 함께 하신다. 둘째날 성령이 역사하면 나타나는 증거들을 나누었다. '말이 변하고 마음이 하나되고 꿈을 꾸게 된다.'는 것이다.

그래서 성령충만해야 한다. 성령은 가만히 있으면 소멸이 된다. 계속 채워져야 한다. 바로 예배와 기도 그리고 말씀을 통해 항상 충만함을 유지해야 한다.

네 번째 밤하늘에 별을 본 것이다. 금요일 밤 모든 순서를 마치고

마을에서 가장 높은 곳에 올라 별을 보았다. 여름 밤 하늘을 수 놓은 무수한 별을 보고 하나님의 창조 섭리를 깨닫는 시간을 가졌다. 다행히 맑은 하늘이 별을 볼 수 있게 했다. 감사하다.

끝으로 수고하신 분들과 후원해 주신 분들 모두에게 감사를 드리며 하나님께 영광을 돌린다.

제23회 사랑의 포도 나누기 운동

2019. 09. 01

시간이 참 빠르게 지나갑니다, 그렇게 덥던 여름에 태양도 한풀 꺾여 조석으로 부는 찬바람에 가을에 자리를 내어 주고 8월에 싱그러움이 9월에 풍요로 색을 바꾸는 때입니다. 그 사이 호조벌은 황금들판을 준비하며 벼 이삭이 영글기 시작하고 빨개진 고추는 농부의 손을 바쁘게 합니다. 감자를 캔 밭에는 새롭게 김장배추를 붙여 겨울을 준비합니다. 논두렁에 콩도 싱그런 잎을 마음껏 키우며 콩을 맺기 시작했습니다.

이번 주가 지나면 양력으로도 가을입니다. 가을에 문턱에 우리마음 도두머리 길가 신작로 가에는 좌판이 펼쳐집니다. 포도 소매가 시작이 됩니다. 늦겨울 가지치기를 시작으로 지은 포도가 탐스런 송이를 뽐내며 수확을 시작하는 것입니다. 아주 오래전부터 시흥포도는 인접한 이웃 소사 복숭아와 더불어 꽤 유명한 과실이었습니다. 수년전부터 도시개발과 이웃 대부도 포도, 최근에는 송산포도에 명성을 물려주었지만 그래도 옛 명성을 지키기에 부족함이 없습니다.

26년 전 5월이 기억납니다. 어느 주일 몇 명 안되는 교인들이 그나마 보이지 않습니다. 이유를 몰라 어리둥절했는데 알고보니 포도 봉지싸기 품앗이를 간 것입니다. 농사라는 것이 내 힘으로만 되는 것이 아니기에 서로 상부상조하며 해야 하는 것이기에 손이 많이 가는 봉지싸기 품앗이를 가서 예배에 빠진 것입니다.

그 다음해부터는 그런 일은 일어나지 않았지만 포도는 우리동네 주민들의 가장 큰 소득원이었습니다. 그 해부터 9월에 '포도 감사주일'을 지켰습니다. 맛난 포도를 수확하게 하신 하나님께 감사한 것입니다. 그렇게 한 두해 감사 예배를 드리다 더 의미 있는 감사절이 되었으면 하는 생각에 '사랑의 포도 나누기'를 했습니다. 처음 해는 우리교회 성도들 중심으로 포도를 모아 나누었습니다. 그런데 해가 갈수록 지역주민들이 참여하는 마음 나눔 운동이 되었습니다.

정말 감사한 것은 '포도를 경작하는 교인, 포도를 경작하지 않는 교인, 포도를 생산하는 농어인. 포도와 상관이 없는 지역외 지인들'이 마음을 모아 나누는 운동이 되었습니다. 매년 포도 10kg 100상자 이상 모아 시흥시 전역에 약 50여 군데의 시설과 개인들에게 전달하는 그래서 사랑을 나누는 운동이 되었습니다. 올해도 2019년 9월 8일 주일에 포도 나누기를 합니다. 현물로 포도를 아니면 포도를 구입할 수 있는 현금으로 기부하는 운동이 되었습니다.

참 감사하고 신기한 것은 시작할 때는 늘 걱정이 앞섭니다. 얼마나 모을까? 하는 걱정을 하지만 그러나 끝날 때에는 역시 하나님이 함께 하셨구나 하는 풍성한 결과를 봅니다. 올해도 동일한 하나님의 은혜를 기대합니다. 포도로 나누는 사랑이 늘 풍성하고 맛있습니다.

故조옥분 권사님의 소천에 부쳐

2019. 11. 17

다음주 추수감사절과 한 영혼 추수 그리고 오늘 보는 수능시험을 의해 한 주간 특별기도회를 갖고 있습니다. 오늘이 네 번째 날입니다. 입시 한파로 급랭한 기온에 새벽 출근을 했습니다.

책상에 앉아 새벽기도회를 준비하며 말씀묵상을 밴드에 올리려 핸드폰을 켰습니다. 박영자 집사님의 문자가 찍혀 있었습니다. 아무 생각 없이 열었는데 다음과 같은 문자가 찍혀 있었습니다. “조옥분 권사 3시15분 운명 하셨어요” 그러지 않아도 며칠 전 따님이신 박 집사님이 “어머니가 좋지 않으셔요” 하셔서 근간 찾아 뵈어야겠다 했는데 오늘 새벽 하나님의 부름을 받으셨습니다. 연초에 찾아뵈었을 때 오랜만에 뵈었음에도 반색을 하며 저희 내외를 맞아 주셨습니다. 말씀을 못하셨지만 제가 하는 말에 미소로 답해주셨는데 소천하셨습니다.

조권사님은 믿음의 어머니이십니다. 생전에 기회 있을 때마다 늘 하신 말씀이 있으셨습니다. “목사님 저는 예수님 없었으면 세상 못 살았습니다.” 가난한 시절 남편 먼저 보내시고 자녀들을 키우시느라 안 해본 일이 없으셨다면서 자신의 고생담을 풀어 놓으셨습니다. 그 모진 세월 그 힘든 인생을 어떻게 살았는지 모르시겠다면 눈시울을 붉히셨습니다. 그러시면서 한 번은 집이 무너져 그 안에 있는 자녀들이 다 죽었겠다 절망했는데 자녀들이 쓰러진 장롱 뒤에 살아 있더랍니다. 그래서 얼마나 감사했는지 모른다고 하셨습니다.

권사님은 늘 믿음이 우선이셨습니다. 어렵지만 어려운 중에도 믿음으로 이겨내며 자녀들을 키우신 장한 어머니이십니다. 그래서 존경스럽고 감사할 따름입니다.

이번 주 주일에는 외손자인 심혁남 형제가 교회에 나왔습니다. 회사에서 일하다 발등을 다쳐 오랜 시간 투병을 했는데 감사하게도 건강하게 되어 약속대로 교회에 나온 것입니다.

사실 다쳤다는 소식과 수술로 많이 놀라고 걱정을 했는데 그래도 본인의 의지와 믿음 성도들의 기도가 어우러져서 쾌유하게 되었습니다. 아직 물리치료를 더 받아야 하지만 그래도 이만하기가 다행입니다. 본인의 고백처럼 다 하나님의 은혜라 생각함이 고마울 뿐입니다.

그런 생각이 들었습니다. 디모데의 외할머니와 로이스와 어머니인 유니게입니다. 디모데의 믿음이 외조모와 어머니를 통해 흘러간 것처럼 심혁남형제도 흘러간다 생각합니다.

이제 이별에 슬픔을 간직하며 천국환송예배를 준비합니다. 권사님의 영혼이 슬픔과 아픔, 고통이 없는 천국에서 평안한 안식을 누리실 줄 믿습니다.

저희들도 언젠가 권사님이 가신 천국에 갈 소망으로 승리하게 하옵소서. 권사님이 보여주신 믿음, 그리고 열심을 이어 저희도 이 땅에서 하나님의 나라를 이루고 천국에서 만날 것을 소망합니다. 권사님, 천국에 먼저 가계셔요 우리도 따라가겠습니다. 권사님과 함께 했던 시간 감사했습니다. 사랑합니다.

보라!

—김선일 전도사의 선교편지
2020.01.26.

1월 19일부터 25일까지의 도창교회 필리핀 제5차 단기선교를 은혜 가운데 다녀왔습니다. 모든 순간이 은혜였고 순간마다 인도하시는 하나님의 일하심을 경험한 기간이었습니다. 은혜의 순간들을 적어보려 합니다. 먼저는 화산폭발로 인해 날짜가 연기되어 기존에 예약한 버스티켓을 버려야 하는 상황이었습니다. 그런데 웬일인가? 출발할 때부터 오는 날까지 14명이라는 팀원의 수에 맞는 좋은 버스 자리가 있었고 패널티만 내고 얻을 수 있게 되었습니다. 그냥 버스도 아닌 우리가 처음에 끊은 버스와 비슷한 종류였습니다.

이렇게 하나님의 일하심은 시작되었습니다. 방문하는 교회와 학교마다 아이들은 마음을 열어 먼저 다가와 주었고 우리가 전하는 메시지를 통해 학생들과 성도 분들이 은혜를 받고 도전을 받는 시간이 되었습니다. 그래서 메시지를 전하는 팀원들도 더욱 진지하게 임하며 복음을 전할 수 있었습니다. 처음엔 모두가 부족하다 생각했고 메시지를 전 할수 있을까? 라는 의문을 가졌지만 우리 하나님이 누구십니까? 전능하신 주님이시고 그의 계획대로 준비하셨고 우리와 함께 사단과 싸워주시는 분이시지 않은가? 팀원들의 불안을 무너뜨리고 마음의 벽을 허물며 메시지를 통해 흘러넘치는 은혜는 전하는 자도 받는자도 크신 은혜를 경험하게 되었습니다. 팀원들과 사역 후 나누는 피드백에선 진지하게 하나님의 은혜를 보았고 경험했다고 말하는 고백들을 들으며 그 마음이 변치 않기를 기도했습니다.

또한 일정 가운데 아픈 아이들이 없음에 감사합니다. 일정 중에는 높고 험한 산도 타야하고 더위도 이겨내야 했습니다. 짜증도 나고 힘들었을텐데 서로 격려하며 응원하는 팀원 친구들의 모습은 성령 안에서 하나 되는 모습을 보여주었습니다. 다치는 아이들 없이 무사히 집으로 돌아오게 해 주신 하나님께 다시 한번 감사드립니다. 저는 이번 단기선교를 통해 보게 되었습니다. 기도할 때 하나님의 일하심은 시작된다는 것을 말이죠. 화산과 결항 때문에 단기선교를 갈 수 있냐, 없냐의 문제로 걱정할 때 홍해 앞에 선 모세와 백성들의 모습이 떠올랐습니다. 백성들은 불안하였고 불안이 공포와 분노를 낳아 모세를 향해 화를 내었습니다. 그것은 제 모습이었습니다.

상황과 환경만 바라보고 염려하는 연약한 인간적 모습. 그런데 모세는 그 상황에서 하나님의 일하심을 믿었고 기도하였습니다. 결국 홍해는 열렸고 위협은 사라졌습니다. 이처럼 결항 속에서도 기도로 하나님을 찾고 일하심을 믿고 가기로 결정한 도창교회의 선택과 팀원들의 선택은 하나님의 살아계심과 일하심, 승리하심을 경험하였고 보게 되었습니다. 사람들은 우연이라고 말하겠지만 우리는 분명히 말할 수 있습니다. 결항이라는 위기는 곧 기회였으며 기도로 주님을 찾는 시간이었습니다. 도창교회 성도 분들.. 위기 속에서 기도로 하나님께 구하면 하나님께선 들으시고 기회로 인도하십니다. 더욱 더 하나님의 일하심을 기대하는 모두가 되기를 소망합니다.

– 김선일 전도사

마른갈이, 헛삶이

2020. 03. 15

코로나19로 온 나라가 아니, 지구촌이 공포에 휩싸이고 있다. 다른 전염병에 비해 치사율은 낮지만 상대적으로 전염성이 높아 확산 속도가 만만치 않다. 이제 신천지 신도를 중심으로 확산되던 것이 이제는 지역감염으로 바뀌어 사회 곳곳에 스며드는 양상이다. 이러다 보니 다중이 모이는 곳을 기피하게 되고 결국 모든 행상 및 모임이 취소되는 등 특히 식당 등 소상공인들의 피해가 눈덩이처럼 커지고 있다 질병관리본부는 '사회적 거리두기' 운동을 펴고 있다. '2m 이상 거리를 두자.'는 것이다. 이는 비말 즉 침으로 전염되는 것을 막자는 것으로 마스크 대란과 겹쳐 설득력 있게 공감되고 있다.

사회적 거리두기가 아니더라도 이미 서로 접촉을 조심하는 등 보이지 않게 실천이 되고 있다. 직장생활하는 분들은 어쩔 수 없지만 그렇지 않은 분들은 활동시간이 확 줄었다.

직장인들도 이전과는 비교도 안 될 정도로 대면접촉이 줄었다. 교회만 하더라도 주일 오전 예배 이외에 예배가 중단되고, 활동이 중단이 된 교회들이 많다. 심지어 주일 예배를 드리지 않은 교회는 더 그럴 것이다. 개인 시간이 많이 남은 것이다. 일종에 휴면기 같다. 이 때 '마른갈이', '헛 삶이' 시간으로 삼으면 좋겠다.

마른갈이와 헛살이가 무엇인가? 마른갈이는 마른논에 물을 대지 않고 논을 가는 일을 말하고 헛삶이는 모를 심기 위해서가 아니라 그냥 논을 갈아서 써레로 바닥을 골라 두는 일을 말한다. 둘 다 비슷한 의미의 말이다. 일반적으로 논을 가는 것은 모를 내기 전에 모를 내기 위해 물을 가두고 논을 가는 것을 말한다. 그래야 모를 낼 수 있다. 그런데 그런 것이 아니라 가물어 먼지가 풀풀 나는 건논을 가는 것이다. 마른 논을 가는 행위가 오해하면 쓸데없는 행동 같다.

그도 그럴 것이다. 가물어 갈라지고 먼지가 나는 논을 갈아봤자 쓸모가 없다. 갈아 놓자마자 비라도 오면 금상첨화겠지만 그럴 확률도 없다. 하지만 그렇지 않다. 마른갈이를 하는 농부는 꿈을 꾼다. 마른갈이 후에 비가 내려 모를 심을 꿈을 꾼다. 그러면서 얼핏 보기에 헛수고 같은 마른갈이를 한다. 하지만 마른갈이를 하면 잡초도 덜하고 병충해도 덜하게 된다. 땅을 갈아엎는 것이기에 산소가 공급이 되기도 해서 비가 내리면 더 실한 논이 된다. 벼도 튼튼해지고 수확도 많아진다.

가뭄에 수고스럽지만 마른갈이를 하는 것이다. 그런 생각이 들었다. 지금 예배도 드리기 어렵고 공동체 모임을 갖기도 어렵다. 그렇다고 성경공부는 더더욱 어렵다. 신앙생활의 가뭄기를 맞은 것이다. 이럴 때 신앙에 마른갈이를 해야 한다. 마가복음 1000독에 참여하는 것이다. 그리고 나라를 위해 기도하는 것이며, 개인의 영성을 돌보는 것이다.

또 밴드라이브 예배중계나 가정예배를 통해 예배드리는 것이다. 그러면 가뭄이 끝나 비가 내릴 때 더 실한 신앙인의 모습을 갖출 수 있다. 가물었다고, 예배를 못 드린다고, 모임을 가질 수 없다고 손 놓고 있는 것이 아니라 신앙의 마른갈이, 헛삶이를 하며 보내는 것 어려움을 이겨내는 지혜이다. 고난은 피할 수 없으면 즐기라는 말이 있다. 재앙을 즐길 수는 없지만 재앙이 끝나는 때를 준비할 수는 있다. 마가복음 1천독, 대한민국을 위한 릴레이 기도, QT, 방송예배 등을 하는 것이 신앙의 마른갈이이다. 모두가 감사의 예배를 드리는 그 날을 더 튼튼한 신앙을 위해 신앙의 마른갈이, 헛삶이를 실천하자.

故김철주 어르신의 소천에 부쳐

2020. 04.19

오늘 이른 아침에 유족과 사역자들이 김영숙 권사님의 남편이고 이현자 집사의 시부인 김철주 어르신의 장례 예배를 드린 것이다. 어르신은 수년 전 대장암 수술을 받으셨다. 그래도 잘 견디어 오셨는데 간으로 전이가 되어 간경화가 되셨다.

최근에는 복부에 복수가 차서 신천연합병원에 입원해 계셨다. 감사하게도 지난 주 새오름호스피스 의원에 입원을 하셔서 치료 중이셨는데 갑자기 하나님의 부르심을 받으셨다. 그제 아침에 며느리에게 전화가 왔다. 위중하셔서 서둘러 병원에 가니 이미 의식이 없으셨다. 거친 호흡에 숨소리가 예사롭지 않아 가족과 함께 임종 예배를 드렸다. 그리고 돌아오면서 들은 이야기는 그래도 당장은 아시신 것 같다는 소리를 들었는데 바로 다음 날인 어제 새벽에 운명하셨다.

늘 누구의 죽음이든 죽음에는 아쉬움이 남는다. 어르신도 마찬가지이다. 임원 하시고 다음 날 병원을 찾았는데 너무 곤하게 주무셨다. 그래서 깨울 수 없어 선물만 놓고 왔는데 그것이 마지막 만남이었다. 이럴 줄 알았으면 깨워서라도 이야기를 나눌 걸 하는 아쉬움이 남는다. 어르신을 동네에서 만나면 늘 계면쩍게 웃으셨다.

그 웃음 속에 늘 아쉬운 점이 있다. 엘림 양로원으로 모시지 못한 것이다. 어르신은 김영숙권사님의 남편이지만 호적상으로는 남남이다. 오래 전 부인 사별하신 권사님과 만나 부부가 되셨고 그냥 그렇게 동거인으로 살아오셨다. 그러는 사이 아내자녀들을 다 키워 건사하셨다. 그리고 오늘에 이르신 것이다. 피로 낳은 자녀들은 아니지만 마음으로 낳은 자녀들과 함께 살아오신 것이다.

그러나 그러는 사이에 서로가 힘이 부치셨다. 마음 갖지 않은 생활에 불만이셨고 그러는 사이 지난 날이 힘드셨나보다. 나를 만나면 지난 삶을 풀어 놓으며 신세를 한탄하셨다. 그러나 그래도 어르신은 행복하시다. 마음으로 낳은 자손들이 아버지의 마지막을 정성껏 모셨으니 말이다. 얼마 전까지만 하더라도 아내 김영숙 권사님과 살갑게 사셨다. 동네 사람들이 부러워 할 만큼 다정하게 사셨다. 늘 두 분이 함께 하셨다. 아내 없는 빈자리가 더 크고 더 힘이 들으셨나보다. 어르신의 장례예배를 드리면서 든 생각은 어르신의 희생의 삶이 곧 예수님의 삶이구나 하는 생각이다.

피를 나눈 부모자식 간에도 금이 가서 나몰라라 하는데 어르신은 수양 아버지로 한평생의 삶을 사셨다. 아내에 대한 사랑의 결과이겠으나 그것이 조건 없는 사랑의 힘이 아닐까 한다. 그 사랑에 고마워 자녀들은 선영에 자를 마련해 모셨으니 말이다. 그저 바람은 이제 고통과 눈물이 없는 천국에서 영생하시는 것이다. 임종 예배를 드리면서 말씀드렸다. “남은 시간 하나님께 믿음을 고백하시며 천국에 소망을 두시기를”, 다만 아쉬운 것은 코로나 19로 인해 더 많은 분들과 함께 배웅하지 못한 것이다.

어르신 이제 세상 헛사셨다는 한탄 마시고 온몸으로 예수님처럼 희생하신 삶 축복된 삶이며 성공적인 삶이셨습니다. 믿음과 헌신위에 하나님이 축복하심을 믿습니다. 부디 천국에서 영생 하소서.

청춘이 다 흘러갔어요.

2020. 07. 26

장맛비가 계속되고 있다. 중국과 일본처럼은 아니지만 며칠째 꽤 많은 비가 내린다. 비 내리는 호조벌은 벼들의 힘찬 자람을 느낄 정도로 생동감이 있다. 비 맞은 연꽃들은 싱그러움이 더해 아름다움을 뽐낸다.

오늘도 아침 일찍 호조벌로 나섰다. 벌써 거의 10여 년 계속되는 아침 순례인데 오늘도 새롭다. 동네 모퉁이를 돌아 호조벌로 막 접어들었는데 낯익은 트랙터가 호조벌을 가로 질로 온다. 김병태 어르신의 트랙터이다. 벌써 논 한 바퀴 돌아오시는 길이시다.

벼는 농부의 눈 맞춤에 자란다는 말이 있듯 진짜 농부들은 매일 아침 논 인사를 잊지 않는다. 지나가시는 어르신께 인사를 드리니 트랙터의 가던 길 멈추고 문이 열린다. 어르신이 반갑게 맞아 주셨다. 웃으시며 손잡아 주시며 말씀을 하셨다. "청춘이 다 흘러갔어요." 그리고 집으로 가셨다. 어르신의 뒷모습을 사진에 담으며 호조 벌을 걷는데 하신 말씀이 귓가에 쟁쟁하다. "청춘이 다 흘러갔어요." 투박한 손, 구부정한 어깨, 계급장처럼 드리워진 주름 이전에 어르신이 아니시다.

어르신은 오래전 젊어서 고향 강화도를 떠나 도두머리에 터를 잡으셨다.

고향을 떠나 타향에서의 삶이 눈에 선하다. 타향도 정들면 고향이라 했지만 그래도 타향은 타향이다. 타향살이가 쉽지 않으셨을 것이다. 어르신은 없는 살림에 물불을 가리지 않고 농사를 지으셨다. 동네에서 소문난 일꾼이셨다. 농사 많이 짓기로 손꼽일 정도이셨다. 농악대에 선두에 서서 호령하실 때 감히 범접하지 못할 위엄이 있으셨다.

가끔씩 짬을 내어 국궁을 취미로 하시며 잠깐의 여유도 누리실 줄 아는 멋쟁이셨다.

그러면서도 늘 본업인 밭일 논일에 정신없이 살아 온 세월이시다. 부인인 윤옥분 권사님과 함께 정말 열심을 다해 살아오셨다. 그러는 사이 5남매를 키우셨다. 지난 세월을 윤권사님도 회고하시며 종종 말씀하셨다. "어떻게 살았는지 모르겠다." "예수님 아니면 견딜 수 없었다." 하셨다. 그래도 이제 세월의 흔적으로 농토를 마련하시고 일가를 이루어 사신다.

"청춘이 다 흘러갔어요." 말씀에 지난날에 회한이 서려 있지만 제가 드리고 싶은 말씀은 한가지이다. "어르신, 잘 사셨습니다." 결코 실패한 인생이 아니십니다. 아니 성공한 인생이십니다. 누가 뭐래도 어르신은 잘 사셨습니다. 청춘은 흘러갔지만 흔적은 귀한 보물이 되어 있습니다. 흘러간 청춘을 되돌릴 수는 없다. 그러나 분명한 것 한가지 흘러간 청춘의 흔적들이 훈장으로 남아 있다. 세상에 입신양명은 아니지만 나름 주어진 삶에 최선을 다하신 위대한 삶을 살아오셨다. 오는 세월에 피 끓는 청춘은 식었지만 흔적은 추억이 되고 보람이 되어 있다. 그저 바라기는 남은 날들 마무리 잘 하셔서 유종의 미를 거두시는 것다. 책임을 다하신 위대한 삶에 경의를 포하며 존경의 박수를 보낸다.

故주순남 권사님의 소천에 부쳐

2020. 08. 02.

지난 주 주순남 권사님의 천국환송예배가 있었다. 주일예배를 마치고 사역자들과 점심으로 컵밥을 먹으려는데 양로원에서 주순남 권사님이 위독하시니 기도해주실 수 있냐는 연락이 왔다고 아내가 전했다. 밥 먹으려던 것을 중지하고 이내 양로원으로 갔다. 요즘 코로나 19로 양로원 출입이 금지되어 나름 방역복에 덧신까지 신고 마스크에 장갑까지 끼고 주권사님이 계신 2층 방으로 갔다. 방안에는 장손인 대섭이가 아내와 함께 와 있었고 원장님과 직원들 몇 분이 계셨다. 눈을 감고 숨 가쁜 호흡에 의식이 없어 보이는 권사님이 침대에 누워계시고 다들 그 모습을 근심스럽게 바라보고 계셨다. 권사님의 손을 잡고 기도해 드렸다. 하나님의 은총이 권사님에게 임하시기를 간절히 기도했다. 그런데 내가 잡은 권사님의 손이 움직이는 느낌을 받았다. 사람이 의식이 없을 때 가장 마지막까지 살아 있는 것이 청각이라는 말을 들었던 기억이 난다. 그래서일까? 내 기도를 권사님이 듣고 반응하신 것 같아 귀에 가깝게 더 마지막이 될 말씀을 전했다.

다음날 새벽기도에 가려고 깨서 열어본 카톡에 양로원 윤원장님의 문자가 들어와 있었다. "목사님, 권사님 1시 30분경에 소천 하셨습니다." 그리고 주권사님의 장례의식이 진행이 되었다. 참 다행인 것은 둘째 아들로 우리 교회 협력선교사이신 원동곤 선교사님이 가족이 코로나 19로 한국에 머물고 계신 것이다. 선교대회에 나오셨다. 코로나 19로 들어가지 못하신 것이다.

비록 선교지 귀임이 늦어지고 있지만 권사님의 죽음을 맞고 보니 이 또한 감사가 되었다. 감사하게도 권사님이 운명하실 때 그 모습을 아들이신 선교사님이 지켜 볼 수 있었다. 요즘 법이 바뀌어 코로나 음성인 경우 직계 가족의 경우 장례를 치를 수 있게 되었지만 얼마 전까지만 해도 2주간 격리로 장례 참석이 불가능했었다. 그러니 하마터면 발만 동동거리고 있었을 것인데 임종도 보고 장례까지 함께 할 수 있으니 감사 중에 감사가 아닐 수 없다.

권사님이 우리교회에 나오신 것은 양로원에 입소하시면서이다. 양로원 입소 전부터 우리 엘림 양로원과 인연을 맺어오고 계셨었다. 그 시절까지 합하면 정말 오랜 시간 엘림과 함께해 오신 어르신이시다.

권사님은 엘림에 오셨고 그때부터 우리 교회 원로권사셨다. 거동이 불편해서 교회오고가시는 것이 불편해지기 전까지 최선을 다해 예배드린 교인이시다. 권사님은 엘림에 계시는 동안 사정으로 오랜 시간 잃었던 큰 아들을 찾아 기뻐하셨다.

그 후 때마다 오셔서 어머니와 함께 하셨다. 두 아들이 장례를 치르니 쓸쓸함은 사라지고 100수를 사신 권사님의 호상에 감사하며 장례를 치렀다. 지난 수요일 새벽 천국환송예배를 집례하며 설교로 권사님이 가신 천국을 전했다.

그러면서 권사님의 죽음과 관련한 감사를 말씀 전했었다.

1. 우선 유종의 미를 거두심 감사,믿음 안에서 100수를 누리시다 지병이 아니라 노안으로 가셨다.

2. 긴 3일의 장례로 부산에 사는 큰 아들과 조문객에게 여유를 갖게 하고 두 형제 더 가까워짐에 감사,

3. 믿음을 유산으로 남겨 주심 감사,

4. 가까운 이들에게 좋은 모습 남기시고 가셔서 감사.

5. 둘째 아들과 장 손자 목회자 됨도 감사,
6. 코로나 정국에 하늘 소망 남기시고 천국 가심도 감사.

결론적으로 말하면 모든 것이 다 협력해 선을 이룬 장례였다.

마지막 하관을 할 때는 그렇게 세차게 내리던 비도 주춤하고 모든 것이 감사로 마쳐졌다.권사님은 한 평생 믿음을 갖고 사셨기에 구원의 유일한 조건이 되는 믿음으로 구원 받으셨다. 정말 이별의 슬픔보다 부활의 소망과 구원의 감격을 더 크게 느끼게 하는 장례 이었다,

우리도 장차 주님이 부르시는 때 주순남 권사님처럼 합력해서 선을 이루기를 바란다.

문고리 심방을 마치면서

2020. 12. 06.

코로나 19로 어려운 시절 성도들의 삶에 작은 위로를 드리고자 문고리 심방을 시작했는데 거의 마무리가 되어 간다. 사실 정상적이라면 가정마다 방문해서 얼굴을 맞대며 대면 심방을 했을 것이다. 하지만 코로나 19로 대면 심방이 전면 금지되었고 전염성이 강해 가급적 조심하는 것이 마땅해서 거의 모든 교회가 심방을 금하는 때이다.

그도 그럴 것이 대면 예배도 어려운 시국에 대면심방은 생각지도 못할 일이다. 하지만 제 마음에 하나님께서 비대면 심방의 마음을 주셨고 그 대안으로 문고리 심방을 생각하게 하셨다. 그래서 사역자들의 도움으로 작은 선물을 준비하고 심방을 시작했다.

가정을 방문해서 문고리를 잡고 기도했다. 가정의 생각나는 기도제목과 제게 주신 마음을 기도하며 축복했다. 그리고 작은 선물(편지, 마스크, 작은 세정제)을 담은 가방을 손잡이에 걸고 온다. 아! 인증 샷도 한 장 찍고요. 그렇게 심방을 했다. 저는 성도들의 가정 가정을 방문해서 축복하니 감사하고 성도들께서는 불시지만 목사님이 방문해 축복기도 해드리니 감사, 모두가 감사이다. 많은 분들이 대면 심방 때보다 더 감동이 되신다며 고마워하신다.

그리고 불시에 하는 문고리 심방을 기다리시며 언제 오시냐고 묻기도 하셨다. 문고리 심방을 하면서 여러 생각들이 들었다.

그 중에 하나가 먼 곳에서 오시는 분들이다. 우리교회는 강원도, 용인, 오산, 부천, 서울, 안산, 인천, 부평, 고양까지 그냥 감사하다. 오고 가는 길에 우리 교회만 있는 것도 아닌데 교회가 지천에 있는데 와주심이 무조건 감사이다. 또 하나는 점점 심방이 어렵겠구나 하는 생각이다. 특히 은계지구를 심방하면서 든 생각이다.

신축아파트를 심방하면서 일종의 문화 충격 같은 것을 경험했다. 안전, 보안이라는 명목아래 철저하게 통제가 되고 있다. 아파트 출입문부터 방문자와 입주자가 구분이 되고 통제가 된다. 그리고 동 입구에서 또 한번 통제를 한다. 두 번 세 번 신분이 확인이 되어야 문 앞에 설 수 있다. 그리고 곳곳에 설치된 CCTV가 내 일 거수 일 투족을 감시하고 있다. 이는 마치 조지 오웰의 소설 '1984'를 생각나게 한다.

지도자 빅부라더에 의해 통제되는 시대이다. CCTV에 의해 감시되고 통제되는 시대가 눈 앞에 와 있는 것을 실감했다. 아마 앞으로 아파트 전도는 불가능해질 것이다. 사전에 연락되지 않고서 불시에 방문하는 일은 없을 것이다. 왜냐하면 원천적으로 불가능하게 되었기 때문다. 그렇지 않아도 아파트 문화가 새로운 형태의 주거 환경이 공동체성을 훼손한다는 지적이 있는데 즉 이웃이 살아진다는 것이다. 아마 극단적으로 말하면 이웃사촌이라는 말이 사전에만 남아 있는 단어가 되지 않을까? 하는 생각마저 들었다.

한 아파트 출입구를 잘못 들어가 아파트 입구 출입 가로막 앞에서 지체해야 했다. 제 뒤에 차들이 줄을 서게 되었고 겨우 출입해서 돌아 나와 다른 방문자 입구로 다시 들어갔다. 그런데 그 몇 분의 시간에 엄한 소리를 모질게 들었다. 남의 실수와 허물을 조금도 가려주지도 기다려 주지도 못하는 시대 눈물이 핑 돌았다. 정은 사라지고 삶만 남은 삭막한 세상 그 세상을 보았다. 그래도 심방 할 수 있어 감사하다. 남은 가정도 잘 마치기를 기도한다. 성도 여러분 모두를 사랑하고 축복한다.

95년 만에 아멘

2021. 02. 21

지난 화요일에 지경자 성도님 심방을 했다, 코로나 19로 대면 접촉이 부담이 되지만 그래도 기쁜 마음으로 매화동 성도님 집을 방문했다. 성도님은 남편과 두 분이 사신다. 지경자 성도님도 우리교회에 오신지 몇 년이 안 되신다. 연세는 8학년을 넘으신지 수년이 되는 적지 않은 나이에 전도되셔서 교회에 나오시는 분이시다. 늘 뵐 때마다 나이에 비해 지혜가 있으시며 지금도 일을 하실 정도로 열정이 있으시다.

성도님은 교회에 나오시면서 예수님을 영접하셨다. 그리고 남편의 구원을 위해 애쓰셨다. 하지만 남편은 완고하게 아내의 전도와 나의 방문을 거절하셨다. 몇 번이나 심방을 가도 되는지 물었을 때 남편의 마음이 아직 열리지 않았다 하시며 다음으로 미루셨다. 그러던 중에 남편의 건강이 악화되어 많은 걱정을 갖고 계셨다. 그래서 더 안타까운 마음에 기도해 오고 있던 중이었는데 전화가 왔다.

아내의 말이 성도님께서 "남편이 마음을 돌려 예수님을 믿기로 했다."는 것이다. 얼마나 기다린 날인가? 드디어 그 날이 왔다. 정말 오지 않을 것 같은 날이 왔다. 주일에 성도님께 확인하고 심방 날을 잡았다. 그래서 지난 화요일에 방문을 했다. 나는 심방에 앞서 교회 밴드에 심방 사실을 알리고 중보기도를 부탁했다. 한 영혼이 주님께 돌아오는 것이 얼마나 어려운 일인가? 한 영혼이 돌아오면 천국에서는 잔치가 벌어지지만 마귀는 끝까지 막아선다. 그 사실을 누구보다 잘 알기에 기도를 부탁했다.

심방해서 복음을 전할 때 마음이 변하지 않고 예수님을 영접하도록 중보기도를 부탁했다. 단단한 마음에 준비를 하고 매화동 자택을 방문했다. 눈이 내리기 시작했다. 내리는 흰 눈이 주님의 약속 같아 더 가벼운 마음으로 집을 방문했다. 초인종을 누르니 성도님이 반갑게 맞아 주셨다. 집에 들어서니 남편께서 우리 내외를 맞아 주셨다. 사실 남편께서는 불과 몇 달 전만 하더라도 보행이 어려우셨고 대소변이 어려우실 정도로 위중하셨다. 그런데 최근에 건강이 좋아져서 이제 걸으실 정도가 되셨다 한다.

어르신은 아직 불편한 몸 임에도 누워서 예배를 드릴 수 없다고 거실 식탁 의자에 앉으셨다. 그리고 함께 예배를 드렸다. 나는 예배 후에 복음을 전하고 예수님을 영접하도록 했다. 긴장된 시간이었다. "어르신! 예수님께서 어르신의 죄를 사해 주시고 천국으로 인도함을 믿으십니까?" 믿으시면 아멘 하세요. "아멘" 하셨다. 무려 95년 만에 아멘이다. 95년 동안 예수를 모르던 분이 예수를 아멘으로 고백한 것이다,

이어서 아내 되시는 지경자 어르신의 말씀이 있었다. 지경자 어르신은 자신이 늦게나마 예수님을 믿게 되어 감사한데 남편이 전도에도 불구하고 거절을 하셨다. 이에 걱정하며 기도했는데 최근에 남편에게 물으셨다. "여보 나랑 살아온 지난 세월이 어떠냐? 고 그랬더니 남편께서 "행복했다." 하셨다. 그래서 나는 천국에 가는데 당신은 지옥에 하면 어떻게 되냐며 함께 천국에 가자고 권하셨단다. 그랬더니 그 말에 알았다 하셔서 목사님을 모시게 되었다 하셨다. 참 지혜롭게 남편을 전도하셨다. 하나님이 하신 것이지만 성도님도 지혜롭게 하셨다.

남편의 연세는 95세이시다. 적지 않으신 나이에 건강도 좋지 않으셔서 구원의 시급함을 아시고 전도를 하신 것이다. 그렇다 내일을 보장 받은 사람이 없다고 할 때 전도는 시급하다. 천국 혼자 갈 수

없다. 천국 가족과 함께 가야 한다. 전도 타인을 전도하기 전에 먼저 가족을 전도해야 한다. 지경자 어르신은 이제 4남에게 전도를 위해 힘쓰시기로 하셨다.

엄마의 마지막 믿음의 유산을 남기기 위해서 95년 만에 아멘! 하심을 축하드리고 모든 영광을 주님께 돌린다.

창립 28주년
감사주일 4행시 짓기

2021. 03. 21

지난 주 우리 교회는 창립 28주년 맞은 감사의 예배를 드렸다. 1993년 3월 14일 오후 예배당도 없이 백승학 장로님의 앞마당에서 설립 예배를 드린지 28년.

코로나 19로 인해 대외적인 행사를 못하고 소소하게 식구들끼리 감사의 예배를 드렸다. 마침 26년 만에 처음 안식년을 갖는 협력선교사이신 필리핀의 정찬선선교사님의 설교로 예배를 드렸다. 그리고 교회 이름인 '도창교회'로 4행시 짓기를 했다.

여러분이 참여하셨는데 그 중에 수상작 몇 편을 올려 그 의미를 되새겨 본다.

조선자 집사

도 : 도착하면 은혜 받고
창 : 창조주와 함께하니
교 : 교회 오는 마음도 행복하다.
회 : 회개하며 기도해서 주님께로 더 가까이

서용수 집사

도 : 도두머리 버스정류장 앞 사거리에
창 : 창립 28주년 되는 아담하고 예쁜
교 : 교회가 나를 보고 웃고 있습니다.
회 : 회개케하고 성령 받는 교회로 어서 오라고 ...

박수나 집사

도 : 도두머리 39번 버스타고 지나갈 때면

창 : 창문 너머 보이는 삼거리교회

교 : 교복 입던 시절부터 지금까지

회 : 회상해보면 나와 함께 성장한 우리교회 나의 교회

지경자 성도

도 : 도도하던 부군께서

창 : 창피함을 모르더니

교 : 교회교리 받아들여

회 : 회개하며 천국간데

함께 해주신 모든 분들께 감사를 드리며 4행시를 지으며 생각한 교회를 더욱 사랑하므로 새롭게 시작하는 29년이 되었으면 한다. 모든 것이 하나님의 은혜였다. 감사, 감사드린다.

2021년 송년 주일을 맞으며

2021. 12. 26.

벌써 2021년 마지막 주일을 맞았다. 한 해를 보내며 드는 생각은 늘 같다. '다사다난'했다는 것이다. 그 의미는 '여러 가지 일도 많고 어려움이나 탈도 많음'이다.

사실 올해는 코로나 19 두 번째 맞는 해였다. 작년 갑작스런 코로나 19의 일격에 세계가 정신을 잃었다. 전혀 대비 없이 당한 일에 서둘러 대비책을 내놓았고 백신 개발과 더불어 코로나의 어려움에서 벗어날 수 있을까? 하는 희망을 가져보기도 했다. 하지만 결과는 참담하다.

코로나19는 인간들의 대항에 변이를 일으키며 저항했다. 델타변이에 이어 오미크론까지 백신이 개발이 되고 접종이 어느 정도 되면 집단 면역체가 형성이 되고 공포에서 벗어날 수 있지 않을까하는 희망을 품었었다. 하지만 아직 코로나 19의 터널이 길게만 느껴진다. 세상이 코로나 19와 처절한 씨름을 할 때 교회도 힘겨운 싸움을 계속해야 했다.

사회적 거리두기로 인해 예배나 교제가 제약을 받게 되고, 교회 본연에 정체성마저 잃어버릴 위기에 처했다. 미디어 발달로 발 빠르게 대처해 나가고 있지만 역부족이다.

2년을 넘어서는 지금 가장 우려한 일들이 나타나고 있다. 그것은 예배가 무너지는 것이다. 이미 150만 명이 교회를 떠났고, 1만교회가 문을 닫았다 한다. 열심을 다하던 예배자의 모습은 주일 한 번에 모든 것을 다했다 생각하는 Sunday christian (일요일 교인)으로 전락하고 있다. 다행히 With코로나로 예배 정상화가 가능해 졌다. 그럼에도 지난 2년간 몸에 밴 게으름의 습관은 주일 이외에 모든 예배에 무관심해 졌다. 언제 그렇게 예배에 열심이었나 싶을 정도로 게을러졌다. 하지만 그래도 우리교회는 예배 정상화를 위해 애썼다. 우리교회는 목회에 최우선을 예배에 두고 최선의 노력을 해왔다. 아직 이전으로 완전히 회복은 되지 못했지만 나름 정상화에 한 발짝 다가서고 있다. 올해는 실제로 예배 이외에는 다른 행사를 하지 못하고 있다.

그럼에도 마가복음 읽기, 전교인 성경필사, 사순절 및 대강절 묵상, 3번에 걸친 보이는 라디오, 사랑의 쌀 나누기등과 같은 행사를 진행했다. 이전처럼 활발하게 진행이 되지는 못했어도 나름 최선을 다한 한 해였다. 그래서 다행히 작년 보다는 모든 면에서 회복이 되었다.

위해서 애쓴 장로님들과 성도들의 참여에 감사를 드린다. 누군가 말했다. "코로나는 한국교회에 거품을 빼고 참 신자와 거짓신자 알곡신자와 쭉정이 신자를 가르는 기회가 되었다." 고 말이다. 당분간 어렵겠지만 잘 이겨내면 더 견고한 한국교회를 세울 수 있게 될 것이다. 바라기는 우리 모두 코로나로 알곡 신자로 거듭나기를 그래서 하나님께 영광을 돌려 드리기를 간절히 바란다. 결국 코로나의 끝이 보인다. 조금만 더 힘을 내자.

기도원을 내려오며

2022. 01. 16

지난 주일 오후에 떠밀리듯 기도원에 올라왔다. 그런데 알고 보니 늘 그렇듯 내가 올라온 것이 아니라 하나님께서 불러내신 것이다. 하나님은 기도원 입구에 들어서는 순간 신비한 경험을 하게 하셨다. 발길을 기도원으로 옮기게 하셨던 이유들을 다 잊게 하셨다. 그리고 아주 오래전 내가 하나님께 했던 약속들을 하나둘 생각나게 하셨다. 그동안 나는 까맣게 잊고 있었는데 그래서 아무 생각 없이 살았는데 아니 애써 기억하지 않으려 했었는데 놀랍게도 하나님은 하나도 잊지 않고 계셨다. 아니 잊지 않으시고 오늘을 기다리고 계셨다. 무어라 드릴 말씀이 없었다. 그러면서 드는 생각은 한없는 죄송함이다. 우리는 하나님께 늘 왜 약속을 안 지켜 주시느냐며 떼쓰고 보채고 원망하고 불평한다. 그러면서 정작 우리가 드린 약속은 잊고 산다. 아니 애써 모른 척 시치미를 뗀다. 하나님이 해 주신 약속은 기억하며 내가 드린 약속은 잊으며 말이다.

한 주간 조용한 기도원에서 기도하고, 성경 읽고, 잠자고, 책을 읽고, 산책하고, 사색했다. 하루 점심 한 끼만 먹으며 하나님 앞에 서서 하나님의 말씀에 귀를 쫑긋이 세웠다. 하나님은 다 아시기에 내가 무슨 말을 드리기보다 하나님의 말씀을 들으려 했다. 하나님이 많은 말씀을 해 주신다. 나는 하나님이 수다쟁이시라는 것은 처음 알았다.

하나님은 그동안 나와 이야기를 많이 나누고 싶어 하셨구나 하는 생각이 든다. 그러면서 정교채 목사님이 하신 말씀이 생각이 났다. "늙으니 자녀들의 목소리가 배가 고파." 하신 말씀이 그러면서 하나님께서도 내 목소리에 배고파하고 계셨다는 것을 알았다. 하나님의 마음을 알게 된 나는 한가지 약속했다. "하나님 이제부터는 하나님의 음성에 귀를 기울기는 삶을 살겠습니다. 하나님 앞에 더 집중하겠습니다. 이제 내려가면 세상에 문을 하나둘 닫겠습니다."라고 약속했다.

사실 이제껏 내 삶에 많은 부분 세상에 귀 기울기는 삶이었다. 세상 속에서 세상이 주목하며 세상을 변화시키는 목회를 꿈꾸어 왔다. 그 목회가 잘되고 못되고를 떠나 아니 이제까지는 하나님이 그렇게 나를 부르셨다면 이제는 세상이 아니라 하나님께 주목하는 목회를 원하신다는 것을 알았다. 나를 향하신 하나님의 뜻을 안 이상 나는 이제 하나님께 주목한 목회를 하려 한다. 참 감사하다. 나는 A를 위해 기도원에 왔는데 하나님은 A뿐 아니라 다른 B와 C도 말씀해 주신다. 하나님은 역시 신실하신 하나님이시다. 이제 세상으로 내려간다. 하나님이 주신 위로와 풍성함을 가지고 내 임지 도창교회로 간다. 그것이 나를 부르시고 내게 말씀해 주신 하나님 사랑에 보답하는 길이다. 위해 금식하며 기도해 주신 여선교회 회원들과 장로님들께 감사를 드린다. 이제 새롭게 만나 주실 하나님의 은총을 기대하며 다시 하나님께 주목하는 목회를 향해 달려가려 한다. 올해 우리에게 주신 모든 일에 합력해 선을 이루실 하나님의 섭리를 기대하며 기도원을 나선다. 하나님 감사합니다..

사순절 누가복음 산책을 떠나며

2022. 03. 06

사순절이 시작되었다. 코로나 상황에 특별한 행사는 꿈도 못 꾼다. 그래서 작년 마가복음 산책과 마가복음 1000 독과 같은 누가복음 산책과 누가복음 500독을 진행하고 있다. 누가복음 산책은 40일 새벽기도를 통한 것이며, 누가복음 500독은 개인적으로 누가복음을 읽는 것이다.

사순절이 무슨 절기인가? 사순절을 '40일간의 기념일'이라는 뜻의 희랍어인 '테살코스테'로 이는 부활주일을 기점으로 역산하여 도중에 들어있는 주일을 뺀 40일간을 말하며 예수님의 고난과 죽음 그리고 부활로 이어지는 중요한 기간을 말한다. 이 기간 우리는 주님을 묵상하며 만나는 시간을 가진다.

개인적으로 경건과 생활의 절제를 통해 주님께 다가가는 시간이다. 이 기간에 우리는 두 가지 행사를 준비했다. 먼저 누가복음을 깊이 있게 살펴보며 주님을 만나는 새벽기도이다. 요즘 코로나19로 신앙이 아주 느슨해졌다. 느슨해진 정도가 아니라 신앙생활을 잃어버린 성도들도 적지 않다. 교회마다 적어도 출석교인의 30%가 줄었다. 또한 그 많던 다양한 교회 행사들도 중단이 되었다. 신앙생활에 중요한 요소 중의 하나였던 교제가 사라졌다. 교회에서의 식사금지는 자연스럽게 교인 상호 간에 만남을 멈추게 했다. 교제의 중단은 교회 안에 다양한 교제를 금지했다.

'곡간에서 인심 난다.'라는 말이 있듯이 먹는 것은 교제에 중요한 동기가 된다. 그런데 식사가 금지되며 모든 만남이 멈추었다. 그 시간이 3년을 넘으며 이제는 멈춤이 몸에 배어 다시 회복될 수 있을지 의심이 될 정도이다. 오미크론의 확진자가 폭발하면서 정부의 방역지침이 좀 느슨해지는 감이 있다. 섣부르지만 코로나의 종식을 예견하는 말도 나온다. 그러나 막상 코로나가 멈추고 마스크를 벗고 거리두기가 끝나 일상의 삶이 회복되더라도 성도들의 신앙이 이전으로 돌아갈지는 의문이 든다. 그만큼 편리함이 너무 많이 왔다. 신앙에 게으름이 습관처럼 몸에 배었다. 주일 이외에 예배를 다시 드릴 수 있을까? 수요일 금요일 매일 새벽기도를 다시 드릴 수 있을까? 깊은 회의감만 든다.

올해 사순절 특별기도회는 이전의 신앙생활을 준비하는 예행연습 시간 같다. 이렇게라도 조금씩 잃어버린, 느슨해지고 게을러진 신앙을 다시 잡아보려 한다. 어렵지만 사순절이라는 특별한 시간을 매개 삼아 다시 시작해 보는 것이다. 더욱이 새봄이다. 만물이 소생하듯이 우리의 믿음도 다시 시작하도록 힘써 보는 것이다. 그리고 한 가지 더 누가복음 500독을 하는 것이다. 개인적으로 몇 독을 하게 될지는 몰라도 누가복음을 열심히 통독하는 것이다. 누가복음은 의사 누가가 쓴 예수님에 관한 말씀이다. '누가'는 의사 출신으로 다른 복음서와는 달리 사실에 입각한 예수님의 생을 기록했다. 특히 역사적인 예수를 소개하고 소외되고 병들고, 아픈 이들의 구주로 부각했다. 예수님이 유대인들만의 예수님이 아니시라는 것이다.

유대인 뿐 아니라 헬라인 더 나가서는 온 우주에 구세주가 되심을 알리려 했다. 우리가 누가복음을 통독하므로 새롭게 예수님을 만나게 될 것이다. 매일 기도하며 누가복음을 산책하면 그 숲에 숨어 있는 수많은 보화를 만나게 될 것이다. 누가복음이 마가복음보다 길다. 장도 많고 장에 절도 길다. 하지만 그래도 기도하며 읽어나가다 보면 순간 예수님이 빛처럼 내 옆에 계심을 보게 될 것이다. 번거롭고 귀찮을지 몰라도 나를 위해 십자가를 지시기 위해 오신 예수님을 만난다는 기대로 참여하면 예수님을 새롭게 만나는 행복한 시간이 될 것이다. 예수님과의 행복한 만남을 기대하며 누가복음 산책과 500독의 거룩한 길에 함께 해주시기를 바란다.

두 렙돈의 사랑

2022. 04. 24

며칠 전 박수나 집사에게 전화했다. 오미크론에 감염이 되어 자가 격리 중이라 한다. 이번 주부터 사회적 거리두기도 풀리고 마스크 착용 이외에는 코로나 방역이 대폭 완화가 되었다. 전염병 등급도 1급에서 2급으로 하향이 되고 감기와 독감처럼 계절성 질환으로 바뀌었다.

처음에 발생했을 때 가졌던 두려움에서 많이 벗어나게 되었다. 하지만 아직도 개인 방역에 최선을 다해야 함은 불변의 진리이다. 정말 모든 것이 이전에 상태로 돌아갈 날이 언제쯤이 될지 모르지만 이만하기도 천만다행이다. 여하튼 코로나의 위험이 많이 줄어들기는 했어도 아직 기저질환이 있는 분들이나 노인과 아이들과 같은 면역력이 약한 대상들은 긴장의 끈을 놓을 수 없다. 지난주일, 박수나 집사가 오미크론에 감염이 되었다는 소식을 듣고 다른 사람은 몰라도 기저질환을 앓고 있는 터라 걱정이 되어 전화했다.

예상대로 목소리에 힘이 빠져 있다. 언제나 씩씩한 집사님은 괜찮다고 말하지만 내 걱정이 있다. 사실 사람마다 증상이 너무 다르다. 어떤 사람들은 정말 가볍게 지나가는가 하면 어떤 분들은 심하게 앓는다. 그리고 그 후유증도 몇 달이 가는 분들도 있다. 그래서 단정적으로 뭐라 말할 수 없다. 주중에 기도하며 다시 전화했다. 한결 목소리가 안정되었다. 이제 다 나았다는 말에 감사하다. 그런 박수나 집사 하면 떠오르는 것이 있다. 바로 조카와 아이들이다.

매 주일 예배에 헌금 기도를 드릴 때 전 교인이 감동하는 것이 있다. 다른 것이 아니라 이모의 건강을 위해 조카들이 감사 헌금을 드리는 것이다. 누가 시켜서일까? 아니 시켜서라고 해도 한두 번이지 매번 드릴 수는 없다. 어린 조카들 그리고 두 딸이 우리 이모, 우리 엄마 건강하게 해 주세요. 기도문을 적어 헌금을 한다. 이모를 엄마를 생각하는 마음이 너무 귀하다. 얼마나 사랑하면 매 주일 헌금을 드린단 말인가? 아이들이 드리는 헌금은 분명 과부가 드린 두 랩돈 정도이다.

두 렙돈은 하루 품삯의 64분의 1에 해당하는 돈이다. 그럼 우리 돈으로는 건설 현장 일반노동자 노임이 하루 80,000원으로 하면 이 중에 인력소개업체에 소개료 10,000원을 주고 점심값 5,000원을 빼고 나면 65,000원이 하루 품삯이다.

거기에 64분의 1은 즉 두 렙돈의 가치는 현재 우리 돈으로 1,016원 정도라 하겠다. 화폐 가치로 보면 적은 돈이다. 그런데 이 과부의 헌금을 예수님이 극 칭찬을 하셨다.

눅 21:1-4 "예수께서 눈을 들어 부자들이 헌금함에 헌금 넣는 것을 보시고 또 어떤 가난한 과부가 두 랩돈 넣는 것을 보시고 이르시되 내가 참으로 너희에게 말하노니 이 가난한 과부가 다른 모든 사람보다 많이 넣었도다. 저들은 그 풍족한 중에서 헌금을 넣었거니와 이 과부는 그 가난한 중에서 자기가 가지고 있는 생활비 전부를 넣었느니라 하시니라." 아이들이 드린 몇 천원의 헌금은 적은 돈이지만 한 달 용돈으로 보면 정말 큰 액수이다. 예수님이 칭찬한 생활비 전부일 수 있다.

사실 헌금의 액수도 액수이지만 매주 이모를 생각하고 엄마를 생각하는 아이들의 마음이 귀하다. 감사하게 하나님께서 집사님의 어려운 병을 치료하셨다. 본인의 노력도 귀중하지만 아이들의 정성도 한 몫 했다 생각한다. 바라기는 아이들이 두 렙돈을 드리는 그 믿음으로 인생을 살아 주기를 바란다.

호영이와 후승이는 올해 고3이다. 최선을 다해 힘쓸 때 선한 결과를 낳게 하실 것이다. 하나님의 복이 아이들에게 가득하기를 기도한다.

기도합니다

2022. 06. 15

지난 주 월요일부터 우리 교회는 사랑의 릴레이 한끼 금식기도를 시작했다. 맨 처음 동기는 8년 만에 교회에 나오신 정미옥 집사 때문이다. 집사님은 최근 MRI검사에서 다시 재발한 것 같다는 소견과 26일 다시 검사를 받기로 했다는 소식에 릴레이 금식기도를 생각했다.

다시 신앙생활을 하시게 되어 얼마나 기뻤는지 모른다. 하지만 이전에 아주대학 병원 주치의가 다시 재발할 수 있다 했었다며 수술을 받아도 계속 재발하면 어떻게 하나 걱정하시는 모습에 다시 한번 릴레이 기도를 생각했다. 수술과 재발을 반복할 집사님의 환부를 고치시는 분은 하나님 밖에 없다.

구약 말라기에 '치료의 광선을 비춘다'는 말처럼 하나님의 치료의 광선이 필요하다. 하나님이 합의하시면 어떤 병도 치료되기에 하나님의 손길 밖에 없기에 기도를 선포했다. 또 우리교회는 그 동안 릴레이 금식기도의 능력을 경험한 적이 많다. 우선 저의 하행대동맥에 이상이 생겼을 때 연세 세브란스 병원의 주치의는 내게 분명하게 다음과 같은 말을 했다. "치료의 방법도 마땅하지 않다. 만약 찢어지면 맛살 찢어지듯이 찢어진다. 그러니 감정을 잘 조절해서 기쁘지도 슬프지도 말며 살라"고 했다. 사람은 감정의 존재인데 어떻게 감정을 숨기며 살라는 것인가? 죽으라는 말 같았다. 그래서 한 달간 릴레이 하루 금식기도를 했다. 그 결과 나는 지금까지 잘 살고 있다.

홍사흥 권사님의 경우도 그렇다. 내가 제주도에 내려간지 얼마 안

돼 홍사흥 권사님이 간암 말기 판정을 받으셨다는 소리를 들었다. 그래서 하나님의 처방전을 보내고

성도들이 릴레이 하루 금식 기도를 한달간 했다. 그 결과는 매주 성전에서 본다. 바로 예배에 참석하신 홍사흥 권사님과 박수나 집사다. 집사님도 암이다. 그래서 우리가 릴레이 금식기도를 했다. 역시 결과를 알고 있다, 매주 건강한 집사님을 보고 있다. 이밖에도 걸어다니는 촛불이라던 이강민 그리고 강지은, 백순자 권사님까지 헤아릴 수 없는 은혜를 경험했다. 릴레이 금식기도는 이래서 기적을 경험하는 우리교회 전속 능력기도가 되었다. 이번에는 한 사람이 한 끼 금식을 한다. 그리고 정미옥 집사의 건강을 위해 기도한다.

하나님의 능력으로 혈루의 근원이 사라져 다시는 재발하지 않도록 기도하는 것이다. 그런데 릴레이 한 끼 금식기도를 드리면서 그밖에 환우들도 함께 기도한다. 김금복 집사, 김창식 어르신, 김인자 권사, 최병은 성도, 서성숙 권사 등등 환우들을 위해 함께 기도한다. 나를 위해, 내 가족을 위해 금식할 수 있다. 하지만 타인을 위해 금식하며 기도한다는 것은 쉬운 일이 아니다. 사랑의 마음 없이는 기도할 수 없다.

그렇다고 할 때 이번 주 월요일부터 시작이 된 릴레이 금식기도는 사랑이다. 성도 간에 서로 서로 사랑하므로 드릴 수 있는 기도이다. 분명 확신한다. 이번에도 하나님은 우리의 기도에 응답하셔서 정미옥 집사를 비롯해서 여러분들을 위한 기도에 응답해 주실 것이다. 한끼 릴레이 금식기도에 참여해 주신 모든 분들게 감사를 드린다. 한끼 금식이 쉽지 않지만 그러나 사랑의 마음으로 행할 때 놀라운 능력이 나타날 것이다. 그러니 어려워도 힘써 금식하며 기도해 주시기를 바란다. 6월 2일 정미옥집사의 결과를 보는 날이다. 이 날은 기도 응답의 날이다. 그 날 기도응답을 소망하며 더욱 힘써 기도하기를 바란다.

필리핀 성전건축 답사를 마치며

2022.05.29

짧은 답사 여행을 잘 마치고 목요일 새벽에 귀국했다. 지난 주일에 출발하면서 몇가지 기도 부탁을 드렸다. 그 중에 가장 중요한 것은 답사 내내 하나님의 은혜를 경험하게 해 달라는 것이었다. 바기오 산지에 교회를 세우는 것이 하나님의 뜻이며 그에 합당한 은혜를 동일하게 경험하게 해달라는 기도와 날씨 기도도 부탁했다. 전 주에는 내내 우기가 시작된 것처럼 많은 비가 내렸고 이번 주에도 비 예보가 있어 걱정을 많이 했다.

비가 많이 내리면 선교지 방문이 어려워지기에 좋은 일기를 위해 기도했다. 그런데 이 기도는 우리만 한 것이 아니라 우리가 방문할 교회 가운데 하나인 골드크릭교회 성도들도 우리의 방문이 취소되지 않도록 열심히 기도했다. 그래서 답사 내내 비 구경을 못했다. 돌아오는 날 마닐라행 버스를 탔는데 버스가 출발하고 얼마 안돼 비가 쏟아졌다. 천둥과 번개를 동반하고 겁이 날 정도로 비가 내렸다. 답사 내내 멈춘 비가 답사를 마치고 돌아오는 버스를 타니 내리기 시작한 것이다. 이것도 이번 답사에 하나님이 함께 하심의 여러 증거 중에 하나였다. 이런 하나님의 은혜의 증거는 답사 내내 계속 되었다.

또 하나를 소개하면 마닐라에서 바기오로 가는 버스편이다. 일반 버스는 너무 오래 걸려 우등버스를 예약하려 했는데 예약을 못했다. 그래서 그냥 월요일 새벽 1시30분 버스를 타려는 계획을 세웠다. 한국 시간으로 주일 저녁 7시에 출발한 비행기가 마닐라에 도착하고 택시로 버스 터미널까지 가면 탈수 있는 버스가 새벽 1시 30분 버스다. 그런데 감사하게 비행기가 일찍 도착하고 택시도 생각보다 일찍 터미널에 도착해 우등버스 한 대가 출발 전에 있는 것이 아닌가? 그것도 두 자리를 남겨 놓고 마치 우리를 기다리기나 하듯이 그래서 예정보다 1시간 30분이나 일찍 목적지 바기오에 도착을 할 수 있었다.

선교사님이 아시는 교민께 이 말을 했더니 "거짓말하지 말라"며 저녁 비행기를 타고 이 버스를 탈 수 없다며 놀라워했단다. 이 또한 하나님이 하신 일이 아닐 수 없다. 우리가 교회를 건축하려는 곳은 광산촌 마을에 있는 베다교회이다. 베다교회 아비 목사님의 꿈은 광산촌 청소년을 돌보는 것이다. 방문한 곳은 고산 2300m인 바기오 밑 계곡이다. 금을 캐는 작은 광산이 즐비하다. 광산은 작은 토굴과 같은 곳에서 청소년 광부들이 조를 짜서 금을 캔단다. 작은 몸을 숙여야 겨우 들어갈 수 있는 굴은 길게는 수km나 된다고 한다. 점점 금이 고갈 되어 노동과 노력에 비해 결과는 별로 없는 상황이다. 부모의 사랑을 받고 자라야 할 청소년들이 학교도 가지 못하고 광산에서 보낸다. 한두평되는 작은 집에 십여명이 함께 살면서 금을 캔다. 그들의 생활이 어떨지는 상상이 안 간다. 나도 하선교사님의 말씀만 들어서는 전혀 실감이 나지 않았는데 와서 직접 보니 이해가 된다.

이들은 일을 마치면 술과 문란한 생활에 노출이 되어 있다. 소망없는 안타까운 현실에 가슴이 아프다. 이에 베다교회 아비 목사님을 비롯한 여러분들이 교회를 세워주기를 기대했고, 교회는 하루종일 광산에서 허리 한번 펴지 못하고 일하던 광부 청소년들의 허리를 펴고 운동을 할 수 있는 그런 교회를 원하셨다. 바로 우리가 지을 교회이다. 전통적인 교회와는 다른 하지만 "예배당, 전천후체육관, 마을회관"등의 다목적 성격의 건물인 교회를 짓기를 원하는 마음을 이제야 알 것 같다. 이 마음은 하나님의 마음이고 이 마음이 베다교회 성도들에게 그리고 상현이에게 그리고 도창교회 성도들에게 이어졌다. 나는 이번 답사를 통해 이곳에 교회를 세우시려는 하나님의 마음을 알았다. 이제 시작된 이 일은 하나님의 꿈이나. 하나님의 꿈이 그곳 성도들의 꿈이 되고, 상현이의 꿈이 되고 우리 꿈이 되었다. 그 꿈을 위해 함께 하자. 몸은 피곤하지만 꿈을 꾸게 하신 하나님께 감사하며 거룩한 첫발을 내딛는다.

한 생명 경작운동『300전도』를 하며

2022.07.10.

드디어 기도하며 준비한 '한 생명 경작운동 300전도'가 시작이 되었다. 코로나로 지난 2년 반 모든 것이 무너진 느낌이다. 그 중에 가장 큰 상처는 성도가 하나님으로부터 멀어진 것이다. 의도하든 의도하지 않던 방역 수칙 중에 하나인 '사회적 거리두기'가 사회를 넘어 하나님과의 거리두기까지 영역을 넓힌 것이다. 누구든 아무리 친밀한 관계도 만남이 소홀해 지면 즉 마음이 멀어지면 몸도 멀어진다. 하지만 평소 소홀한 관계도 자주 만나다 보면 정도 들고 마음도 가까워진다. 그런데 사회적 거리두기로 인간관계 뿐 아니라 하나님과의 관계도 멀어졌다. 코로나 19가 어느 정도 잠잠해 지며 세상은 코로나 19 이전에 가깝게 정상화 되고 있다. 하지만 교회는 여전히 코로나19 상태를 벗어나지 못하고 있다.

그 징조가 교인의 3분의 1이 줄어든 것이다. 한국교회의 위기가 아닐 수 없다. 정말 사회적 거리두기가 영적인 거리두기로 발전이 되었다. 그러니 교회 밖 전도는 꿈도 못 꾼다. 그러나 그래도 그럴 수 없다. 성경에 "너희는 때를 얻든지 못 얻든지 전도하라." 하셨듯이 상황은 어려워도 현실은 불가능해 보여도 우리는 전도해야 한다. 전도는 예수님의 지상 최후명령이며 사명이기 때문이다. 그래서 이제 전도를 시작하려 한다. 우리 교회는 매년 '한 생명 전도운동'이라는 타이틀로 전도해 왔다. 전반기 후반기로 나누어 전도해 왔다. 대상자를 품고 전도해서 초청하는 형식이다. 사실 이것도 지난 3년간 제대로 못했다. 이제 다시 시작하려 한다. 그런데 이번에는 경작 방법 즉 전도방법을 달리해 보려 한다. 지난 주일 이미 말씀드린 것처럼 이번에는 '300전도'이다.

'300전도는 100명의 성도가 100명의 태신자를 품고 100번 전도하는 것이다.' 방법은 매 주일 목사가 준비한 전도 편지를 우편으로 발송하는 것이다. 그래서 매 주일 전도 편지를 받아 보고 주께로 인도하는 것이다. 전도의 기간은 2년이다. 100번의 전도편지를 보낸다. 이 때 중요한 것이 있다.

그것은 전도 편지를 받아 볼 태신자를 정할 때 기존의 방법처럼 전도자가 일방적으로 정하는 것이 아니라 전도 편지를 받아 볼지를 허락한 태신자에게 보낸다는 것이다. 전도자는 태신자를 정할 때 미리 전도 편지를 매주 받아볼 의사가 있는지를 확인하고 주소를 받아와야 한다. 그래야 매주 전도편지를 우편으로 보낼 수 있다.

또 하나 전도자는 매주 전도 대상자에게 전도 편지를 받았는지 유무를 확인하고 내용을 서로 나누는 것이다. 전도 편지는 미리 주보 도두머리 글에 올려 공유하게 된다. 이 때 정말 중요한 것이 있다. 모든 것이 성령의 역사 가운데 이루어 져야 한다는 것이다. 그래서 기도해야 한다. 전도자 뿐 아니라 저를 비롯한 온 성도가 성령의 역사를 위해 기도해야 한다. 그러면 분명 2년 안에 모든 태신자들이 주께 나오는 놀라운 역사가 일어 날 것이다. 이제 7월 한 달간 기도하며 태신자를 정하는 것이다. 분명한 사실은 전도하면 전도되고 전도하지 않으면 전도가 안 된다는 사실이다.

2022년 도창 김장담그기

2022. 11. 27

오늘 김장담그기를 했다. 지난 주일부터 시작해서 오늘 속을 넣기까지 3일간에 김장담그기를 마쳤다. 주일 오후 백승학 장로님이 헌물하신 1등급 배추, 무에 김상숙 권사, 윤옥분 권사, 최재순 성도, 오상임 권사님 헌물한 무로 김장을 담궜다. 이옥란 총여선교회 회장님을 중심으로 '김장 고수', '김장 장인'들이 총출동해서 소문난 도창교회 김장을 담갔다.

첫날은 배추 무를 준비하고 둘째 날은 김장에 필요한 준비를 아침부터 했다. 이옥란 권사와 이명자 권사의 생강까기로 시작해서 배추와 무를 씻고, 배추를 절이고, 김장 속에 넣을 무를 채 썰었다. 그리고 각종 양념을 섞어 준비했다. 그런데 김장담그기에 가장 어려운 속 버무림 직전, 걱정이 태산이었다. 고수의 평균 나이가 7학년을 넘었기 때문이다. 엄두를 못낼 쯤에 강영구 장로님이 흑기사로 나타나 온 몸으로 속버무림을 해주셨다.

그렇게 마치니 해가 저물었다. 늦은 시간까지 애쓰신 이순희 권사님을 집까지 태워드리면서 그런 생각이 들었다. 교회 김장 담그는 것이 몇 년이나 더 할까? 이미 김장 담그기를 멈춘 교회들이 많다. 이유는 코로나 이후 교회 내 식사가 중단이 되어 김치가 필요 없게 된 것이고 그 밖의 이유는 김장을 담그는 것보다 김치를 사먹는 것이 더 경제적이라는 이유, 거기에 하나 더해서 이전보다 바쁜 세상에 일을 하기에 요즘은 시간을 내고 헌신할 여선교회 회원들이 없어지는 것이다.

이런저런 이유로 김장 담그기가 어쩌면 옛 추억이 될 수 있을 것이다. 셋째날 새벽 4시 절임배추가 너무 짤까봐 새벽에 삼총사가 출동했다.

'오상임, 이정희, 이옥란' 그들의 수고로 배추의 간이 딱 맞게 되었다 한다. 그리고 아침 한분 두 분 모이신 여선교회 회원들의 손 고무장갑이 끼워지고 능숙한 솜씨에 손맛이 더해져 '도창명품김장김치'가 담가졌다. 사뭇 전쟁에 비견되는 삼 일간에 김장 전투였다. 수고가 커서일까? 입안 가득한 수육의 맛이 기가막히다. 둘이 먹다가 하나가 죽어도 모를 맛, 애쓴 모든 분들의 수고에 감사를 드린다.

고생스런 김장담그기가 끝났다. 수고한 이옥란 회장님을 비롯한 여러분들의 헌신의 결과이다. 우리교회는 이제 맛있는 김치로 친교할 수 있게 되었다. 올해 김장은 어느 해보다 더 맛있을 것 같다. 김장 김치가 맛이 있기 위해서는 여러 가지가 어울어져야 한다. 가장 중요한 것은 재료들이다. 무와 배추가 우선 맛있어야 한다. 그런데 올해 장로님이 헌물해 주신 배추가 맛이 있다. 속이 꽉찬 것이 맛이 있다. 무도 마찬가지이다. 생으로 갂아 먹었는데 배같다.

거기에 준비한 양념들이 좋은 것 그리고 여선교회 회원들의 헌신까지 맛이 없을 수가 없다. 이제 만들어진 김장 배추가 잘 숙성이 되는 것이다. 하지만 김장을 끝내고 남은 것은 온몸의 고통이다. 매년 늘 하는 것이지만 김장의 노동 강도가 적지 않아 김장을 하고 나면 병이 든다. 그래서 든 생각이다. 내년에는 몇몇이 아니라 온 교우가 함께 하는 '도창김장담그기 날'을 진행할까 한다. 고수들의 지도아래 토요일부터 온 성도가 함께 준비하고 주일에 함께 김장을 담그는 것이다. 그러면 김장 담그기가 축제가 되지 않을까 생각 된다. 여하튼 올 김장 담그기에 애써 주신 모든 분들게 감사를 드린다.

특히 이옥란 여선교회 회장님과 이강희, 윤옥분, 오상임, 이정희, 이순희, 황미숙 최갑순, 배순이, 김인자, 김향자, 정희자, 김정희, 백순자, 이은주, 나희정, 이윤희, 조혜련, 이정숙, 윤희란, 백승학, 김주형, 강영구, 조은철, 하인용, 김주석, 김선일, 박은환, 청년들 등등 그리고 몸은 오지 못했어도 마음 보낸 성도들 그리고 귤 2박스로 섬겨주신 윤정숙집사, 꽈베기를 사주신 서성숙 권사님등 (이름이 빠졌더라도 상처 받지 마시고 손들어 주세요, 아! 하나님은 다 아십니다.) 모두 감사하다. 모두 수고하셨습니다.

故박진원 성도님의 소천에 부쳐

2022. 12. 25

지난 21일 수요일 오전에 성도님의 소천 소식을 들었습니다. 부천 성모병원 중환자실에서 일반 병동으로 옮기신 후 괜찮아 지시다가 요양병원에 입원하신지 한 주도 안 되어 하나님의 부르심을 받으셨습니다. 매일 새벽마다 성도들과 함께 기도하고 있었는데 하나님이 천국으로 부르셨습니다.

교인들과 임종예배를 드리고 오면서 성도님을 생각해 봅니다. 성도님은 한 마디로 착한 사람이셨습니다. 심방을 가서 말씀을 나누면 늘 한결 같은 잔잔한 미소로 말하셨습니다. 그리고 제가 노파심에서 지나가는 말처럼 "어르신 예수님 믿으시지요?" 여쭈면 겸연쩍게 아주 작은 목소리로 '예' 하셨습니다. 그리고 나머지 답은 미소였습니다. "목사님은 별 것을 다 물으셔요?" 하는 것 같은 미소 오늘 그 미소를 영정사진으로 봅니다. 나이 드신 분들의 소망은 하나가 있습니다. 긴 투병하지 않고 가는 것입니다.

오죽하면 "9 9 8 8 2 3 4" "99세 88하게 살다가 2,3일 아프다 죽는 것이다." 할까요! 성도님은 그런 면에서 아쉽지만 감사한 죽음을 맞으셨습니다. 성도님은 농부로서 누구보다 열심히 사셨습니다. 그리고 인생에 유종의 미를 거두셨습니다. 한 마디로 말하면 성공적인 인생이셨습니다. 왜냐하면 예수를 믿었기 때문입니다. 성도님은 어느 날 교회에 나오셨습니다. 그렇게 심방을 하며 권해도 웃기만 하시고 결단하지 못하셨는데 어느 날 갑자기 나오셨습니다. 그 이면에는 아주 은혜스런 간증이 있습니다. 하나 밖에 없는 아들이 사업을 하게 되었습니다. 그런데 아버지로 도움을 주지 못하는 것이 안타까운 마음에 며느리에게 다음과 같이 말씀 하셨답니다. "내가 너희들의 힘이 되어 주어야 하는데 그럴 형편이 못되어 미안하구나 그래서 그런데 소원이 있으면 말해 보렴."

이 말에 지혜로운 며느리가 이렇게 말했답니다. "아버님 제 소원은 다른 것이 아니라 아버님이 교회에 나오시는 것입니다." 이 말을 들으신 성도님이 그 날로 며느리 소원을 들어 주시기 위해 교회에 나오셨습니다. 그리고 흐르는 시간 속에 믿음도 갖게 되셨습니다. 성도님은 좋은 아버지이셨습니다. 성도님을 생각하면 또 하나 기억되는 것이 있습니다. 그것은 욕심이 없는 착한 분이셨다는 것입니다. 한 평생 포도 농사를 지으셨습니다. 인근에서 포도를 가장 싸게 파셨습니다. 싸게 파시면서도 하시는 말씀은 "깡에 내는 것보다 좋다."며 만족해하신 것입니다. 남들 받듯이 받으셔도 될 텐데 그 마음은 언제나 변함이 없으셨습니다. 좋은 이웃이셨습니다. 성도님은 동생을 앞세우셨습니다.

남동생의 죽음과 여동생 박양원 권사가 아플 때 형으로, 오빠로 많이 힘들어하셨습니다. 걱정하며 눈물을 훔치셨습니다. 좋은 형이고 오빠였습니다. 성도님은 부부 금슬도 좋으셨습니다. 목소리 큰 아내에 언제나 넓은 마음으로 미소 지으며 사랑하셨습니다. 좋은 남편이셨습니다. 모를 낼 때. 포도밭에 기도해 드리면 좋아하신 착한 성도이셨습니다. 이제 얼굴을 뵐 수는 없지만 천국에서 다시 만날 소망에 천국 환송을 해드립니다. 성도님 천국에서 다시 뵈어요, 사랑합니다. 축복합니다.

故백승석 성도님의 소천에 부쳐

2023. 05. 28

요즘 호조벌은 모내기가 한창이다. 아니 거의 끝나간다. 지난 주초 백승석 성도님 집 앞에서 아들 종호 형제를 오랜 만에 만났다. 종호 형제는 백승석 성도님과 최갑순 집사님의 아들로 나의 고등학교 후배이다.

반갑게 인사를 나누었는데 종호 형제가 근심어린 이야기를 했다. 이야기는 다른 것이 아니라 아버지의 몸 상태가 안좋으시다는 것이다. 지금 세종병원에 입원해 계시다며 이런 저런 걱정을 했다. 사실 남자 나이 50을 넘으면 이 걱정 저 걱정에 부모님 건강 걱정이 하나 더해진다.

종호 형제의 아버지이신 백승석 어르신도 마찬가지이다. 아들은 아버지 어머니 걱정에 모내기 걱정까지 더해져 근심스런 표정을 지었다.

그 뒤에 매일 종오 형제와 통화를 하며 상태를 예의 주시하며 성도님을 위해 성도들과 매일 기도해 왔다. 그런데 토요일 아침에 이강희 권사님의 전화를 받고 소천 소식을 듣게 되었다. 새벽에 하나님의 부르심을 받으셨다.

성도님은 이 마을에 유지(有志)셨다. 백승학 장로님은 두 살 많은 성도님을 동네 또 집안 형으로 따르시고 좋아하셨고 오래 전부터 성도님의 구원을 위해 기도해 오셨다.

그런데 백장로님의 기대와 달리 성당에 등록하셔서 백장로님의 실망이 이만저만이 아니셨다. 몇 해 전 외조카의 강권적인 전도로 우리교회 성도님이 되셨다. 아마 백장로님의 간절한 기대와 소망에

하나님이 응답하셨나보다

성도님은 매일 아침에 자전거를 타시고 밭과 논을 한 바퀴 돌아보셨다. 아침에 호조벌에 나갈 때 그런 성도님을 종종 만났다. 반갑게 인사드리면 늘 반갑게 웃으시며 맞아 주셨다. 몇 해 전 광화문에서 보수단체의 집회가 한창일 때 나라 사랑의 마음으로 그곳에 한번 가셔야겠다. 하시며 집 앞에서 만난 나를 붙들고 나라 걱정을 한창하셨다. 그런 어르신은 도두머리 동네, 백씨 문중, 농협 이사 등을 하시며 동네, 백씨 문중, 지역사회 발전을 위해 애쓰셨다.

이 땅에 연수가 다하셔서 하나님께 부름을 받으셨다. 몸이 안 좋으셔서 병원에 입원하셨다는 소리에 동네 분들이 걱정하시며 하시는 말이 아마 아내에 대한 걱정에 더 병이 깊어지신 것 같다 하셨다. 근자에 몸이 많이 안 좋아진 아내 걱정에 자신의 몸 걱정보다 더 컸다 한다. 여하튼 우리내 아버지들이 다 그러시듯 어려운 시절에 태어나셔서 한편생 고생하시다가 떠나셨다. 역시 아쉬움이 많이 남는다. 그러나 그래도 어르신은 인생에 유종의 미를 거두셨다. 반드시 가야 하는 천국에 가셨기 때문이다.

예배 끝나고 교회 식당에서 또래의 어르신들과 식사를 하시며 커피 한잔에 담소를 나누시던 모습이 생생하다. 그 모습을 기억하는 성도들이 죽음에 실감이 나지 않는다. 우리 마음이 이렇게 허전한데 아내와 자녀들의 마음은 형언할 수 없을 것이다. 하지만 그래도 가신 곳이 천국이라 할 때 위로 받으며 아버지가 가신 천국을 소망하는 자리가 되었으면 한다.

천국 환송예배를 마치고 3일 첫 성묘예배를 드렸다. 예배를 마치고 난 뒤 자녀들이 아버지의 유지를 받들어 장학헌금을 드리고 싶다며 적지 않은 헌금을 드렸다. 성도님은 생전 의미있는 일을 하고 싶어 하셨단다. 자녀들의 말이 아버지는 검소하셔서 평생 좋은 옷 한

번 안 입으셨고 신발 세 켤레를 남기셨는데 그것도 낡아 구멍이 나 있었다며 눈물을 훔쳤다. 그러면서 앞으로 남을 돕고 싶었지만 실행하지 못하신 아버지의 꿈을 이루어 드리고 싶다 했다. 아버지의 유훈을 받들고 싶어하는 남매의 마음을 천국에서 보시고 기뻐하실 것이다.

그런데 더 감사하실 것은 자녀들이 아버지가 못다 하신 믿음의 삶을 살기로 한 것이다. 그래서 역시 백승석씨 자녀들이 다르다는 소리를 듣을 것이다.

성도님 수고하셨습니다. 천국에서 뵈어요

창립 30주년 감사 성전 리모델링을 마치며

2023. 04. 02

지난 달 초 창립 30주년 감사 성전 리모델링을 시작했다. 지난 해 창립 30주년을 감사하며 이런 저런 일들을 생각했는데 그 생각 속에 성전 리모델링은 없었다. 더욱이 교회 주변 택지 개발이 발표되고 교회의 미래가 어떻게 변할지 모를 상황에서 정말 리모델링은 더욱 생각하지 않았다. 창립 30주년을 맞으며 기념될 일을 생각하며 성도들의 제안을 받던 중 성전 리모델링이 다수에 의해 제안이 되었다. 사실 성전을 손볼 때가 되기는 했다. 20여년이 넘으며 이곳저곳이 낡아지며 상해 손을 봐달라는 건물의 요청이 있었다. 그래도 예배드리는데 지장이 없는 터라 좀 더 견디어 교회 건축을 해야 하지 않을까? 생각해 왔다. 하지만 이번이 때인 것 같다. 그래서 기도하는 중 창립 30주년 기념 사업 중에 하나로 선정해서 시행을 하게 되었다.

성전 리모델링을 시작하며 생각한 가장 먼저 생각은 이 일이 단순한 건물 리모델링이 아니라는 것이다. 내게 든 생각은 영적전쟁이라는 것이다. 성전 리모델링은 하나님이 기뻐하시는 일이 분명하다. 그러니 반대로 사단은 싫어할 것이다. 사단이 싫어하니 방해를 할 것이 명백하다. 그러면 어떻게 해야 할까? 가장 중요한 것은 기도이다. 세상은 비용이 가장 큰 문제가 될 것이나 교회는 비용이 아니라 하나님의 역사하심이 가장 우선이 되야 한다. 그래서 시작에 앞서 하나님께 여쭈었다. "성전 리모델링이 하나님의 뜻입니까?" 다수의 성도들이 원하는 것이지만 절차에 하자가 없이 진행이 되고 있지만 하나님의 뜻이 맞습니까? 물으며 기도했다. 그렇게 시작이 되었다. 매일 새벽기도를 통해, 저녁에 또 모여 기도했다. 그리고 낮에는 중보기도 사역자들이 기도하고, 성도들이 처소에서 무시로 기도하며 시작이 되었다. 가장 먼저 드린 기도는 '성전 리모델링을 통해 하나님의 일하심을 보게 해 달라는 것'이다. 리모델링 과정에 하나님이 역사하시기를 기도했다. 분명 크고 작은 일이 일어날 것이다. 하지만 하나님이 일하시면 문제도 은혜가 될 것이다. 그리고 '빚지지 않고 되기를 바랬다.' 리모델링 비용이 어느 정도 모아 놓은 상태이지만 얼마만큼 진행이 될지 모를 일이기에 역시 하나님의 도움이 필요하고 성도들의 자발적인 헌신이 필요해 그렇게 구했다. 역시 넉넉한 성도들의 헌신에 빚지다.

그리고 기도한 것이 '사소한 사고나 민원, 시험거리, 사단이 역사하지 않기를 기도했다.'

그래서일까 공사 중 설비 사장님이 뇌경색으로 숨지는 일이 일어났다. 갑자기 운명하신 사장님의 안타까운 죽음에 조의를 표한다. 다행히 119로 병원에 가셔서 운명하셔서 하마터면 큰 시험거리가 될 뻔 했는데 잘 마무리 되었다. 정말 아차하는 순간이었다.

이제 마무리 되어 감을 보며 드리는 기도가 있다. '리모델링 후 새로워진 성전에서 주님이 주시는 사명을 힘써 감당하는 것이다.' 사실 리모델링이 끝이 아니지 않는가? 리모델링을 통해 새로워진 성전에서 더욱 주님의 일에 전념하는 것이다. 그래서 교회를 새롭게 하는 것이다.

리모델링을 진행하며 성도들의 교회 사랑을 새롭게 알게 되었다. 관심만큼 보인다고 다양한 생각들을 나누어 주셨다. 그 많은 생각들을 모두 담을 수는 없다. 그러나 분명한 것은 많은 의견과 크고 작은 부딪힘에도 하나님은 첫 번째 드린 기도에 응답하셔서 우리 안에 가장 좋은 것으로 역사해 주셨다. 모든 것을 마쳤을 때 생각보다 계획보다 더 좋은 결과에 감사하게 될 것이다. 이제 우리가 할 일은 새 술은 새 부대에 담으라고 새성전에 새 마음, 새 믿음, 새 헌신을 담아 더 나은 교회를 세워야 한다는 것이다. 끝으로 위해서 애쓴 진규환 리모델링위원회 위원장과 장성구 집사를 비롯한 위원들, 그리고 장로님들, 여선교회 회장과 여선교회 임원들, 그리고 교우들, 공사에 힘쓴 김대연 사장과 근로자들 모두에게 감사를 드린다. 모든 영광을 하나님께 돌린다.

부록

도창교회 30년 연혁

도창교회 연혁

1992년도

1992.12.27 도창교회의 개발 계획에 따라 매화교회 창립40주년 기념으로 도창의 3속을 중심으로 지교회를 세우기로 결의.

1993년도

1993.02.01 초대 담임자로 김주석 전도사 부임
1993.03.14 백승학 장로 자택에서 도창중앙교회 창립예배 드림
1993.05.06 도창중앙교회 성전 봉헌(도창동 315-1) 조립 30평
1993.05.09 첫 예배를 드림
1993.06.06 백창흠씨 밭을 임대 조립 30평 성전건축 봉헌

1994년도

1994.02.13.-16 부흥회 (박기석 목사)
1994.09.18 포도감사주일

1995년도

1995.03 창립감사예배
1995.12.18 도창겨울학교 (한글학교 교양교실) 시작

1996년도

1996.03.22 기독교대한감리회 55회 중부연회에서 김주석 담임 목사 안수
1996.11.30 성전대지 구입(도창동 361-2,3번지) 85평

1997년도

1997.03 부흥회 (부평제일교회 이천휘 목사)

1997.09 제 1회 사랑의 포도 나누기 시작

1997.11 새 성전건축 기공(90평)

1998년도

1997.02.01.-4 부흥회 (복지교회 서철 목사)

1998.04.19 새 성전 봉헌예배

1998.09.06 제 2회 사랑의 포도 나누기

1998.11 제 1회 전교인 체육대회, 제 1회 도두머리 음악회 (서울신대 앙상블)

1998.11.12 도창중앙교회에서 도창교회로 이름을 변경

1999년도

1999.01.03 도창선교문화센터 개강

1999.01.10 도창선교원 개원

1999.04.05.-8 부흥회 (안국교회 박성한 목사)

1999.06.13 제 2회 도두머리 음악회 (필로스 싱어즈, 정찬학)

1999.09 제 3회 사랑의 포도 나누기

1999.11.22 도창한글학교 개강

1999.12.19 제 3회 도두머리 음악회 (한길체임버 오케스트라)

2000년도

2000.09 제 4회 사랑의 포도 나누기

2000.12 김동환목사 선교사파송(영국)

2000.12.10 제 4회 도두머리 음악회 (테너 김동섭, 가야금 이화연)

2001년도

2001.09 제 5회 사랑의 포도 나누기

2001.11.25 제 5회 도두머리 음악회 (골든 브라스 앙상블 관현악 5중주)

2002년도

2002.03.04 제일 상가 3층 302호(도창동 385-4번지 25평)구입

2002.07.14 도창복지문화센터 개소 및 우리마을 작은도서관 개관

2002.09 제 6회 사랑의 포도 나누기

2002.12 제 6회 도두머리 음악회 (나윤규 교수 및 앤덤씽어즈)

2003년도

2003.01.13 도두머리 공부방 개소

2003.05.25 창립10주년 기념 감사예배

2003.09 제 7회 사랑의 포도 나누기

2003.11.30 제 7회 도두머리 음악회 (소프라노 이현정 외 2인 콘서트)

2003.12.07 제 3회 도창세계선교대회 (김월임 카메룬선교사 설교)

2004년도

2004.05 제 2회 매화꽃 어린이 사생대회 및 백일장

2004.09 제 8회 사랑의 포도 나누기

2004.11 제 8회 도두머리 음악회

(시흥교향악단 현악 4중주, 하늘빛 소리 수화팀)

2004.12 4회 도창세계선교대회 (김진해 이스라엘 선교사)

2005년도

2005.02 도창사역축제

2005.05 전교인 야외예배

2005.06 제 3회 매화꽃 어린이 사생대회 및 백일장

2005.06 중국선교

2005.08 제2회 전교인 수련회

2005.09 제 9회 사랑의 포도 나누기

2005.12 5회 도창세계선교대회 (C국 정종무 선교사)

2005.12 제 9회 도두머리 음악회
(경기민요 김수연, 고경록, 경기민요 합창단)

2006년도

2006.01 도창사역축제

2006.02 부흥회 (부천내동교회 박용호 목사)

2006.09 제 10회 사랑의 포도 나누기

2006.11 제 10회 도두머리 음악회 (아가페 팝스 오케스트라)

2007년도

2007.07.22.-27 필리핀 단기선교

2007.09 제 11회 사랑의 포도 나누기

2007.12.16 제 11회 도두머리 음악회 (아가페 앙상블 중창단)

2008년도

2008.03 창립감사예배

2008. 8. 14 -16 제 1회 전교인 수련회 (영흥도)

2008. 9.16 제 12회 사랑의 포도 나누기

2008. 09.21-24 부흥회 (미국 뉴욕 열방교회 안혜권 목사)

2008.09.21-12.31 100일 릴레이 특별 기도회

2008.12 제 12회 도두머리 음악회 (아미쿠스 중창단, 남성아카펠라)

2009년도

2009.03.22 도창문화센터 개소
2009.05.23 제 4회 매화꽃 청소년 백일장 및 사생대회
2009.08.4.-7 제주 단기선교
2009. 9. 13 제13회 사랑의 포도 나누기
2009. 11. 21 제일상가 301호 임대
2009. 11. 28 제13회 도두머리 사랑의 음악회
(경기도립 리듬앙상블, 카리스 색소폰 선교단)
2009. 12 1회 매화봉사상 (이호석)

2010년도

2010.01.02 도창복지 문화센터 다문화 여성 및
외국인 노동자 한글학교 개교
2010.01.08-10 부흥회 (목회컨설팅 연구소 소장 김성진 목사)
2010.08.05.-07 전교인 수련회 (태안 연포교회)
2010.09.05.-10.09 교회 외관 리모델링
2010.09.10 제 14회 사랑의 포도 나누기
2010.10.11.-20 제 1차 성지 순례 (이스라엘, 이집트, 요르단)
2010.10.16 제 6회 청소년 백일장 및 사생대회
2010.12.11 제 14회 사랑의 음악회(에어플룻 앙상블, 빨간 등대)
2010.12 제 2회 매화봉사상 (김종숙)

2011년도

2011.01.16 부흥회(부천남부교회 이홍중목사)
2011.06.26 상반기 영혼추수의날

2011.09.18 제 15회 사랑의 포도 나누기
2011.10.14 제 7회 매화 호조벌 축제,
제 6회 매화꽃 청소년 백일장 및 사생대회
2011.10.29 제 15회 도두머리 음악회
(박경숙 프르미에르발레단 해설이 있는 호두까기 인형)
2011.11.06 전교인 가을 운동회
2011.11.27 영혼 추수를 위한 하반기 가을 전도 축제
2011.12.05 캄보디아 교회 설립을 위한 답사 및 선교
2011. 12 3회 매화봉사상 (김천호)
2011. 12 제 1회 사랑의 쌀 나누기 시작
2011. 12 제 1회 사랑의 김장 나누기

2012년도

2012.01.02 부흥회 (협성대 유성준목사)
2012.01.31 제 1회 사랑의 쌀 나누기 종료
2012.03.00 19주년 창립 감사 예배
2012.06.03 전교인 성경 퀴즈 대회
2012.06.23 해바라기 초청 행복음악회
2012.06.24 상반기 영혼 추수의 날
2012.06.24.-29 캄보디아 단기선교, 캄보디아 샬롬 하우스 봉헌
2012.07 호조벌 청소 시작
2012.09.09 제16회 사랑의 포도 나누기
2012.09.15 제8회 매화꽃청소년백일장 및 사생대회
2012.11.17 제 16회 사랑의 음악회 (하트체임버 교향악단 – 시각장애우)
2012.11.18 하반기 가을 전도 축제
2012.12 제 2회 사랑의 쌀 나누기
2012.12 제 2회 사랑의 김장 나누기
2012.12 4회 매화봉사상 (이인숙)

2013년도

2013.02.25.-28 창립 20주년 기념성회 (계양중앙교회 김종호 목사)
2013.03.17 창립 20주년 감사예배
2013.06.02 도창 김영남 장학회 설립
2013.09.08 제 17회 사랑의 포도 나누기
2013.09.27 제 17회 매화꽃 어린이 사생대회 및 백일장
2013.10 제 9회 효사랑 나눔잔치
2013.11.16 제 17회 도두머리 음악회 (노름마치예술단)
2013.11.30 제 3회 사랑의 김장 나누기
2013.12 제 3회 사랑의 쌀 나누기
2013.12.25 성탄절 및 총동원 전도축제일 , 창립20주년 간증집 발간
2013.12.29 제 5회 매화봉사상 시상 (조항일)

2014년도

2014. 1. 5~ 8 부흥회 (박기서목사)
2014. 1.13~23 캄보디아 단기선교
2014. 3. 9 창립 21주년 감사예배
2014. 4. 5 전반기 전도축제
2014. 9.14 제 18회 사랑의 포도 나누기
2014.10.12 전교인 체육대회
2014.10.17 제10회 효사랑 나눔잔치(주민센터)
2014.11.15 제 18회 도두머리 음악회 (KBS체임버오케스트라)
제 18회 백일장 및 사생대회
2014.11.22 제4회 사랑의 김장 나누기
2014.11.14 다문화가족 송년회(복지센터)
2014.12.1~31 제4회 사랑의 쌀 나누기
2014.12.28 제6회 매화봉사상 시상 (오르미 산악회)

2015년도

2015. 1. 1~ 3 신년축복집회
2015. 1.10 음악바우처 시작
2015. 2. 1 한생명 경작운동 시작
2015. 2. 2~ 4 도창한글학교 제주탐방
2015. 3. 8 창립 22주년 감사예배 (전교인척사대회)
2015. 4.18 선교바자회
2015. 5.17 전교인 야외예배
2015. 8.6 ~8 전교인 수련회
2015. 9.13 19회 사랑의 포도 나누기
2015.10.13 CM별 가을심방 시작
2015.10.15 제 11회 효사랑 나눔잔치
2015.10.18 제 19회 백일장 및 사생대회 시상식
2015.10.31 19회 도두머리 음악회(필로스 기타 콰르넷)
2015.11.21 제5회 사랑의 김장 나누기
(엘림, 시흥YMCA, 국민은행신천지점)
2015.11.29 도창 다문화 축제
2015.12 제 5회 사랑의 쌀 나누기

2016년도

2016. 1. 18~20 신년 축복 성회
2016. 3. 7~31 릴레이 금식기도
2016. 3. 13 교회창립 23주년, 권사 취임예배
2016. 6. 19 전반기 새가족 환영회
2016. 7. 3 세월호 합동분향소 예배
2016. 9. 11 제 20회 사랑의 포도 나누기
2016. 10. 9 전교인 체육대회

2016. 10. 22 20회 백일장 및 사생대회
2016. 10. 29 20회 도두머리 사랑의 음악회
2016. 11. 6 한 생명 경작운동 시작
2016. 11. 27 제 6회 사랑의 김장 나누기
2016. 12. 18 도창세계선교대회
2016.12 제 6회 사랑의 쌀 나누기
2016. 12. 25 7회 매화봉사상 시상 (권영란)

2017년도

2017. 2. 12~15 심령 대부흥회
2017. 2. 19 전교인 척사대회
2017. 3. 12 교회 창립 24주년
2017. 5. 14 감리사 이-취임식 (김주석감리사 취임)
2017. 8. 3~5 전교인 수련회
2017. 9. 1 제 21회 사랑의 포도 나누기
2017. 10. 10 13회 효사랑 나눔잔치
2017. 10. 15 제 21회 도두머리 사랑의 음악회
2017. 11. 26 사랑의 김장 나누기
2017.12 제 7회 사랑의 쌀 나누기
2017.12 8회 매화봉사상 (정태경)

2018년도

2018. 3. 18 교회 창립 25주년
2018. 9. 9 제 22회 사랑의 포도 나누기
2018. 10. 13 효사랑 나눔잔치
2018. 10. 27 제 22회 도두머리 사랑의 음악회
2018. 12. 17 제 8회 사랑의 김장 나누기
2018.12 제 8회 사랑의 쌀 나누기

2018.12 9회 매화봉사상 (1365 실버봉사단)

2019년도

2019. 3. 10 교회 창립 26주년
2019. 3. 17 상반기 한 생명 운동 시작
2019. 4. 21 부활절 음악예배
2019. 4. 27 여선교회 바자회
2019. 7. 7 총동원 상반기 전도 주일 (한 생명 경작운동)
2019. 9. 1 하반기 한 생명 경작운동 시작
2019. 9. 8 23회 사랑의 포도 나누기
2019. 11. 4~10 가족사진 및 효도사진 촬영
2019. 11. 17 한 생명 경작운동 (총동원 전도주일)
2019. 12. 5 제 9회 사랑의 쌀 나누기
2019. 12. 7 제 23회 도두머리 음악회
2019. 12. 22 도창 세계 선교대회
2019.12 10회 매화봉사상 (매화봉사상 희망씨)

2020년도

2020. 1. 12~18 제 5차 도창 필리핀 단기선교
2020. 3. 8 교회 창립 27주년 감사예배
2020. 4. 11 사순절 마가복음 1,000독 달성
2020. 7. 1 로마서 성경필사
2020. 10. 11 40일 릴레이 금식기도회
2020. 11. 15 제 10회 사랑의 쌀 나누기

2021년도

2021. 3. 7 전교인 성경필사

2021. 3. 14 교회 창립 28주년 감사예배 및 창립 감사 4행시 시상식
2021. 5. 23 전반기 한 생명 경작운동 시작
2021. 7. 4 전반기 한 생명 경작운동 종료
2021. 9. 5 하반기 한 생명 경작운동
2021. 10. 11 40일 릴레이 금식기도회
2021. 11. 30 제 11회 사랑의 쌀 나누기

2022년도

2022. 3. 7 누가복음 500독 시작
2022. 3. 13 교회 창립 29주년 감사예배
2022. 4. 17 누가복음 통독 시상 (601독)
2022. 5.22-26 필리핀 성전건축 답사
2022. 7. 3 상반기 한 생명 경작운동
2022. 9. 18 하반기 한 생명 경작운동
2022. 11. 30 제 12회 사랑의 쌀 나누기
2022. 12 11회 매화봉사상 (공순희)

2023년도

2023.01.15 제 11회 매화봉사상 시상식
2023. 02.01-03.11 창립 30주년 감사 40일 특별새벽기도회
(주제: 성령의 바람 불어와)
2023. 03.12-03.15 부흥회 (강사: 유병용 목사)
2023. 04.03 교회 리모델링 시작 및 리모델링을 위한 기도회
2023. 06.25 창립 30주년 감사예배 및 권사취임예배

도창교회 창립 30주년 기념 에세이

도두머리 도창교회
30년 이야기

발행일 2023년 6월 25일
인쇄일 2023년 6월 25일

지은이 김주석
발행인 김윤환
출판처 열린출판사
등록번호 제2-1802
등록일자 1994년 8월 4일
주 소 경기도 시흥시 하중로 203(3층)
전 화 031-318-3330

값 15,000원

ISBN 9978-89-87548-37-1 03230